藏籍译典丛书
ZANGJIYIDIANCONGSHU

布顿佛教史

[元] 布 顿/著

蒲文成/译

青海人民出版社

图书在版编目（CIP）数据

布顿佛教史 /（元）布顿著；蒲文成译. -- 西宁：青海人民出版社，2016.12（2022.4 重印）
（藏籍译典丛书）
ISBN 978-7-225-05282-3

Ⅰ. ①布… Ⅱ. ①布… ②蒲… Ⅲ. ①喇嘛教—佛教史—西藏 Ⅳ. ①B946.6 ② B949.2

中国版本图书馆CIP数据核字（2017）第 008404 号

藏籍译典丛书

布顿佛教史

［元］布顿　著
蒲文成　译

出 版 人	樊原成
出版发行	青海人民出版社有限责任公司
	西宁市五四西路 71 号　邮政编码:810023　电话：（0971）6143426（总编室）
发行热线	（0971）6143516 / 6137730
网　　址	http://www.qhrmcbs.com
印　　刷	青海雅丰彩色印刷有限责任公司
经　　销	新华书店
开　　本	720mm×1010mm　1/16
印　　张	21.5
字　　数	270 千
版　　次	2017 年 11 月第 1 版　2022 年 4 月第 3 次印刷
书　　号	ISBN 978-7-225-05282-3
定　　价	56.00 元

版权所有　侵权必究

译者序

布顿(1290~1364年),元人译为"卜思端",法名仁钦珠,译言宝成,是元代西藏著名的佛教大师。他出生于后藏今萨迦县吉定乡境内的夏卜麦衮奈地方,祖父楚臣贝桑布,父亲扎敦坚赞贝桑,皆为著名宁玛派上师,生母索南本,亦颇有佛学修养。布顿出身于这样一个佛教家庭,从小受到佛教影响和良好的教育。有关传记说他五六岁时即学读藏文、佛典,聪颖非凡,记忆力颇强,母亲教他诵读《临终智慧经》《地藏十地经》等,均能熟练背诵,人称"神童"。元贞二年(1296年),7岁皈依绰普巴大师,发心学佛,受多种密法灌顶。大德十一年(1307年),师从绰普寺堪布羊孜哇·仁钦僧格和大善知识索南贡布受沙弥戒。皇庆元年(1312年),由堪布扎巴循奴、索南扎巴等授比丘戒,标志着他完成了显宗的基本训练,学完声明、般若、中观、俱舍、律学的主要课程。同时,他潜心修学当时宁玛、萨迦、噶当、希解等各派法要典籍和教理仪轨,到30岁左右，通达三藏典籍，学业与思想更趋成熟。后一度赴塔巴林寺，师从堪布塔巴·尼玛坚赞等许多高僧，学习声明、修辞、诗作、梵文等，掌握译经技巧，致力于佛教讲辩著述，并于楚布等寺开始讲经传法。此外，又师从班丹僧格等多位密教大师，学习无上瑜伽密法，尤对热、卓二译师所传时轮密法最为通达，成为当时藏地此法之权威。于是，布顿在后藏声名大著，如日中天。

元延祐元年（1314年），当时的夏鲁万户长杰·孤夏扎巴坚赞（元代译孤尚葛喇思巴监藏）邀请布顿大师到夏鲁寺主持寺务，实际是献寺给他，尊为寺主。夏鲁寺在今日喀则东南30千米处的丛堆区，始建于11世纪，是宋代著名古刹，当地从唐代吐蕃时期起，即是出名的商品交易集散地。杰·孤夏扎巴坚赞任夏鲁万户长时，受到元朝的看重和支援，元仁宗曾赐给金册玉印和大量财物，并派遣工匠扩建夏鲁寺大殿，因此该寺保持着汉式建筑特色。杰·孤夏扎巴坚赞极推崇布顿，在夏鲁寺为布顿修建拉章（佛宫）。布顿主持夏鲁寺寺务长达37年，在这里曾注疏《量抉择论》《般若波罗蜜多经》《阿毗达磨集论》等许多佛典。元统元年（1333年），他大兴土木，扩建夏鲁寺，整修主体建筑夏鲁赛康，彩绘壁画，并建立了该寺的显密经院，完善了学经制度。他学识渊博、戒德高洁，慕名弟子云集夏鲁，最多时达到3 800人，除卫藏、安多、康区弟子外，不少来自中原、蒙古、新疆和印度、尼泊尔等地。布顿勤于讲授、孜孜不倦，据传经常每日讲经6座。不少弟子学有所成，闻名于藏传佛教界，有几位成为宗喀巴大师的老师。夏鲁寺因此声名显赫，成为当时后藏地区仅次于萨迦寺的藏传名刹。

布顿大师极看重阿底峡尊者的佛学传承，曾往其修持过的夏鲁仁普格顿德寺（简称仁普寺），瞻仰供奉尊者的塑像。他奉行佛教利乐有情宗旨，致力于地方安宁，曾调解至正十一年（1351年）雅桑万户与帕竹万户之间的纠纷争端。至正十四年（1254年），他又致信帕竹万户长绛曲坚赞，让他顾念百姓安危和佛法的兴盛，停止对夏鲁用兵，避免了战火。

他无门户之见，倡导各派和谐发展，于至正十三年（1353年），建立绰普寺的禅院和讲经院；曾到许多寺院讲经授法，至正十五年（1355年），他应邀到萨迦寺，建造该寺的金刚界立体坛城。相传该坛城用各种珍宝镶嵌，珍贵无比。布顿盛名遐迩，引起元朝宫廷的重视，早在至正四年（1344年），元顺帝派人入藏，请他进京传法，他淡泊世俗功利，并因忙于讲经著述和佛经译校而未成行。

至正十六年（1356年），布顿年届67岁，遂退居仁普寺，专事译经、著述和静修。但慕名者仍纷至沓来，其中有元朝帝师、萨迦上层人士、绛曲坚赞、嘉央释迦坚赞等其他西藏政要。布顿为他们灌顶、授法，广结法缘。由于布顿的影响，仁普寺得到扩建，建成能容纳千人诵经的大殿和许多佛塔，仁普寺一度发展成当时的佛学研究中心，培养出不少有成就的弟子。

布顿的法嗣弟子以夏鲁寺为中心，广布各地。后世将布顿及其弟子创立发展的教法系统称之为"布顿派"或"夏鲁派"。该派与绰普噶举有教法渊源，又因夏鲁寺与萨迦寺相距不远，和萨迦派关系比较密切，因此有人把夏鲁派算作萨迦派的一个支派。

布顿是元代著名的佛学大师和佛经翻译家。他一生勤奋治学、笔耕不倦，撰写了大量有关佛学和历史的著作，其全集共26函、200多种，内容涉及佛教知识的各个方面和多种学科，如大乘佛教的基本教义和哲学观点、佛教历史、密宗修炼方法和礼拜仪式、佛教文献分类，以及藏文语法、医方明、因明学之类的五明知识，堪称是当时佛教文化的集大成者。他翻译过许多佛经典籍，对不少密典作了大量鉴别、分析、整理工作，对显教经论也作了许多注释。他应蔡巴·贡噶多吉的邀请，参与蔡公堂寺丹珠尔目录的校勘、审定和编辑工作，并移请那塘版藏文大藏经《丹珠尔》写本到夏鲁寺，悉心编订，剔除伪作，补充遗漏，使大藏经内容更趋丰富完整。凭其渊博学识，尤对各种密典分析鉴别，归类整理，使之分类科学系统化。在此基础上，由夏鲁万户长贡噶顿珠为施主，组织人力用金银粉抄录《丹珠尔》部分3 392部，其数量、质量均超过前人，成为第一部完备的大藏经《丹珠尔》写本，后来的几种版本基本上以此为蓝本。丹珠尔是大藏经的论典部分，主要收集了印度等地佛教大师撰写的显密论著和各种文化典籍，布顿通过艰巨的编辑工作，为弘扬佛教文化做出了巨大贡献。

《布顿佛教史》，亦译《佛教史大宝藏论》《正法生源宝藏》《善逝教法史》《布顿教法源流》等，成书于元至治二年（1322年），是布顿大师的代表作，被称之为"藏传佛教历史、文化的经典性作品"。全书原分四总纲，实为三大部分内容：1.佛教概论。讲述闻、说佛教正法的利益功德，法的含义、分类，经论的构成，以及闻、思、修佛法的方法和对上师、弟子的要求，从中反映了佛教的基本教义和教法。2.佛教历史。讲述印度佛教的创立、传播、发展情况，佛教在藏族地区早期传播的经过，名列来藏弘法的93位班智达和藏地192名大译师，其中详细记述了佛陀释迦牟尼及其他许多佛学大师的生平事迹，为研究印度佛教和藏传佛教历史提供了珍贵史料，是藏族历史上最早成型的佛教教法史。3.藏文大藏经分类目录。这部分是全书最有价值的内容，对所有佛教典籍按显密、经论详加分类，按类列出书名，注明作者、译者、卷函偈颂数量等，是藏文大藏经的雏形、佛教文献瑰宝。

《布顿佛教史》向来受到海内外藏学界的高度重视，为藏学研究者必读之书。1931年，德国海德堡出版了奥伯米勒的英译本。1986年，郭和卿先生首次将它译成汉文。为挖掘、继承和弘扬藏族优秀的传统文化，为广大藏学和佛教研究工作者提供更为有用的资料，台湾大千出版社嘱我重译此书，以飨读者。译者于20世纪70年代在西北民族大学读研期间，曾结识因事来兰州的郭和卿先生，聆听其教诲，后为先生不顾年迈译注多部古藏文名著所敬佩，此次受命重译，实在诚惶诚恐，但为了藏学研究事业，遂不揣浅薄，斗胆在先生译本的基础上再作翻译，作为后学对前辈学者的一种纪念。

既是重译，必须有所创新，方显其必要和价值。本译本在以下几个方面作了必要的改进，付出了一定心血：

1. 文字表述。由于汉藏两文有着不同的语言风格和表述特点，以往一些古藏文名著译本在翻译时过分忠于原文，多用直译，缺乏科学处理，使不少读者觉得读来生硬乏味，不易理解。本译本遵循翻译"信、达、雅"的基本要求，在如实准确表达原意的基础上，尽量使译文符合汉文习惯，做到通俗易懂，增强可读性，并合理分段，规范使用标点符号，减少另一语言的痕迹。

2. 关于书名。藏传佛教史上，有关教史和教法源流的著作很多，不少用不同的修饰语加以区别，当代则常以作者之名来区分，故本译本采用后种方法，译为《布顿佛教史》。

3. 篇章结构。原文分目极为繁复，多至八级标题。本译本为适合当代人的阅读习惯和口味，在不使原文走样的前提下，用章节编目，减少标题，最多只用四级，并删除了正文中表述分目情况的文字。

4. 经论目录。藏文大藏经目录的汉译是一项复杂艰巨的工程，它既要准确表现藏文原意，又要尽量与前人已译的经名相对应。20世纪，日本学者宇井伯寿、铃木宗忠、金仓圆照和多田等观四人历时9年，于昭和九年（1934年）编成《西藏大藏经总目录》，其中将512部藏文著作找出相当的汉译佛书目录。20世纪90年代，四川联合大学黄显铭先生依据上书重编《汉藏对照西藏大藏经总目录》，1993年12月由青海民族出版社出版。该书将日本学者未译为汉文的4 057部书名补译成汉文，按藏文字母顺序排列，藏汉对照，每部书名后注明所属类部，极便检索。但汉译书名与藏文书名不吻合处较多，一些术语未能译出，如"མན་ངག"译为"优波提舍"，保留了梵文译音。此后，青海民族学院董多杰先生在前人编目的基础上，依据德格版藏文《甘珠尔》目录，重新查核归类，编出藏汉合璧的《大藏经〈甘珠尔〉目录》，由青海民族出版社于2004年出版。该书亦将经名藏汉对照，注明各类的函数、每函所含篇目和页数、译经者

及校订者，是有一定科学性和实用性的目录索引，但内容仅涉及佛语部分的经和律典，不少与《布顿佛教史》中的目录难以对应。这次重译时，既参考上述各书，又尽量贴近原文，力求准确表达。经论目录理应汉藏对照，以防张冠李戴，发生歧义，但限于篇幅，重译时只在个别有争议或拿不定的书名之后列出了藏文。

本书自2007年台湾大千出版社出版后，甘肃民族出版社曾予再版。现由青海人民出版社再次出版，值付梓之际，特向青海人民出版社及相关审读、编辑先生谨致谢忱！

如上，重译时尽管做了一些改造和努力，但限于译者水平，不变动甚至错误之处在所难免，恳望读者不吝赐教斧正。

蒲文成

2017年3月

目录

译者序 ……………………………………………………………（1）

礼赞词 ……………………………………………………………（1）

第一章　闻说正法之功德 …………………………………（5）

第一节　闻法之功德 …………………………………………（7）

第二节　说法之功德 …………………………………………（9）

第三节　闻、说之功德 ………………………………………（10）

第四节　分说闻、说大乘法之功德 …………………………（11）

第二章　认识所闻和所说之法 ……………………………（13）

第一节　法之基本概念 ………………………………………（15）

一、法之声所入境之差别 ……………………………………（15）

二、法之词义 …………………………………………………（16）

三、法之性相 …………………………………………………（16）

第二节　法之分类 ……………………………………………（17）

一、果支 ………………………………………………………（17）

二、修法 ………………………………………………………（18）

1

三、讲说法 ·· (18)
　第三节　讲说法中的经与论 ···························· (18)
　　一、经 ·· (18)
　　二、论 ·· (25)

第三章　如何闻、说及修持法 ···························· (37)
　第一节　所说法之差别 ································ (39)
　第二节　阿阇黎说法之差别 ···························· (41)
　　一、说法阿阇黎之性相 ···························· (41)
　　二、依何为讲说之方便 ···························· (44)
　　三、如何说法 ···································· (45)
　第三节　弟子闻法之差别 ······························ (47)
　　一、以何者为闻法的有情 ·························· (47)
　　二、依何为听闻的方便 ···························· (49)
　　三、应如何闻法 ·································· (49)
　第四节　师徒修学法义教授 ···························· (50)

第四章　所修之法出现情况 ································ (55)

　第一节　总说于何劫有佛出世 ································ (57)

　第二节　分说贤劫中佛出世情况 ······························ (58)

　　一、《大悲妙法莲华经》中所说一千零五佛出世情况 ············ (58)

　　二、《秘密不可思议》等中所说千佛出世情况 ·················· (60)

　第三节　释迦牟尼佛出现于娑婆世界的情况 ···················· (63)

　　一、小乘声闻之规 ·· (64)

　　二、大乘之规 ·· (65)

　第四节　佛入灭后结集法藏情况 ······························(105)

　　一、小乘声闻之规 ··(105)

　　二、大乘之规 ··(120)

　第五节　所结集教法情况 ····································(121)

　　一、关于教法住世时间 ······································(121)

　　二、授记教法住世时所出持教者 ······························(124)

　　三、所授记者对佛教所作事业 ································(129)

　第六节　教法最后之衰毁 ····································(152)

3

第五章　藏地佛教 ……………………………………… (165)

第一节　前弘期 …………………………………………… (167)

第二节　后弘期 …………………………………………… (179)

第三节　来藏弘法的班智达 ……………………………… (191)

第四节　藏地译师名 ……………………………………… (195)

第六章　藏地所译显宗经论 …………………………… (209)

第一节　显宗经典 ………………………………………… (211)

一、初转四谛法轮类经典 ……………………………… (211)

二、中转无相法轮类经典 ……………………………… (215)

三、末转抉择胜义法轮类经典 ………………………… (216)

第二节　显宗论典 ………………………………………… (228)

第一部分　诠释个别佛经密意论典 ………………… (228)

一、诠释初转法轮类经典之论典 …………………… (228)

二、诠释中转法轮类经典之论典 …………………… (231)

三、诠释末转法轮类经典之论典 …………………… (236)

第二部分　诠释佛经总密意论典 …………………… (251)

一、陈那所著论典 …………………………………… (251)

　　二、法称所著论典 …………………………………… (251)

　　三、其他轨范师所著论典 …………………………… (251)

　第三部分　其他类论著 ………………………………… (254)

　　一、声明学论著 ……………………………………… (254)

　　二、世俗道德类论著 ………………………………… (255)

　　三、医方明论著 ……………………………………… (255)

　　四、工巧明论著 ……………………………………… (255)

　　五、星算学等类论著 ………………………………… (256)

第七章　藏地所译密宗经论 ……………………………… (257)

　第一节　密宗经典 ……………………………………… (259)

　　一、事部经续 ………………………………………… (259)

　　二、行部经续 ………………………………………… (268)

　　三、瑜伽部经续 ……………………………………… (269)

　　四、大瑜伽部经续 …………………………………… (269)

　第二节　密宗论典 ……………………………………… (274)

一、各部续典释论 …………………………………… (274)
二、总法类论著 ……………………………………… (310)

附　论 ………………………………………………… (321)
一、藏人所著论著目录 ……………………………… (321)
二、本书经论目录说明 ……………………………… (325)
三、后跋回向颂文 …………………………………… (326)

礼赞词

向世尊[1]释迦狮子[2]敬礼!

发心积福甘露食[3],所生威焰难忍光,
三身[4]究竟大宝体,无量愿离二取[5]衣。
引往二障[6]云消道,升落运行唯利他,
无垢教语放光明,金光万道照十方。
施敌沙门[7]搅意木[8],邪引[9]能瘦[10]千眼[11]等,
三域[12]世尊前许誓,傲慢耀众失威光。[13]
能仁数论与足目,持教吠陀天衣师。
增广驼驴蚁派等,尽皆断其坏失因。[14]
凡现欲观溢馨香,引来蜂群采蜜忙,
声闻缘觉菩萨众,如蜂蜜醉声阵阵。

天界花香飘十方，引来蜂儿咸聚集，
愿采二利[15]究竟蜜，佛法宏兴如日辉。
断弃一切诸迷惑，灭除常断二邪见，
并舍毁赞等八法[16]，更断讥毁善品神。
为离贪欲利众生，祝愿佛法久住世，
诸法虽越言说境，仍言教法顶际供。
殊胜佛陀作授记：为弘佛法无垢业，
执持诸圣正理法，如理宣说三乘教[17]，
务使佛语极显明，显扬圣者之意趣，
慈悲诠释无谬义，故对诸圣亦敬礼。
来自遍知雪山地，所集法流极充盈，
释论千叶庄严海，善译诸师前顶礼。
三学[18]金网善盖覆，四摄[19]支分生坚定，
讲辩著述胜敌方，藏族诸师前敬礼。
善从大宝经教立，智慧正见以养护，
言词锦衣作庄严，断我疑惑迷惘心。
如似宝剑上师众，功德荷重二十师。
尤其具恩六论师[20]，常以虔心作皈依。
如母慈师善培育，人中狮子[21]教莲花，
如蜂喜花来依止，无边法中增智慧。
是故我亦欲涉渡，深广无边佛经海，
虽难通达其奥秘，却何不觅奇珍宝？
得如穷人手中宝，我之无垢此善言，
覆以争强嫉恨心，谁尊正直相信处？
正法甘露虽无取，何不消自意之痛，
若能取其部分义，即可灭除瘟疫苦。
是故欲除智贫乏，追求经义诸人士，

为增广大法喜宴,故启大宝法藏[22]门。

由此所出大小乘,种种意趣各种宝,

彼等无碍施予汝,愿以喜悦心受取。

注释:

[1]世尊:原文为"出有坏",是对佛的敬称。指佛已出生死涅槃二边,有自在、形色、祥瑞、声名、智慧、精进皆圆满的六功德,坏灭蕴、烦恼、死、天子四魔。

[2]释迦狮子:佛祖释迦牟尼的别号。

[3]甘露食:指断离二障、不堕生死轮回,于无漏空性中,享受大乐,犹如受用甘露妙食,故亦称"无漏乐"。

[4]三身:即佛的法身、报身和变化身。

[5]二取:能所二取。指对精神和物质、意识和外境的执着。

[6]二障:烦恼障和所知障。烦恼障指障碍解脱的贪嗔痴等寻思,所知障指习气等。

[7]施敌沙门:创世神梵天之藻词。

[8]搅意木:极喜自在魔之藻词。

[9]邪引:指遍入天神。

[10]能瘦:一种制造旱灾的鬼神。

[11]千眼:指帝释天神。

[12]三域:天上、地上和地下。

[13]此节说在佛的威光照射下,三域诸神尽失光彩,纷纷向佛立誓保护佛教。

[14]此节所说能仁、数论、足目、吠陀、天衣师、增广、驼、驴、蚁派等都是古印度外道师之名,是说当佛法兴起之后,他们的各种学说都被肃清,断除了他们的坏失之因。

[15]二利:即自利和利他。

[16]八法:世间八法。指对自己稍有损益即生利、衰、毁、赞、称、讥、苦、乐等八种思想和心态。

[17]三乘教:指大乘佛教的声闻、缘觉、菩萨三乘。

[18]三学:指戒、定、慧三学。

[19]四摄:即四摄事。指菩萨摄持众生的四种方法:布施摄,随愿布施法、财;爱语摄,善言慰藉;利行摄,随顺众生意乐行利益事;同事摄,随顺众生意乐同作利益事。

[20]六论师:指古印度的龙树、圣天、无著、世亲、陈那和法称六位佛学家,誉为"世界六庄严"。

[21]人中狮子:佛的称号之一。

[22]大宝法藏:指作者所著本书《佛教史大宝藏论》。

 第一章 闻说正法之功德

我等上师释迦王具足四支神足之军，战胜欲界天众，以四摄事摄诸所化于成熟解脱境，转一切尽有法轮。此大法王殊胜法政之诸绍继者所善护之善规，乃为人天一切众生利益安乐之本基，故理应爱持。彼除讲修二门，别无他法。而修亦以讲闻先行，故应明讲闻之法。

第一节　闻法之功德

　　《菩萨藏》中云："由闻知诸法，由闻除罪过，由闻舍无义，由闻证涅槃"。其义在《疏理论》[1]中解释说：此四句次第是说由知内外宗派而知取舍处，由得戒学而遣除罪行，由得定学而舍无义之欲，由得慧学并且依止而令漏尽证得涅槃。此四句又表示获得正见，从业、烦恼和一切生中超越烦恼。又说此四句指对律法得信解而出家，护守根门离欲爱而舍损害，悟真谛而得涅槃。

《疏理论》中还说："世尊讲闻法有五功德，即未闻者得闻，已闻者通达，断离疑惑，使见正确，智慧洞悉神奥句义。"其意是能广闻、明确无垢、使得定解、正确领悟、通达真谛等，共为五种。其中前两种表示闻慧清净，中间两种表示思慧清净，最后一种表示修慧清净。

又，闻法有五种功德，即能使不知者知，舍执罪孽，定解疑惑，使定解有精要，能修者慧眼，正如水有五德，能滋润稻谷等，能洗涤身体、衣服、器皿等之垢污，能消热季身体之热苦，能息渴饮之苦，能使草木、果实、园林茂盛，如对佛语生起信仰，则能浸润痛苦心续，消除犯戒垢染，熄灭贪欲之苦，解除大种生死干渴，而增生随顺菩提分功德之根基、果实和园林。这五种功德还应知始于信、业和三学。是故，这五种功德的获得，当恭敬聆听佛的教诲。

又如火的四种功用，能焚、能熟、能暖、能明，佛语之火亦对于心续成熟者能焚其烦恼，对于心续未成熟者能成熟其善根，对于喜爱尘世者为生厌离而痛苦，对于已生厌离而尚在疑惑和入邪途者而能明示道与非道。是故，当恭敬闻法。

此五事皆依安乐门径，为了除垢、解热、息渴、觉受嬉戏之乐和能由此岸到达彼岸。佛语乐径亦复如是，即为了能除坏戒之垢，解除欲苦，免再复复受生，能觉受静虑、神通、无量、解脱等殊胜功德的各种嬉戏乐，由坏聚的此岸到达涅槃的彼岸。是故，凡欲依安乐门径之德者，当恭敬闻听佛语。

以上皆《疏理论》中所说。

第二节 说法之功德

一、无上供养导师佛尊

如经所说："我法为益众，当如理作供；仅以花香灯，非为清净供。"

二、说法较财施更殊胜有益

《弥勒狮子吼经》中说："恒河沙数佛刹土，供满七宝于佛前，以欢喜心作供养，对一有情施一偈，较彼财施更广大，由悲所成一偈施，其德非为数能计，施二三偈岂可思。"又说："恒河沙数黄金宝，倘全用来作布施，不如浊世说一偈，彼之功德无等量。"

三、能得陀罗尼与明智

《狮子请问经》中说："法施忆受生。"《海龙王请问经》中说："由法施而现证漏尽通"[2]。又，（中观）《宝鬘论》中说："因说法之故，忆经清净义；法施无垢力，能回忆往生。"

四、能增福而得菩提

《劝发增上意乐经》中说："弥勒!若以不求名利恭敬而作法施，则其法施有二十种无财功德。此二十种是：具足正念、具足意志、具足才智、具足胜解、具足智慧、通达出世间智、少有贪欲、少有嗔恨、少有愚痴、诸魔无机可乘、诸佛世尊常念斯人、诸非人护守斯人、诸天神入其身而增光彩、诸怨敌无可趁机、彼与诸亲朋不离、可持句义、能得无畏、意多安乐、受智者称赞、能随念彼所施法。是为慈悲二十种功德。"《集学论》中亦说："法施无财物，却是增福因。"

第三节 闻、说之功德

一、能以三乘滋长种界[3]

《疏理论》中说:"由信若闻法,当得善趣福,并证得涅槃,发育智慧种。"在解释所谓"滋长种界"时说:"出自闻之智慧能滋长作意之种界"。彼为闻之功德,而不应作为讲说之功德。《集论》说:"当观忆持、念诵、讲说,皆由闻而生。"

二、成智者为众所敬仰

《广戒经》[4]中说:"广闻有五功德,即精通蕴[5],精通界[6],精通处[7],精通缘起[8],依彼教授而不依赖其他开示。"巴卧[9]所著《佛本生经》中说:"闻为消除痴暗灯,盗贼难夺之珍宝,摧毁愚敌之武器,示方便诀之胜友。"又说:"亦是名祥与宝藏,若遇上流是贵礼,众人之中智者喜,破敌异论如日光。"又说:"能调心思生勇气,声名显赫速传扬,口齿伶俐特殊因,修习闻德通晓义。若具闻慧则永住,无有违悖三轮[10]道,随顺闻法能修要,少障出离生死寨。"

三、能住持教法而证得菩提

谓由闻、法能住持教法。如《俱舍论》所说:"能住持教法,唯是作说修。"住持教法的功德不可思议,《开示如来秘密经》中说:"住持正法福,诸佛郑重云:虽经俱胝劫,亦难尽说之。"《慧海(罗追嘉措)请问经》云:"住持如来法,诸佛咸引摄,天龙人非人,以福慧摄持;住持如来法,具念与智才,智广皆睿慧,善巧离烦恼;……住持如来法,释梵[11]亦护世,能成转轮王[12],安心证菩提。"如是等等,说有许多功德。

第四节　分说闻、说大乘法之功德

一、开基时威慑小乘善根而培育种姓

《般若波罗蜜多经》中说:"佛告阿难:设若三千大千世界中,一切有情皆证得阿罗汉,诸阿罗汉行布施所生福资,持戒所生福资,修行所生福资,是为何种?阿难,汝意想彼之福蕴多否?阿难回言:世尊,彼之福多也!如来多也!佛言:阿难,较此甚者,菩萨摩诃萨对一有情,甚至一日间,说般若波罗蜜多法,彼所生之福蕴,实为最多!……阿难,此菩萨摩诃萨之法施,威慑一切声闻乘,一切缘觉乘所有诸人之一切善根。"

二、修道时尽离障染而福德更增上

《究竟一乘宝性论》中说:"谁为求菩提,以金宝庄严,量等尘数刹,日常供法王,若闻彼句法[13],既闻且胜解,较彼供施善,得福为最多;智者求菩提,经历多数劫,身语意三门,无劳守净戒,若彼闻句法,既闻且胜解,较彼戒生善,得福为最多;谁修定摈除,三有烦恼火,超梵居边处,专求圆满觉,若彼闻句法,既闻且胜解,较定所生善,得福为最多;何故由布施,能成诸受用,以戒修善趣,能断诸烦恼,故为离烦恼,以及所知障,智慧最为胜,其因乃是闻。"

三、证果时定获遍智[14]

《经庄严论》中说:"谁知句或义,记持二偈行,彼具智有情,能得十功德:即界种滋长,死时获极喜,如愿能受生,能忆世代事。值遇一切佛,向彼闻胜乘,胜解具才思,能速证菩提。"

其他经论中,还有很多说法,恐繁未录,如《疏理论》说:"闻听经要义,闻而作记持,闻者起敬信,初当说必要[15]。"

注释:

[1]《疏理论》:亦译为《论议正理释论》《注疏道理》等,是古印度

佛学家世亲论师阐释弥勒学说的八种论著之一。

[2]漏尽通：六种神通之一。通过见、修，了知所断烦恼已断和未断次第，从而证得永尽和无生之智慧。

[3]种界：指由大种元素组成的身体。

[4]《广戒经》：四分律之一。内讲比丘戒二万四千九百颂，共八十三卷。由西藏译师鲁伊坚赞由梵文译为藏文。

[5]蕴：指蕴积事物一切差别于一处的色、受、想、行、识等五蕴，也称有漏五蕴。

[6]界：指色、声、香、味、触、法等六所缘界或外界，眼、耳、鼻、舌、身、意等六所依界或内界，眼识、耳识、鼻识、舌识、身识、意识等六能依界或识界，共十八界。

[7]处：诸识生长处。指眼识等六识的生长门眼等六根，谓内六处；色等六所缘界为诸识新生和发展处，谓外六处，共为十二处。

[8]缘起："因缘生起"的略称，指诸法由缘（关系或条件）而起，宇宙间一切事物和现象的生起变化都有相对的互存关系和条件，是佛教的基本教义之一。

[9]巴卧：意译马鸣，古西印度佛学家，为龙树师弟弟子，其所著《佛本生经》，全名《佛本生行传一百八赞》。

[10]三轮：指能作的人、所作的事、事件的对境三个方面。

[11]释梵：帝释和梵天。帝释，传有千眼，为神中之王。梵天，传为创世之神。

[12]转轮王：人间君王。

[13]句法：一句或数句佛法。

[14]遍智：唯佛具有的一切种智，指于一刹那即能现见诸法如所有性和尽所有性的究竟智慧。

[15]必要：指闻听佛法的必要性。

 第二章 认识所闻和所说之法

第一节　法之基本概念

一、法之声所入境之差别

所谓"法",有十义。《疏理论》中说:"法为所知以及道,涅槃以及意之境,福德长寿及经典,未来决定和法规。"其中,所谓"有为法或无为法"者,入于所知之义;所谓"正见为法"之法,指道;所谓"皈依于法",指涅槃;所谓"法之生处",指意之境;所谓"与王妃眷属和诸童子一起作法行",是指福德;所谓"童子者为爱持所见之法",是指长寿;所谓"法者,是契经及……",则指经典;所谓"此身为衰老之法",是指未来;所谓"比丘四法",即是决定;了知乡欲族规之"法",

是指法规。是故，法之声义入于十义。以上皆以主要者而言，并非尽数包括，如说"以法求法为非法，非为法也"之类，则指法、所修法和所破法等。

二、法之词义

梵语"达磨"，意为"法"。其境界，梵语谓"舍达惹乃"，意为"能持"，是指"法"。其中，所知者，能持性相，故名为"法"，即持色之性相为色，在遍智性相现证为一切法前，持各自之性相，其共相为诸行无常、有漏皆苦、诸法无我、涅槃寂静；意之境者，持自之性相或持意，故为法；长寿者，持身或持同种，故为法；经典者，《疏理论》中说："法为契经等，即开示义理，定持不颠倒"；持未来，持决定应作之事，持境与同族之行，故为境法等；道、涅槃、福德三者，持而防堕，故名为法，内又分持而防堕恶趣和持而防堕轮回两种。

第一持而防堕恶趣者，如《因缘品》[1]所说："此世及来世，法行得安卧"，是说深信业果，或依世间正见行十善，或修世间禅定无色界三摩地，以彼等持而防堕恶趣，故谓之"法"。有的外道[2]也有此说法。

第二持而防堕轮回者，为内道佛教之皈依处，即离贪欲之胜法，为涅槃和能证彼法之道谛等。大乘道、涅槃和经典者，是持而防堕于小乘，即通达无自性之智与大慈、大悲等双运，以持而防堕于有寂[3]。

具体来说，正法的词义是，"正"指圆满佛，由彼开示之法谓之"正法"。或"正"为最胜，亦为"法"，故为"正法"，其本基相同。又，正士夫所行，名为"正法"，如比丘四法[4]。

三、法之性相

在此，所要抉择的是，福德、道、涅槃作为所诠之要点；经典作为能诠，是正法，其性相是，若缘于彼，则成诸有情完尽障染之方便。如经中所说："能除诸苦障，彼即是正法。"对彼若作区分，则有证法和教法两种，如《俱舍论》所说："佛之正法二，即是教与证"。其中，证法之性相是离一切贪欲，《究竟一乘宝性论》中说："舍离贪欲者，灭道二谛[5]摄。"这是说凡离贪欲为灭谛，凡能离贪欲为道谛。此二者中，灭谛的性相是，缘于真如[6]而灭有漏诸法为灭，如《集论》所说："由缘于真如性，而灭有漏之法为灭，是为灭谛之性相。"彼亦是有学无学之舍离，无余涅槃[7]和大乘宗规佛之法身。道谛的性相是，能现证灭除轮回无漏智之方便，即《俱舍论》所说："无漏是道谛"，或如《究竟一乘宝性论》所说，是为"清净对治分"。彼亦为见道、修道和无学道三种无漏道，或大乘之道谛，在《究竟一乘宝性论》中，许为见、修二道。资粮道和加行道，是道谛之所属。

教法之性相，是证法之能诠。彼分为戏论所出之习气和法界同类因所出之意言。其第一种者，如马、象等之各种言说，即合于世间，故亦谓之世间意言；第二种者，为十二分教[8]，彼亦为能证法性之同类因或证法界同类因所出，故名之。此即《辨中道论》所说"同因乃为义之胜"，《明义释》中所说"成为法界同类因"。班智达苏纳耶室利云："一切法皆为证悟空性之根本，如小、中、大三鸟飞往虚空，三菩提乃由证悟人无我、法无我和人法二无我而获得。"彼与涅槃同法，故谓之出世间之意言，即如四大江河流入于海，一切法终归于涅槃。

第二节 法之分类

一、果支

亦为证法或教法，即为涅槃。其性相是寂灭一切有因之苦。彼分七种寂灭，即寂灭生、老、死、会遇、分离、求不得、蕴等诸苦；又分四无常，即积蓄终归尽、身体终归灭、会合终归离、生命终归亡，指以此消除四种常执。

二、修法

即为道，是能获得果法的圆满功德。彼具四种圆满：以此能往涅槃城，而非去生死城，故具非实有圆满；与涅槃关联，无中断亦无变化，故具相续不断圆满；不为贪欲等盗贼所劫夺，故具无损害圆满；具足喜法之食物，故具亲近宣说圆满。

三、讲说法

即能显扬道法圆满之法。彼具足四事：如说"此乃为道"，是听闻事；如说"此乃为道而非为其它"，是能决定事；如说"念住等，这是道之因"，是能显扬其聚合事；如说"烦恼、业和寿障，这是道之阻障"，是示说盖障事。以上皆为《缘起释论》中所说。讲说法若再区分，则有经和论两种，如经中所说："诸法摄为经和论，此即善说及意释，由此释迦此教法，于此世界能常住。"

第三节 讲说法中的经与论

一、经

第一，经之性相。

有人（如钦巴上师）云："话题随喜顺合所说法，即句义圆满。"是说所诠与具义之法相关，其功用是断离三界烦恼，其果是获寂静功德，这从佛之能诠增上缘之最由佛所作事业中生出。《究竟一乘宝性论》中说："诸凡关连具义法，能离三界烦恼语，凡示寂静之功德，彼为仙语非其它。"

第二，经之词义。

梵语谓"苏跋肯达"。其中，"苏"可通五义，在此作"善"解；"跋肯达"为"说"之义，即善说为经。何为善说？此乃以十相而善说，《疏理论》中说："何为善说？此乃以十相而善作宣说，即以正引、以威慑、以行入、最具足、最分辨、以所依、令晓知、以假立、以时令、以全持功德等十相善说。"其义依次是，由现觉佛所说故，为威慑一切众生而说故，非为暂时而是恒常复复宣说故，非吝惜师诀中断而连续正说故，随有情之意乐正说故，具足五支音而正说故，以一音使无边世界皆能知晓而说故，使了知一切曼陀罗而正说故，言说离舍二边道故，为圆满成熟诸所化而说故，具足六十种语音而说故。

那么，何谓六十种语音支？彼即宣说有情界善根故，名柔和音；于所见性触及安乐故，名为妙音；义妙故，名悦意音；文字妙故，名得意音；得出世间无上功业故，名清净音；离一切烦恼随眠习气故，名无垢音；句与文字盛称故，名明显音；具足能摧一切外道邪慧之见的力量功德故，名悦耳音；由修具出离故，名堪听音；一切敌对不能蹂躏故，名不害音；令一切能欢喜故，名悦雅音；为贪欲等之对治故，为调伏音；为制定学处之乐方便故，名不恶劣音；清净开示由过此而得出离之方便称，名不粗暴音；开示三乘律戒故，名极调伏音；对治散乱故，名悦耳音；能生起三摩地故，名适身音；以胜观生极喜故，名满意音；能断疑惑故，名心喜音；能除颠倒和不定故，名生喜乐音；对修无悔故，名无痛苦音；是由闻所生圆满之依故，名遍知音；是由思所生圆满之依故，名唯识音；不吝惜师雇说法故，名阐明音；能喜诸自利后得故，名能喜音；自利未得而喜故，名现喜音；清净开示不可思议之法故，名周知音；正说不可思议诸法故，名普明音；与量不违故，为如理音；如理教化诸所化故，名相连音；不说无义语故，名无言过音；使一切外道众恐惧故，

名狮子吼力音;语广大故,名大象声音;甚深故,名雷之声音;堪执持故,名龙王之声音;声极悦耳故,名寻香之歌音;尖利能坏故,名迦陵频伽音;传播遥远故,名如梵王音;为一切成就之加行吉祥故,如共命鸟音。(其中,所谓讲说声,是知晓其语言之意;所谓讲说音,是理解

阐明教义性相的声音之意;所谓讲说传扬,是能传播其语声之意);非为所逾越故,为帝释之美妙音;是战胜一切魔和外敌的先行故,为鼓音;赞颂不具烦恼故,为不骄满音;低贬不畏缩故,为不低音;对一切声明论典以一切性相随入故,为随入一切音;忘失不具语故,为无讹误音;时时住于利益所化事故,为无不全音;不依于名利恭敬故,为不畏缩音;离畏故,为不劣音;无忧故,为极喜音;善巧一切明处故,为遍满音;圆满一切有情利益故,为无恨音;相续不断故,为连续音;近住各种相故,为威严音;一语多声故,为圆满一切音;由一语明了多义故,为适悦诸根音;如誓而作故,为无讹毁音;获得时极善应用故,为不变音;不慌而说故,为无慌乱音;亲疏眷属相同听闻故,为普传眷属音;一切世义演于喻法中故,为具一切相之最胜音。

《般若二万颂》中说,以上皆为圣者无著所说。其他译本中,将"无恨音"译作"通达音";将"诠说"译作"浅说"。在《瑜伽师地论》《般若十万颂疏》《经庄严论释》《疏理论》等中,对上述六十支音的说法相同。《秘密不可思议经》中说有六十四支音,即在"普传眷属音"之后,加有"熄灭贪欲音""调伏嗔恨音""能除愚痴音"和"灭魔音"。弥勒在其《庄严经论》中说:"六十支音不可思",圣者无著、解脱军、世亲等认为应以经为准,经中说是六十支音,故有的说法是否有所掺杂,尚待考证。

第三,经之区别,具体分为六种:

其一,由时间区分,则有第一时教四谛法轮,第二时教无相法轮,第三时教胜义定相法轮,即《解深密经》中所说之三种。

其二，由所诠区分者，如经中说："诸佛所说法，正依于二谛"，以世俗理教示无住为不了义，以胜义理教示合理为了义，共有二种。《圣无尽慧所示经》中说："教示世俗为不了义，教示胜义为了义"。喀惹巴认为，诸凡一切经观待于佛是不了义，观待于所化是了义，这是一种徘徊于相的说法。

其三，由能诠区分者，即十二分教，《般若八千颂释·最胜心要》中说："契经，应颂及记别（预言、授记），讽诵、自说与因缘，以及譬喻与本身，并本生事与方广，乃彼希法和议论，此即十二分教经。"其中：

契经者，凡所许义，皆以讲说方式宣说。何以不分说？《集论》云："观十功德，如来以讲说方式而说法，此易安立、易解说、易受持，由敬信法而能速积圆满资粮，能速悟法性，了解佛而得信仰，了解法与僧伽而得信仰，触及乐住所见法之胜，漫谈抉择能悦正士心，使智者入于智者数列。"

应颂者，于契经首尾作偈颂赞或通达不了义契经，谓之应颂。

记别者，对声闻逝世的时间及未来的授记，如《妙法莲华经》，或了义契经为记别密意而作划分，谓之记别经。

讽诵者，即作颂偈讲说。如第二本颂"此比丘是师，寂止且漏尽"；第三本颂"此无我有情，生命亦非有，此法由因生"；第四本颂"诸法从因生"；第五、第六本颂"此诸幻变相，犹如经梦境，无明睡醒后，轮回无所缘，是故有时候，无念即是佛"。

自说者，《疏理论》中说："非为补特伽罗（数取趣，指人）而说，而唯为教法住世而专说。"彼指随意愿而说，比如能仁净治情器世间时，诸佛世尊说："善哉，调伏！善哉，寂静！"

因缘者，特为部分补特伽罗和往事学处等而说，如对于财物制定不与取（戒盗）之学处等。

譬喻者，以比喻讲说，旨在能显法义。

本事者，结合往事讲说，如讲述《盖摩乔答摩[9]的故事》。

本生者，即讲示菩萨行，如《一切解脱传》。

方广者，指具足菩萨藏，为一切有情之利乐处，宣说广大甚深诸法。因灭一切障染，故名"消灭"；因与其他不同，亦谓之"离同"；因具七大，故谓之"大乘"。

希法者，即宣说声闻、菩萨和诸佛的希有之法。

议论者，无颠倒讲示法之性相，宣说经等之义。

其四，由对治区分者，即为三藏。此分：

1. 十二分教摄于三藏中，契经、应颂、记别、讽诵、自说等五分教，为声闻经之藏；因缘是说本事等学处律藏的主要内容，譬喻、本事、本生三分教为律藏之系属，故此四分教属律藏；方广与希法是菩萨经之藏，诸佛菩萨的殊胜力不可思议，具足广大，故摄于菩萨经藏，议论则是大乘和声闻二者的对法藏。这种摄法是《集论》之规，别的经论中还有其他说法。

2. 藏之词义者，"藏"在梵文中作"毗扎嘎"，班智达意译为"聚体"或"括摄"，即摄多义于所诠中，或摄一切所知义于所诠中，故谓之"藏"。又，"毗扎嘎"是中印度"大斗"之名，如大斗中能收集许多小升，因内摄集许多所诠所学，故名"藏"。

3. 安立为三藏之因由者，以九因安立为三藏，即观待所断三因、观待学处三因和观待所知三因而安立。其中：

观待所断三因安立者，于烦恼疑惑的对治中安立经藏，即为断诸所化对真谛和三宝等的疑惑而说契经等；于具二边烦恼的对治中安立律藏，即对治因耽著贪欲福衰之边而作积蓄行为，虽少积蓄亦当阻止，令戒律清净，无贪增上，虽百层宫室、百味美食，或价值百千之珍衣等，亦可以给予，而断离疲乏之边；于执自见为最胜的随烦恼对治中安立对法藏（论藏），即于其中广示法之性相故。

观待学处三因安立者,为诠三学而说经藏,由此广诠三学,使诸所化能纯熟三学;为了修学戒律和心之学处而说律藏,即依别解脱律仪之学处,清净律戒,由此以无悔等次第令心等住入定;为修慧学而说论藏,于其中广示拣择通达诸法性相之方便。

观待所知三因安立者,为诠法和义而说经藏,即由此而纯熟句义;为现法和义之本基而说律藏,即由此修律藏学处,细分善择,使戒律清净,而生三摩地(定),以此调伏烦恼,从而令法和义显现;依止论藏,以互相漫谈抉择,于由此所出法,圆满受用,使成触乐处,从中纯熟诸法之自与共相法性。

对于如是三藏,由闻而积习,由思而达义,由修而寂止,以寂止心息灭烦恼,复由胜观[10]通达法性,故从种子中解脱。此等密意,正如《经庄严论》中所说:"诸藏虽说三或二,摄略之故许九因,积习达义与寂静,善达法性能解脱。"

4.各藏之词义者,《经庄严论》中说:"经与对法调伏律,总其义当分为四,具智诸人了知此,即得一切种智相。"此中所谓"义",当指字义或词义,若说为"性相"则误。具智菩萨因了知一切三藏而证得一切种智,声闻因了解一偈颂之义而得果,即如舍利子[11]或小路尊者[12]。

"经"在梵文中作"素怛缆"(亦译"素扎"),意译为"首说"。这如同说"于王宫"是说处所。如说"地之体性为坚硬"是说体性,说法句和说义即为"经",如是聚合则成"藏",即所谓"说处与体性,及法义为经"。

"论"在梵文中作"阿毗",全称"阿毗摩伽",意译为"显现",即显现真实性,故名为"论","显现"是其体性。又梵文"阿毗伽喀那"意为"再三",即由蕴、界、处、实有、假有等多门再三宣说而显现,故名为"论";梵文"阿毗布"意为威慑,指由此了知诸法所有自与共相,以言论抉择,以作威慑,或威慑诸邪说;梵语"阿毗萨摩耶"意为通达,

即通达尽所有实有、假有等所知，故名为"论"。以上即如颂所说："显现故及再三故，威慑通达故论法。"

"律"在梵语中作"毗奈耶"，亦作"毗毗底达"，意为堕，即讲示堕罪，且作决定，故谓之"律"；或云"毗尼侠杂耶"，意为决定，以此言说律等两种四项共八事，即如颂所说："堕及生起与还出，出离以及数取趣，制定以及善区分，决定等故是为律。"

其五，由所化区分者，《庄严经论》中说："亦可分为二藏"。这是说胜解于下等为声闻藏（小乘），胜解于广大为大乘藏。大小乘的区别是，是否具足"七大"，即如《摄乘论》所说："所知处及入性相，彼之因果极分别，三学以及断彼果，成胜智乘最殊胜。"是故，声闻宗规所许之"最广藏"，经籍品章数多广博；大乘宗规所许之"最广藏"，由释名宏广乘义，故为最广。具足十万颂的般若经等，乃是"大法"；为利益一切有情，发心成就圆满菩提，故为"大发心"；胜解甚深广大诸法，故为"大胜解"；获得自他平等意乐，故为"广大意乐"；于每一刹那聚积无量福慧资粮，故为"大资粮"；精进于三无数劫，故为"大时"；成就与一切有情不等之佛身，故为"大清净成就"。具此"七大"，故为大乘。《经庄严论》中所说"七大"与此略有不同。

又，钝根者胜解于因，以因为道，名为"因相乘"；利根者胜解于因果任运成就，以果为道，为"果密乘"。《教王经》中说："（原注：杂尼那室利在《圣授记秘密经》中说'消除金刚乘二边'）文殊请问道，导师之三乘，世尊若正说，因果任运成，他佛处难觅，何未说定乘？"又说："对于胜解因，善转因法轮，金刚乘捷径，未来时将生。"关于密乘性相之特点，阿阇黎支毗迦摩罗在其《三相明灯论》中说："一义亦不迷，无难方便多，对于利根者，密乘则殊胜。"这是贬低外方便[13]，以内三摩地修六度[14]，故对方便"不迷惑"；由修极微细心与心所、微细语之字和粗分能所二依坛城，开示心、语、身三摩地和清净义，故为"方便多"；随化机所欲，满足其希求，方法简易，开示四手印等，故为"无难"；仅由利根者修习，他人若修，则堕恶趣，以其业亦能清净，即以此四点而"殊胜"。对此，阿阇黎提婆又称之为"特明藏"，作为第四藏。阿阇黎扇底波认为，摄深奥义而开示则为"经"；阿阇黎阿跋耶迦罗拘多则认为，开示三学[15]，故为三藏。

其六，由增上缘区分，又分三种：

1. 口说佛经，如圣者结集出的经典。

2. 加被[16]佛经，《般若八千颂释》中分为身、语、意加被三类。第一类身加被佛经，如《十地经》；第二类语加被佛经，如《未生怨王悔罪经》；第三类意加被佛经，如《普贤行经》。有的学者（如濯洛译师）又将意加被佛经分成三类，即由意三摩地加被佛经、由意之慈悲加被佛经、由意之真实力加被佛经。其中，第一类如《般若波罗蜜多心经》，第二类如经佛加持由药叉等所说之密咒，第三类如由佛加持从虚空、光明、音乐中发出的法音。

3. 开许[17]佛经，指有缘起、接续联系、助益随喜的经文。《法集经》中说："所谓'诸比丘，如是我闻'，以此来结集法，并示联系和次第，即为开许故。"

二、论

第一，论之体性。著作者以无散乱意解说经义，随顺得解脱之道，即《究竟一乘宝性论》中所说："唯依佛教法，意无散乱释，顺得解脱道，如经应顶敬。"

第二，论之词义。梵语"夏萨达罗"中的"夏萨那"，意为"改造"，即由烦恼因三毒改造为具足三学；梵语"达伊"或"达惹那"，意为"拯救"，即拯救于恶趣果和轮回苦。经中也有这种释义，《疏理论》说："佛语作为论典之性相，释名'改造'和'拯救'，故名'论'。改造一切烦恼敌，救于恶趣轮回苦；具此二德故为论，除此别无他理论。是故，

唯佛语为胜义论典，具足改造和拯救之德，故当勤持此义。"

第三，论之区别。具体分为五种：

其一，由胜劣之门而分者，在《瑜伽师地论》中说有九种，即无义论、邪义论、具义论三种；狡诈论、无慈论、离苦论三种；励闻论、励辩论、励修论三种。这几种中，每组的后一种为胜论，前两种为劣论。有人（如洛巴上师）把励闻、励辩二论连同后三种共五种，认为是胜论，这是不合理的。因为在《摄集抉择论》中说此二论亦为外道论典，故只有每三种中的后一种解说佛语，是胜论。

其二，由作用之门而分，有集方广经论、甚深分辨论典和汇编论典三种。第一种如《律经》，第二种如《现观庄严论》，第三种如《经广严论》《集学论》。

其三，由所诠义之门而分，有：

1.示尽所有所知论典，又分一般论典和特殊论典两种。其中：

一般论典，如《世法论》《十八种观察论》等，再如《百智论》《养生篇》《颂偈宝库》等。这类论典亦为现高因，可作解脱之所依，如《百智论》所说："若善行人法，去天界不远，若登天人梯，解脱在身旁。"同类论典，尚有相人、相马、相象等论典。

特殊论典，主要指明处论典。《经庄严论》中说："若未勤习五明处，圣者亦难得遍智，故为破他及摄受，自己全知等勤习。"所说"破他"指因明和声明二明处，"摄受"指医方明和工巧明二明处，"自己全知"则指内明。

因明论典，摄为现量、自事、比量、破他、自喻、定论等六类，如《量经》[18]及其七部释论，或称"因明七论""随学七论"，与本论一起，也称"成量八论"。这七部释论分本体三论和分支四论。本体三论，是针对利、中、钝三种根器的有情开示正知易懂方便的《释量论》《定量论》和《理滴论》。对其中的《定量论》，迦湿弥罗论师杂尼那室利虽不同意是《量经》的释论，但仍说"其理甚显明"；而阿阇黎法胜则认为是《量经》的释论。支分四论，一是未以现量品引申、而从自事、比量引申论述的两论，即总抉择宗法周遍的《因滴论》和抉择难证周遍或因法关系的《关系论》；二是由他事引申、开示反驳论辩、决胜负之理的《诤理论》，开示从语言知晓他意，于名言亦不违唯识，所谓"看见自身心，先行事持他，倘若心能知，则与唯识同"的《悟他论》，以上总计七论。这些推理论著，被藏人说成"对法藏"，这不合理。因为推理著作为因明论著，而对法乃是内明论典。《疏理论》中说："彼故辨别故，前习昔作故，不依于教故，精勤作意故，前引遍持故，遍作所作故，许为五推理"。这是说（因明著作）不依经教而解脱。《经庄严论》中说："推理所依并不定，不遍世俗具厌离，愚者则许为能依。"对法是本母，因明与之矛盾，故非为对法。《集量论》中也说："为免贪著外道无心要之许，以诠正量和所量之法撰写因明著作，而并非以此入于如来正教，因为佛法非为推理之境。相反，只有闻听佛之法性，才不隔甚久，无劳而通达。若以推理之路引往法性，则远离佛教，使佛法衰退。若尔，这也是如来法之体性。若往于他，则应考察。"

声明论典，摄为自性、缘、变化三类。"自性"指词根与实词。"缘"指由词根构成实词的缘由以及基本词构成他词的辅助缘。"缘"分共缘、无数缘、事物缘三种。又，由词根构成词句且分辨时，为"定埃"；由词构成句而分辨事，为"苏扎"；介之于自性和缘之间，为"阿迦摩"，以及变为其他词根的"变形"。"变形"属自性类。"变化"是通过拼合等，正字、改变等，使语句精炼。以彼等摄集声之所诠，或以连、词、讲、释四种开示论义根本。变形词根"邬""那"等为分支，解说此类词的论著如《声明集分论》，或摄为字汇、名汇、词汇三类，而讲说，如《语门论》等。这些论著皆非作为获得清净四明之因学处的三藏中的任何一种。与之相关的，尚有讲述字母轻重音拼合法的，如《声律学·宝生论》，讲述实词分类、三相差别、一词多义词用法等的，如《藻词论·永生藏》。修辞学[19]论著，有开示诗词性相、诗学不同宗派、三十五种修辞法、难体诗以及隐语修饰法的著作《诗镜论》，或与之匹配的戏剧歌舞著作等。修辞学等是声明的支分，也是明论的分支，即《藻词论·永生藏》中所说："歌咏（即诗词、修辞学）、赞颂及祠祀，此三即是三明论。"

医方明论典，是讲示疾病、病因、病的对治法药方及用药治疗法等四方面的论述，或所谓"身体孩童魔上身，器械创伤老壮阳，诸凡医术所疗处，——阐明分八支"的《医学八支论》。所说"八支"，是指孕妇病、儿童病、魔病、"身病"（即体腔病）、"上病"（即头痛病）、器械创伤病、齿伤病和外治病。

工巧明论典，指有关变金术、身像度量等方面的著述。

内明论典，是讲说蕴、界、处乃其差别和具体内容的所有著作，如《大乘阿毗达摩杂集论》《法相集论》等。

2. 示如所有所知论典，指讲示四谛十六行相，或讲示无能所二取之义和讲示无自性义之类的著作，如《谛义决定论》《三十颂》《中观庄严论》等。

3. 示解脱及遍知论典，如《菩萨地》《声闻地》《入行论》等。有人说：这类论典逐一宣说为章品，而无余全面论述则为大论，如《集论》《俱舍论》等。

4. 由所说佛语之门而分，又分两种：

一是总佛语论典。指阐明总佛语词句声明论著，或指阐明其要义的推理论著。而笔者则以为应指其他著作。

二是分别释义论典，此又分三种情形：

其一，第一时教释义论典。分显扬见和显扬行两类著作。

显扬见的著作为"对法七论"，即经中所说："舍利子造《法蕴论》，目犍连造《施设论》，满慈子造《界身论》，天寂所造《识身论》，迦多衍尼造《发智论》，世友所造《品类论》，所谓《集异门论》者，传由拘瑟耻罗造。"迦湿弥罗分别说部认为，此七部著作为佛语，是佛于不同的地点、时间，针对不同有情零星所说法，由声闻罗汉所结集，类如《因缘品》，若不是佛语，则三藏会不完整。而经部却认为，三藏的本基是经、律二藏，以此二者统领，才无过患，因此主张"对法七论"为论典。总摄此七论义为《大毗婆娑论》，再摄其义，即为《俱舍论》等。

显扬行的著作，指先讲《十七事》中的出家事，然后讲二分辨事和十六事，以此为基础，所讲示的《律上分》等律经；结合《律杂事》，以理配合而讲说的《律经根本律》；以《律分别》为基础，配合其他道理而讲说的《毗奈耶颂·花鬘续》或《三百颂》。

其二，第二时教释义，亦分显扬见和显扬行两类著作。

显扬见的著作，指称之为"四大开派轨辙师"的著作。如以经实说教义，开示要义的"中观理聚六论"，即开示诸法自性空、待缘而起、远离戏边之见的《七十空性论》，破除生等实有的《根本智论》（即《中论》），此二论为根本论或主论。另四论是，以理成立的《六十正理论》，破除对方论辩过患的《回诤论》，讲说推理辩论方法的《细研磨论》，讲示胜义虽无自性，而于世俗许有世间名言的《成就名言论》（通称《宝鬘论》）。以上合计，共为六论。另如主要开示暗示义或现证义的《现观庄严论》，讲示一切种智、道智、一切智（总称行境三智）、一切正等现观、顶现观、次第现观、刹那现观（总称四加行现观）以及入果法身等八品。示其三十二要义的，即《八千颂摄义》。该颂说："依及所摄受，业及修行等，辨别因及堕，利益等正说。"其中，所谓"依"，指佛世尊，"所摄受"指眷属，"业"指以十法行如何行于佛母，"修行"是指对治无相、有相、增益、损减、一性相异、自性、差别、如名取义、如义取名等十种散动的十种修行，"辨别"是指细分从内空到无法自性空之间

的十六空,"因"分魔业因和不退转因两种,"堕"指若舍般若则其异熟果堕入恶趣之报应,"利益"是指行般若波罗蜜多所得利益,谓其利益功德较之用遍布三千大千世界的珍宝作布施的功德还要更大,如是逐一列举,摄一切功德,因需要而反复言说。

开示三门十一品类的是《般若十万颂疏》。彼初以因缘分期,向利根所化宣说,如云"舍利子,菩萨摩诃萨于一切法一切相中,希求现证圆满正觉,应精进于般若波罗蜜多",摄由何人、为何故、向何人、为何学法等四义而宣说,是为说摄义门;由此至第一品,为说中义门;再由此至最后圆满,为说广义门。此即"三门十一品类"中的"三门"。所谓"十一品类",是指初向舍利子赐教为初品,次由须菩提邀说为一品,后向帝释赐教两品,向须菩提赐教四品,向弥勒赐教两品,向阿难赐教付法为一品,即共为十一品类。《般若十万颂疏》有人虽说为丹伽扎色所作,但应是世亲的释论。此书与《八千颂摄义》,二书皆阐述唯识义理。

显扬行的著作,如《集学论》(全称《集菩萨学论》)、《集经论》(详称《大乘宝要义论》)。另,开示见行双运的有《入行论》《修行三次第论》等。

其三,第三时教释义,亦分显扬见和显扬行两类。

第一类显扬见的著作,如圣者弥勒所著《经庄严论》《辨中边论》《辨法法性论》《究竟一乘宝性论》。有人讲此四论的前两论属对法藏(论藏),后两论为经藏,《现观庄严论》为律藏,然未见其论据。《经庄严论》摄大乘一切法为五义而作开示,犹如锤炼精金,莲花盛开。对于论经,如饥汉得美食,如闻佳音书信,如开启宝箧,说此法即生殊胜欢喜。《辨中边论》中的"边"指有、无或常、断两种边见,"中"指断离二种边见的中观道,因辨别这些,故称《辨中边论》,又谓"性相、障、真如,对治及观修,彼处及得果,即是无上乘"说此经由七义而作宣说。《辨法法性论》的"法",是指烦恼轮回之法,"法性"指涅槃之法，即开示此二法之差别，故名《辨法法性论》。《究竟一乘宝性论》者，为大乘之性续或连续诸法之上，即诸法之至上，故名之；或梵语谓"邬达惹"，意为"后"，即诠释大乘后续之密意，故名之；彼亦讲示三宝及其界、菩提果、佛之六十四德及事业等七事，即所谓"佛、法、僧、界及菩提，功德和佛末事业，诸论之身若摄略，则是七种金刚处。"上述四论，再加《现观庄严论》，总称为"慈氏五论"。循从此五论，有圣者无著所著广论《五部地论》（即《瑜伽师地论》[20]）、摄论《阿毗达磨集论》和《摄大乘论》（合称《二摄论》），以及世亲所著《八品论》[21]等。

《五部地论》如同根本的《本地分》，摄十七地而作开示，总括为"具足五识地，意地及余三，寻思伺察等，有定与非定，有心及无心，具闻与思修，如是具三乘，有蕴及无蕴"。此十七地又作依、察、果三者而作宣说，其复为三：具五识地与意地二者为"依"之自性；有分别有寻思地、无分别有寻思地、无分别无寻思地等三者，为"依"之行法；有定地与非定地、有心地与无心地等四者，为"依"之时分。作为"修"，则有闻、思、修三地。"果"则有作为暂时果的声闻地、菩萨地和缘觉地三地，作为究竟果的有余蕴地和无余蕴地。

《摄抉择分》如《本地分》之释论，对《本地分》的句义二者抉择为四个方面作讲示，除缘觉地外均予摄略，以《本地分》和《摄抉择分》二论开示诸佛语之义。

《摄事分》阐明将往昔经论摄为三藏的情形。其总论中讲说摄三藏，分别详论时只摄经和律，而未言及论藏，故最初结集本，当为《五部地论》。在摄声闻地抉择中，出现"摄本母论藏者，为十七地和四摄"。

《摄异门分》总说能诠名言词汇之异门（各种词语），别说烦恼染污及证得解脱之异门，这总、别二分，即为该论。

《摄释分》讲说彼等说法。如是，由佛语之义、正论和讲说方法组成《五部地论》。

《二摄论》中，作为共同乘的是《阿毗达磨集论》，包括集法相、谛决定、法决定、得决定、议论决定等五内容；作为大乘的摄要，是《摄大乘论》，以所知处等十义摄略大乘精华而作宣说。

世亲的《八品论》，是讲诸法唯识的《三十颂品》、成立其理的《二十颂品》、开示其五蕴本基的《五蕴品》、述说其理为《疏理论》、开示三门之业的《作业品》，此五品为"自续五著作"。开示六度等广大行、十二因缘[22]和三自性的《经广严论》，以及《缘起经》（即《辨法法性论》）和《辨中边论》为释论，合称"释他三著作"，以上合为八部。有人认为，世亲论师著有《十地释》等许多论著，故不一定是八论，加上与弥勒学说相关的著述，不止二十种。但肯定的说法是有《五部地论》《二摄论》以及"慈氏五论"方面的《八品论》等。

第二类显扬行的著作，如《律仪二十颂》等。

5.摄述论典。若摄论典种类，则有不依佛语论典和依佛语论典两类。

不依佛语论典又分释佛语论典和著佛语之义为自续论典两种。其中，第一种又有广释句义两个方面的广释本，如《别解脱戒广释五十卷》；有解释语句的释句本，如《明句释品》；有解释难义的释难本，如两种《分解难义释论》；有摄要义而开示的摄义释本，如无垢友所著的《摄义释论》；有结合语义而开示的语义释本，即共五类。第二种著佛语之义为自续论典，又有圆满开示一佛语之义的论典，如《现观庄严论》或《经根本论》；有开示零星佛语的论典，如《沙弥偈文》；有开示多种佛语之义的论典，如《集学论》《劝戒亲友书》等，即共三类。

总之，释论有注释、解说、注疏、合释、摄义、释难、广释、演讲、细分等多种名目。如是区分论典，是为了增长才智才区分论著的，前面所说性相、词义，是指论典的特点，二者并不相悖。

注释：

[1]《因缘品》：别名《法集要颂经》《专言颂集》，印度佛学家法护所集零星佛语，共四卷三十二品。

[2]外道：指佛教以外的其他宗教派别。在本书中主要指古印度的顺世、数论等学派。

[3]有寂："有"指生死轮回，"寂"指寂灭涅槃。

[4]比丘四法：此处指对沙门行为的四种规范，即人毁不还毁、人怒不还怒、寻过不还报、虽打不还打。

[5]灭道二谛：指四谛中的灭谛和道谛。灭谛，亦名尽谛，为息灭、灭尽之意，指灭尽三界烦恼业因，了脱生死，达到涅槃寂灭境界。道谛，道为"通达""道路"之意，道谛讲达到寂灭解脱的方法和手段。

[6]真如：佛教术语。不变的最高真理或本体，指本性、空性、真实性。

[7]无余涅槃：涅槃常分两种：有余涅槃，指断尽烦恼障所显之真如；无余涅槃，指灭依身苦果无所剩余，出生死苦之真如。

[8]十二分教：依文体和含义将佛所说全部经教归纳为十二部分，即契经、应颂、记别、讽诵、自说、因缘、譬喻、本事、本生、方广、希法、论议。其中论议，也作议论；记别也作授记。

[9]盖摩乔答摩：简称乔答摩。佛祖释迦牟尼的种姓。

[10]胜观：亦译妙观。以慧眼观察事物，了悟其本性真实差别，指一切禅定。

[11]舍利子：释迦牟尼的亲传弟子之一。

[12]小路尊者：梵音作周达般陀伽。十六尊者之一，常居古印度灵鹫山。

[13]方便：方法。有时也指仪轨。

[14]六度：佛教教义。多汉译为六波罗蜜多。波罗蜜多，即到彼岸之意，谓菩萨乘此六度船伐，既能自度，又能度一切众生，从生死大海之

此岸，度到涅槃究竟之彼岸。因此，六度为基本的修持方法，包括：布施、有法、财、无畏三种布施，以此时治贪爱悭吝，利乐众生；持戒，包括在家、出家、大小乘一切戒法，由此断身口意一切恶业；忍辱，修持能忍受一切有情辱责打击和外界寒热饥渴之行，以断嗔恚烦恼；精进，精励身心，精修一切大行，以对治懈怠；禅定，止观双运，定止散乱，心住一境，思维真理，以调伏诸根会趣寂静妙境；智慧，断除烦恼，通达诸法体性本空之智慧，以对治愚痴无明。

[15]三学：佛教教义。学佛者必须修持的三种基本学业，即戒、定、慧。戒，指戒律，是防止身语意过失的戒规；定，指禅定，即摈除杂念，专一观悟佛理；慧，指智慧，是摈除一切欲望烦恼，专心致志于四谛、十二因缘等佛教真理，以获得智慧解脱。三学囊括全部佛教教义和全部修行法门，其中以戒、定为手段，慧为目的，最终获得解脱，达到涅槃境界。

[16]加被：即加持，以神力加于众生，使之受持，感应。

[17]开许：同意、允许之意。即给予加持后有权修持，谓之开许。藏传佛教将如来所说教言根据增上缘分为三大类，即佛亲说语（口说佛经）、佛加被语（加被佛经）和佛开许语（开许佛经）。开许佛经开头有缘起，中间有接续联系语，结尾有助益随喜句。

[18]《量经》：指古印度佛学家陈那的因明学名著《集量论》。陈那为瑜伽行派论师，佛教新因明创始人，被后人尊为"中世纪正理学之父"。《集量论》通论推理八事，概括真知为六品以进行抉择，是一部量学经典著作，故在藏文中也译为《量经》。对此，古印度因明学家法称著《释量论》等七部著作进行注释，通称"七部量论"或"因明七论"、"七部量理论"等。

[19]修辞学：在藏文中指诗词学或诗词。

[20]《瑜伽师地论》：藏籍称无著所著佛学著作（汉籍认为弥勒所著，

唐玄奘汉译本一百卷），因分本地分、摄抉择分、摄事分、摄异门分、摄释分五大部分，故亦称《五部地论》。

[21]《八品论》：世亲阐释弥勒学说的八种论著：《经庄严经论释》《辨法法性论释》《辨中边论释》《疏理论》《作业品》《五蕴品》《二十颂品》《三十颂品》。

[22]十二因缘：解释佛教关于人生痛苦原因的业感缘起学说，认为众生由烦恼恶业招来苦果，因果相续，故在六道中生死轮回。具体指无明、行、识、名色、六入、触、受、爱、取、有、生、老死。亦称"十二缘起支""十二缘生支"或"十二有支"。

第三章 如何闻、说及修持法

第一节　所说法之差别

总的说来，为精通所知当学各种论典。律经中尚云，"即使是外道论典亦应受学，""菩萨尤当学一切论典。"然而，学典主要趋向于道，通过讲闻佛典来认识佛教。提舍尊者说："三学极开示，三印当正具，初中后皆善，善巧通佛语。"此语开示了所修三学和正见三法印，即"诸法无我，诸行无常，有漏皆苦"，并云体性当于始初、中间、最后永远为善。《别解脱经》中也说："诸恶莫作，众善奉行，自净其意，此即佛教。"经中云："所谓正法，即初是善，中是善，后是善，其义妙善，字句妙善，圆满无杂，圆满清净，圆满纯洁。"所说初、中、后皆善，无著

等人认为是说闻、思、修；而有人认为，"初"指经首的缘起，"中"指经的正文，"后"指经尾的助益随喜；阿阇黎善天（格维拉）则认为"初"指论典开首的礼赞，"中"指论典的正文，"后"指结尾的回向。按照《疏理论》的说法，"初、中、后三者，是说戒、定、慧蕴全无损衰，故为善；所谓'义妙善'，是说不颠倒之所诠圆满；所谓'字句妙善'，是说使人易懂，能诠圆满；所谓'无杂'，是说与其他不混杂雷同；所谓'圆满'，是一切烦恼的对治法；所谓'圆满清净'，是说能从自地烦恼染污中解脱，是自性解脱；所谓'圆满纯洁'，是说他地的烦恼随眠断尽，以续获得解脱。要具足上述诸德，应通达正法。"

总之，佛教正法，当入圣谛经藏，调伏烦恼，不违缘起法性，是为共乘之规。如以大乘之规而言，诚如前引《宝性论》所说。又如《经庄严论》中所说："信喜智因故，此法即是善，具二利易持，示四德梵行，与他不具共，断三界烦恼，自性净无垢，即梵行四德。"以大乘不共之规来说，如云"空悲二无别，凡能深修心，彼即佛陀法，亦是僧伽教"，是说具空性大悲心要，即是佛的教法。如是教法，由语和义集摄为特殊的经和论两部分，正如《经庄严论》所说："嗅香与尝味，二者如妙药，法亦如彼二，当知字与义。"义圆满是指具足四梵行功德等。字圆满在《经庄严论》中说："示及如是说，乘及顺且乐，普称及随宜，及顺出离故，彼典则谓之，菩萨字圆满。"《摄释论》中也说："经藏之体有二，即字句与文义。"其中，字句是处所，文义则寓于其内，二者结合，即是所知。又说："虽小品胜法，其本体亦二，即文字与语义。"是故，所说法，是由佛所说，由结集者所结集，由诸智者大德所诠释，再由诸译师、班智达大德所翻译，而成师师相承、具足经教传承的显密经藏、论藏和律藏，对其中任何一种当予以讲说。

第二节　阿阇黎说法之差别

一、说法阿阇黎之性相

各论典中说阿阇黎有多种不同性相，如《三百颂》中说："具足律仪知戒规，悲悯患者眷属敬，精勤助益法与财，应时教授赞为师。"阿阇黎龙树说："善知识性相，摄略知如是：知足具悲戒，有慧除烦恼，汝若依彼等，汝则知恭敬。"寂天说："常依善知识，则通大乘义。"皓月居士（旃陀罗阁弥）说："持戒且多智，具足大能力，对于如是师，应当拜依止。"《经庄严论》中所谓"调柔寂静及熄灭，德胜精进经教富，通达真如且善说，悲悯自在断厌烦，如是十德善知识，理应恭敬善依止"，是说具足律戒故调柔，具足定力故寂静，具足智慧故能熄灭烦恼，功德较他人更殊胜故名德胜，无怠于利他故精进，广学多闻故经教富，通晓所知真如实性，且能善巧言说，不视财物故悲悯，开示佛法无厌无倦，即善知识当具足如上十德；所谓"大乘菩萨广听闻，见谛善说具慈悲，无厌正直士夫者，当知彼即是大德"，是说广闻经教功德，证德方面则见真谛，善巧言说，不吝惜财物意乐慈悲，思想行为无怠无厌，即当具此五德；所谓"广大离怀疑，堪持增添二真，此为菩萨之圆满之导师"，是说广闻博学，故识多见广，智慧广大，能断所化之疑惑，三门[1]唯善，堪持为师，能开示烦恼及解脱涅槃二者之真如实性，即当具此四德。

以上这些多为圣者之德，虽具足甚难，但却是不可或缺之分支。其要点有三，即具智者智慧、具慈悲意乐、具忍辱行为。

第一具智者智慧，应善巧所说、善巧能说、善巧行为。其中：

善巧所说，是指善巧通达所知或诸藏，凡讲说，文义皆具教理秘诀，应成为如是智者。这样，才能断除所化之疑惑。

善巧能说，是说能诠之语言正确；无论从何言说，皆能联系，讲说

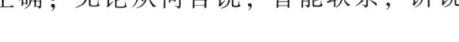

适当；如何说都不离三种合理语言，能使用令他人喜悦的雅语言词，即应具足这三种特征。《经庄严论》中说："语句极合理，教增添辨解疑，具足能多次，初说喜悦悟。诸佛之教法，三轮以清静，此者当了知，远离八种过。怠惰及不知，不定不分时，此诸疑不断，不示远离彼。厌倦与吝啬，许是言说过，如无此等过，则成无上说。"这是指远离言说八过、三轮清净之讲说。在《疏理论》中，讲说对治十一种言说过失有二十种法语，此即：

对治威仪不整，向非器[2]讲说之过失，应知意欲听闻，可堪讲说者，在当言说之时言说，使之对自己的讲闻不觉得不全、无要核且不入于道。

对治诠说不圆满之过失，应无轻慢而郑重言说。

对治诠说中断之过失，应有三法，即一是次第而说，应先从布施度等及正供言语开始而作宣说；二是以论说经藏开始，结合辩论而宣说；三是随顺言说，从授记（记别）开始，解答问题先应讲示有如是授记。

对治不懂诠说意思之过失，亦有三法，即一是使诸有信仰者喜悦；二是对诸有宿怨者心生爱欲；三是应使诸疑惑者喜悦。

对治诠说不成供奉之过失，有二法，即一是罪恶者不该生喜悦，故不能使其生起喜欢；二是若诋毁则心感刺痛，故不诋毁。

对治诠说不合理义之过失，应当合理，不违量论因明。

对治向不该说奥义的对象、下根者诠说深奥义之过失，应有关联，即联系先后而讲说。

对治散乱诠说之过失，应语不紊乱混杂，即断旁骛他语。

对治诠说无义之过失，应具足法，合顺善。

对治不适当诠说之过失，应适合如所有眷属，即与所化有情相适合。

对治以烦恼意乐[3]诠说之过失，有五增上法。烦恼意乐有三，即一是相信自己贤能之意乐；二是贪求信敬之意乐；三是嫉妒意乐。对治第一种相信自己贤能之意乐有三法，即慈心、利乐心和悲心。此亦为愿听法者安乐、无烦恼、无痛苦,或对向善、不向善、庸俗诸人,依照慈悲等次第,愿其得涅槃、通其道、领会所说义。对治第二种贪求信敬之意乐,应不依利养、恭敬、赞颂,即断离此等贪求。对治第三种嫉妒意乐,应不自诩,不贬他人,即舍嫉妒,尤舍自信欲念。

以上二十法,每五种为一组,次第开示如何诠说、诠说何义、向何诠说、以何诠说;又示言语加行、言语之对象、言语之功德和言说者之功德。远离上述诸过失,即为善巧能说。

善巧行为:以三门善业堪受众人恭敬,谓之"善巧自己行为";而"善巧所化行为"是了知所化之根器,种界和随眠习气,而开示顺彼之法,使之成义,如《地藏十轮论》中所说:"愚根低劣且怠惰,对于二乘[4]不勤奋,不具大乘之法轮,彼非广大乘法器。"再如说:"如是非器声闻乘,闻说大乘成遇迷,并因断见堕恶趣,故应视器而说法。"又说:"已成广大法之器,则不应示下劣法""劣器不合深广法",皆云应当善巧了知器之行为或性相。

第二具慈悲意乐,是说要有安置一切有情于大菩提的悲心,若无此心,也须要有令彼善知自己所说法义而受益之意乐,而并非是观财物多少才说法的悲心,以此使自己的讲说入于道。《经庄严论》中说:"诸尊者将生命、受用乃无实义的利养诸物,常以极欢喜心施舍于一切苦难众生,而施法于众生,使之受益,虽极广施,却无穷尽,且能相续增长,施法一次更不待言。"是说若非如是,则有售法之罪业。《妙吉祥神变经》中说:"虽说法,然对闻法诸人,不发大悲,乃为魔业。"又说:"自虽多闻,但唯恐他人得知,而将正法作为上师吝惜秘诀不肯传人,也是魔业。"《解深密经疏》中也说:"凡为贪者说正法,彼诸贪得取受,如诸醉汉得宝法,虽得亦成穷丐因。"

第三具忍辱行为,指对说法时的疲劳和烦难无厌倦的忍耐,对弟子提问的忍耐,以及忍耐他人的争辩且能对答,以此三种忍耐能摄持所化

有情。藏那巴还说要忍耐徒众眷属的故意歪曲，但这要有定知利他的神通。反之，对不恭敬者不说法，对具顶髻外道等五种人不说法，则与摄持大众的教义相悖，成狭隘气度的口实。若以贪嗔歪曲邪说，何益于现高[5]和定胜[6]？若上述诸德齐全而说法，则徒众眷属入耳悦意而趋于道，如《经庄严论》所说："具足善慧无厌悲，悦耳宣称善仪轨，是为善菩萨善说法，士夫之中彼如日。"

二、依何为讲说之方便

《杂集论》中讲"论说这门有十四种六种之分，如经所说：'何谓讲说之抉择，即由何者讲经藏'，此云者何？即指所知事物、所知义、所知因、普知、所知果，由彼等成善知。所谓十四种论说门，是指摄论说门、摄事物门、支及近支门、渐次向上现成门、断离门、译文门、坏失与不坏失门、安立数取趣门、安立分别门、法理门、全知等门、力与非力门、诵说门、现成门。"有些论著中讲，应以必要义、摄义、句义三义讲说，有的还说应以总义和分支义二义讲说。钦巴上师认为，应包括示义，解说和定解三方面：其一示义，是对论著的语义作字面开示，即从从何而来的联系、何故使用的必要、开示什么之所诠三个方面定解，以使弟子善知法义；其二解说，是根据正文结构层次，认识差别特点，再用释疑的方法解说特别之法，以开示考察显隐诸义，使弟子通晓语句；其三定解，是说用上述之法虽通达论义，但仍有可能不能回击论敌，遂心思已说论义与辩论无关，对此，应举出未通达之论题，作排除其思虑的答辩，以其他教理破除疑惑，以使弟子对论义获得定解。

《疏理论》中说："诸说经义者，以必要摄义，句义相配合，作争辩论答，争答二合一，即为答辩故。"这是说，最初因听闻学经的必要性而勤于聆听、执持，故当讲说必要；而其必要性由摄义通达，而摄义又由经典或论典本身的字声和意义组成，综合所诠之义而作开示；因摄义由句义通达，故应以讲说句义为基础，对差别法，由释疑门通过问答、辩析而讲说，或引申一义多名和一名多义，引用字音变化讲说，译文讲说，以及提出否定即变句讲说。该论又说："应以四相明见句义，即异门、性相、释文和辩别。其中，异门，是其他名称；性相，是由何义而得此名；释名，是说其名的由来。"有人主张释名不是解说字义。对此，不能同意，因在《阿巴扎尸喀》等声明论中说字义有八位格。所谓"结合"，是指前后文义的联系，以及前后次序的连接。由此了知句义的次第不相矛盾。与道理不悖、前后不矛盾，从辩论中可知，故应从字立论，从义驳论，由答辩定解其义，当如是讲说。

三、如何说法

此分三种情况：

其一，依所化而说。针对利、中、钝三种根器所化，应作略、中、详三种讲说。如经有广、中、略三种，因种姓的分别，而说大小乘法；因求学的差别，而开示相宜的所知知识。如《三摩地王经》中所说："为作法施故，汝若作启请，我未学深广，先当说句词。汝若知且通，大师之座前，我如何能说？汝当如是言，暂且不当说，应观彼法器，若知是法器，不请亦当说。众多眷属中，若见恶习者，勿说资具薄，应赞布施德。若见贪欲小，知是戒净处，汝应发慈心，当说资具少。若见罪贪小，具戒者增多，获得对治时，当说赞戒法。"

其二，依需要而说。应按追求需要的具体情况，抉择性相，随机讲说修持法。

其三，依所入而说。又分加行、正行、结行三种情况。其中：

第一加行。当布置陈设，祈祷三宝，消除魔障并以慈心普爱眷众，应做此三事。《妙法莲华经》中说："智者时思维，入室即闭门，如理观诸法，起而无畏意。知者常安住，住已亦说法，清洁悦意处，敷设广大座。妙色善染彼，洁净法衣披，设备掩腋衣，僧裙善著已。铺设诸种布，濯足座上登。妙座登垫上，容颜光润泽。端坐于法座，对来诸有情，

开示多种语。比丘比丘尼,近事诸男女,诸王与王女,智者常无嫉,具义说雅言。离诸怠惰相,不生厌倦想。智者喜诸众,慈力蔽眷属。彼德众中尊,诸眷敬且喜,昼夜修胜法,彼德常无贪,受食及饮啖,卧具并法衣,不执如病药,不乞于诸眷。自及诸有情,常愿成佛果,说世出世法,普是安乐具。"《慧海请问经》中说:"达亚塔、夏美夏玛哇底夏弥达夏智、嗡古热、曼古热、玛惹孜代迦惹代玉格域热代佐巴底、哦洛业尼、毗夏塔尼玛勒、玛拉巴那耶、库库惹喀格扎赛、扎萨乃、哦牟克、巴然牟克、阿牟克夏弥达尼、萨日哇扎哈温达那尼、枳赫达萨日哇惹扎瓦底那、毗牟嘎达玛惹扎夏、萨塔毗达普陀牟扎、阿努达嘎哈底达、萨日哇玛惹苏杂日达巴日须得亚、毗嘎杂擦那杜萨日哇玛惹噶玛尼,慧海!此诸真言[7],是除魔语,是除烦恼语。说法者善诵此真言后,坐于法座上,以现证菩提之慈心普及于一切眷属,自应生起如医者想,于法作良药想,于闻法者作病者想,于如来作正士想,于教法作长住想。若先诵此真言而说法,则其境百由旬[8]内,魔及魔类诸神不敢前来,即使来亦不能作灾。说法者当洁净,行为纯洁,并当善为沐浴,善着衣装。"

第二正行。当具足六度,即施给自己通达之语义,持戒约束三门过失,忍耐冷热等损害,喜悦讲说,心专注于一,考察讲说语义之违逆关系,此即布施、持戒、忍辱、精进、禅定、智慧六度。又如阿阇黎狮子贤(僧格桑波)所说,作法施时应舍声闻等的作意动机,忍一切人所说不雅语等,当生乐欲,心不杂染他乘,一心专注,回向无上正等圆满菩提等,以披无缘铠甲而作行。

第三结行。祈祷饶恕过失,善根回向菩提,以空性而结印。

第三节　弟子闻法之差别

一、以何者为闻法的有情

闻法者分上、中、下三等。

第一，上等闻法者，又分闻法者应断离的过失和应有之相二目。

其一，应断离的过失有十三过、六过、三过之分。

十三过者，《疏理论》中说，对于十三过应以十六相对治而闻法，并云十三过是：安立于内时，对说法者自主调使，威仪[9]不规；因种姓高贵等而我慢不恭；不求进取；因他人的偏向而痛心疾首；因不供养而对说法者极不重视；对说法者生厌倦反感心；不思佛法和说法者的功德，故不作承事；作意于说法者说法时词句不连贯或其戒规、种姓、相貌、吐词等方面不完善的过失，而心怀蔑视；诽谤贬低；贪图利养得失和恭敬；心思散乱昏睡而不认真听闻；颠倒理解密意及法性，故善不作意；思想行为低劣，以致极不作意。以上共为十三种过失。

六过者，如《疏理论》所说："我慢及不信，不追求进取，外散内收摄，厌倦等闻过。"或谓羯磨[10]之过、不信服之过、不供养之过、思想之过、不顺之过、记持之过等共六过。其中，所谓"羯磨之过"，指身体之作为，威仪不规，不以身语二业督促，不欲以意业听闻；所谓"思想之过"，是指对他人寻找过失毛病，并如是这般地攻击，使之身败名裂；所谓"不顺之过"有五，即认为法非出离之道而不敬，认为文句不连贯而蔑视，因人、戒和表达过失而不恭，因种姓缺陷而轻蔑，因无能力领会和修持而自卑；所谓"记持之过"亦有五，即颠倒记持、不记持义、不记持字句（不记背文句）、记持未理解语（死记硬背）、不全面记持。

三过者，此如虽降雨而不能盛水，有三种盛器之过：盛器倒覆或破裂而水不能注入；盛器不净而成污水；器有漏洞，水虽注而不存。如是，

虽降法雨,然不能盛者亦有三过:心思散乱或昏睡,不能听法而不能入注法雨;因不能如理作意,法雨虽降入而被污染;由于遗忘而不能记持法义。其对治法,如佛世尊所说:"善为谛听,于意记持"。另外,还比喻三过分别为:病患者不知药理,或颠倒理解,或虽知而浪费良药;病患者不吃食物,或食不宜吃食物,或虽食宜吃之物而呕吐等依次三种。以上种种喻说法者应善察闻法者的根器,当闻法者心意散乱放逸时,则说:"人寿纵百岁,夜眠耗其半,昼夜若复睡,其半成碎段"等忧虑的话;对昏睡者为使其清醒,可说一些奇异的话语,以及驴和马驹、狮子和狐狸、老人与妇人、老妪与盗女、生身啼哭的故事等等之类的喜悦话语。

其二,上等闻法者应有之相,如《四百颂》所说:"正直具慧求上进,谓之所谓闻法器",闻法者应有通达法义的智慧,求上进的愿望和无我慢的恭敬心。

关于通达法义的智慧。闻为烦恼的对治法、解脱之因,需以此来通达经义。世亲说:"如以三因即涂油、搓揉、焙制诸法揉制皮革,人心亦用闻、思、修等以为调治。是故,为调心堪用,当精勤于闻等。以此三者之力使行于道者如过荒野而到安乐城,此乃因得路粮之力、乘骑之力和指路者之力故。如是,从轮回生死荒野道而往安乐道诸人,须靠布施、持戒、智慧之力,这三者都依赖于闻。"

关于求上进的愿望。如经所说:"此等十种为遍求菩萨之法,十种是何?即以无欺诈谄诳意乐索遍寻教法等。"

关于无我慢的恭敬心。如《大疏》中所说:"所谓当以增上意乐而闻法者,指摘下头巾等,坐于低位,排除散乱心,以欲求解脱之心聆听正法。"

第二,中等闻法者,虽不全具上述诸性相,然若能知义而听闻,则有大利益功德。《疏理论》中说:"诸积因者少许闻法,即具大福德,如圣者舍利子受具足戒时,一婆罗门知此事隐藏一旁,听到犯出家戒当受十二种苦后,遂从恶戒[11]中还净。"另如僧护尊者(根敦尚)说法时,诸仙人偷听后而证果。

第三,下等闻法者,虽不知义,然对正法生信而能听闻,亦有大福德。如经所说:"虽不悟解语言,然能恭敬佛语而聆听,即仅以信仰听闻,亦具大福德,更何况增长智慧而通达经义,一如牛童难陀杖击青蛙的故事,喜法而成水怪,仅闻佛之字声,即行敬礼,缄口而坐。是故,少许闻法,亦能积福因,增广善根,故当精勤听闻佛语。"

二、依何为听闻的方便

《菩萨藏》中说:"转变有情者,二因及二缘,即声随顺他,于内如理观。"这是说外缘依止善知识,并积储生活资具,而内之顺缘则俯耳聆听,心思所闻之义,报阅经论,请教智者以进习,以此听闻究竟,继而勤于思修。《疏理论》中说,"如同火烧水注石灰石,烦恼随眠之石当以智慧火焚,用禅定之水浸泡,方可化之。而此智慧非闻正法而不可得,故当心生恭敬而闻法。若虽背得词句却不知其义,则不得其解,即如伏藏遗嘱妙文挂于孩童颈上,故多闻须知其义,应勤于对经藏意思的听闻。亦如巡夜者不察巡情,虽说未眠,仍被盗贼窃夺,仅致力于字句多闻而不分别思察,亦被烦恼之敌所摧毁。分别思察若不知义,亦无所得,故当勤于持取其义。如是,盗贼乐师畏人察觉,为使人入眠作歌而行窃,亦是一例。再如盲人持灯只利他人,只作不现知经义之听闻亦如是。因此,为知其义应勤于闻其义。"

三、应如何闻法

此分加行、正行、结行三目。

第一,加行。又分三:

其一,修法之意乐。如经所说:"闻后应以修为主。"

其二,恭敬之威仪。指三门恭敬。《佛本生传》中说:"坐于最低

位，生起调柔相，悦意目而视，语如饮甘露。生起笃诚敬，极信意无垢，闻语如服药，敬奉而闻法。"

其三，修喜缘聚。《秘密不可思议经》中说："诸佛出世极难能，历难始获此人身，呜呼信仰闻佛法，百劫之中亦难得。"《广大游戏经》中说："人与佛出为难得，获得敬信亦甚难，离八无暇更为难，是故闻法最为要。今已获得佛出世，并有暇身及信仰，以及能闻正法等，以此应离诸放逸，若于百千万劫中，亦不能得闻正法，汝于今日已得故，应离一切诸放逸。"《疏理论》中说："佛语及耳闻，欲及慧无障，此五难得故，当闻能仁[12]语。"还说："此有身死后，能否遇正法，耳朵能否闻，何人讲正法，谁亦不知故，汝今应精勤，聆听导师语。"又说："生死定有寿，寿皆无义耗，善言[13]如昙花，世间一时现。"

第二，正行。应具六度，即三门为佛法而施舍（即布施）；戒缚罪行，破舍一切器之过失（即持戒）；忍受损害（即忍辱）；乐于听闻（而精进）；一心专注于文字和语义（即禅定）；上等得增上通达，中等随字声记持而探索其义，下等则无量度（总为智慧）。

第三，结行。最后祈请宽恕过失，回向[14]善根，作酬恩礼拜等。

第四节　师徒修学法义教授

如是闻思则入于道，所谓"具足如理闻和思，继再结合实修持"，是说尚需以净戒为所依。《三摩地王经》中说（原注：与《月灯论》同）："倘若通晓法，多闻不持戒，犯戒堕恶趣，多闻不能救"。如理多闻，还需结合思修。《住法大德比丘经》中说："不依修持，仅有闻思行为，亦非为住于法。而不依闻思，仅有修持，亦非为住于法，只有二者兼依，住于二者，才是住于法。"

《经庄严论》也说："瑜伽行者之修非无义，如是如来所示亦非义。若仅以闻见义修无义，未闻进修教法则无义。"是故，最初众苦之根基和因是犯戒，其对治法是守戒。复次，当勤于对烦恼的净治，其次第如寂天所说："当忍苦求闻，次往山林住，勤于三摩地，观修不净等。"这是说先要忍辱，若无忍则厌倦，不能进行听闻。无听闻，则不知断离烦恼的静虑方便，故当寻求听闻。虽因闻而知法，但举止飘忽，亦不能生起三摩地。比如《月灯论》中所说："虽以顺法语宣说，然因嗔恨心不信，认为所说是愚法，虽知其义不诚心。"所以应断除贪爱、恭敬、愚痴等世俗的诱惑，如颂所说："愿与林中诸鸟兽，及无喧嚣山林木，彼诸悠悠安乐众，一时相伴而共住，"当依止寂静山林而修持。

复次，若不勤于对散乱放逸的断舍，也不能等住入定。故需致力于等住，其果是净治烦恼，所以应修不净观等。多闻却离修，其过失甚大。《凶暴者请问经》中说："若具足多闻，且获暇满[15]，但若不净治贪爱所得之心等，则成对人天世间的唯一诱惑。"《宝积经》中也说："迦叶！有是比喻：若有人取得大海之水，而海水令其焦渴将死。迦叶！如是有的修善[16]和婆罗门[17]虽已学多法且纯熟，但若未除贪欲之贪著，未除嗔恨之贪著，未除愚痴之贪著，彼等则虽取得正法海水，却被烦恼干渴而死，将往堕恶趣。"因此，如笔者口虽言说，却无实践，则无实义。故应思其义而会诸实践甚要。

《劝发增上意乐经》中说："若以闻饱不成敬，贪爱诸多施舍语，变为诠说且无知，此等皆为喜说过；与内心思相距远，身心亦非极净治，傲满以及变多结，此等皆为喜说过；愚者衰失正法思，心性桀傲极粗暴，寂止胜观相去远，此等亦皆喜说过；经常对师无恭敬，对诸染语生喜悦，住于无义智慧弱，此等亦皆喜说过；彼者诸神不起敬，斯时对彼不生欲，

分别正智复退失,此等亦皆喜说过;诸凡显现有多身,被诸智者所呵责,
彼之生命变无义,此等亦皆喜说过;自己失修今何为,临命终时作孩哀,
未得其底极痛苦,此等亦皆喜说过;如似草动任飘摇,如是必定生怀疑,
总是彼心不坚定,此等亦皆喜说过;住于喜舞人群中,如说其他勇士能,
自己切实成衰退,此等亦皆喜说过;彼具狡诈断希望,复复争执起攻击,
相距正法太遥远,此等亦皆喜说过;能弱受敬即欢喜,如似狡猾之猕猴,
虽具人识心狡黠,此等亦皆喜说过;自己心慧低劣故,愚氓跟随他人转,
彼即往赴烦恼方,此等亦皆喜说过;眼目昏花耳亦聋,鼻孔塞堵舌亦颤,
身体衰病意混乱,此等亦皆喜说过;其心极爱于耳识,专求字声智慧弱,
颠倒思且趋恶道,此等亦皆喜说过。"该经述说了上述种种只喜好言说的过失后,继说:"只因长期喜言说,故而自己不得喜,喜一语而得无边,遂思一语亦为胜。甘蔗皮虽全无实,所喜美味在其中,食皮未得蔗糖味,非为甘蔗味不甜。言说好比甘蔗皮,如似味者思其义,是故当离喜言说,经常思义不放逸。"中间颂曰:

上理今由寡闻修,未积资粮布顿书,
愿以善根作回向,往生兜率弥勒院。

注释:

[1]三门:身、口、意,指行动、言语和思想。

[2]非器:器,即根器,佛教将一切有情分为利、中、钝三种根器,或大乘与小乘根器。授法时,按根器之不同,分别授相宜的法。非器,即非法器,指不适宜授法,不堪教育的人。

[3]意乐:佛教术语,相当于现在的思想。

[4]二乘:此处指大乘的显密二宗。

[5]现高:亦译"增上生""胜生",指人天善趣的圆满福报。

[6]定胜:指获得永久安乐的解脱位和一切智位。

[7]真言：亦译"咒语"。佛教密乘修习法中，用以守护修行者心意专注、远离庸俗境界，策励本尊及其眷众加持的一种有严密结构的若干梵语字音，其种类颇多。

[8]由旬：古印度长度单位，亦作"逾缮那"。古印度以五尺为弓，五百弓为一俱卢舍，八俱卢舍为一逾缮那，约合二十六华里许。

[9]威仪：举止、行动。

[10]羯磨：事情、工作、作业。

[11]恶戒：指其他宗教的不善戒规或应禁忌的律仪。

[12]能仁：梵音作"牟尼"，意为能守护身、语、意业，远离不善和烦恼，证得寂静境界。是释迦牟尼佛号的省称。

[13]善言：指佛的教诲，即佛语。

[14]回向：一段修法结束时的一种仪轨，即祈愿自己所作善业换得成佛之果。如转变轮回因力的善根成为大菩提因，增长有尽之诸善根成为无尽，增长自他三世所积一切福泽皆成无上菩提之因。

[15]暇满：指世间福德中的八种有暇和十种圆满。八有暇是：远离地狱、饿鬼、旁生、边鄙人、长寿天、执邪见、佛不出世、喑哑等。十圆满是：生为人、生于中土、诸根（各器官）全具、未犯无间（离诸业障）、敬信佛教、值佛出世、佛法住世、随入佛法、有顺缘善师。

[16]修善：亦作"沙门"或"桑门"，是男女比丘、沙弥的总名。修持破灭烦恼、消除轮回之苦的善法，故名。

[17]婆罗门：古印度的贵族僧侣，非佛教徒。

[18]过：指过失罪孽。

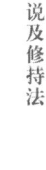

 第四章 所修之法出现情况

总的来说，菩萨的资粮或宏愿圆满，佛土清净，所化有情的善根成熟，则有佛出世，并由彼宣说正法。

第一节　总说于何劫有佛出世

一般说来，劫[1]分光明劫和黑暗劫两种。其中，光明劫才有佛出世，而黑暗劫则无佛出现于世。《贤劫千佛名经》中说：光明劫的贤劫中有千佛或一千零五佛出现于世。后经黑暗劫的六十大劫之后，于光明劫的

大美称劫,有一万佛出现于世。再经八万黑暗劫后,到名为如星劫的光明劫,又有八万佛出现于世。此后,又经三百黑暗劫,到名为功德庄严劫的光明劫,有佛八万四千出世。

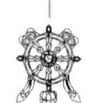

第二节 分说贤劫中佛出世情况

一、《大悲妙法莲华经》中所说一千零五佛出世情况

往昔,在此世界名叫"持大劫"的第四洲,有位名叫"轮辋"的转轮王,有眼不瞬等一千名王子,统辖八万四千小邦。此王的首席大臣是一位叫海尘的婆罗门[2],有子八十人和婆罗门弟子一千人。海尘之子婆罗门海藏现觉成佛,取名宝藏。后,转轮王轮辋供养承侍此佛三月,继由其一千王子各承侍供养三月,其历时二百五十年零三个月。此后,由其父婆罗门海尘承侍供养并闻法七年。一次,他梦见轮辋王啖食许多动物,而老虎等猛兽杀害此王,并梦见有的大臣乘坐安乐车走向歧途等,遂请问于佛。佛授记[3]道:"国王贪于国政作不善业,将轮回于恶趣。"并预言"彼等大臣将得声闻、缘觉果,其他许多人将证得大菩提。"于是,婆罗门海尘向国王说:"大王!投生为人很难,而有佛出世更难,能闻正法尤其难得,故请大王发无上菩提心。"国王说道:"我不愿证无上菩提而成佛",并且说明原因,不愿发心。后经婆罗门海尘再三劝请,国王才答应:"若出现佛的美妙佛刹,我始发心。"于是,宝藏佛入于庄严明镜三摩地,示现出不可思议的庄严佛刹,让国王选择其中最美妙的。国王遂生信仰,为了取受自己的佛土,入住宫中,断绝来客,一心专修。其一千位王子亦为取受各自的佛土,也住于室中专思其事。期间,婆罗门海

58

尘将许多有情众生置于广大善业。如是经过了七年后，国王及其属众，经天神劝请，起立来到佛前，各持自己佛土而发心。于是，佛授记道："国王于极乐世界成佛，号'无量寿佛'；长子眼不瞬待无量寿涅槃，初夜受法，次日黎明现证成佛，佛号'光明普胜祥积王'；彼涅槃后，次子为大势至，即极坚功德宝积王；第三子即妙吉祥文殊，于离尘清净积佛土成佛，为普见佛；第四子为普贤；第五子为正莲；第六子为统治自在王；第七子为光明离尘高香自在王；第八子为智金刚威严自在。在此之间尚有一万有情成佛。此后，第九子为阿閦（不动佛），第十子为金花，第十一子为月王……"如是，对一千位王子全都作了授记。

其次，对八万四千小邦国王、九亿二千万众生、海尘的八十位公子及其一个婆罗门弟子、三千万婆罗门等均作了授记，直到胜观佛（毗婆尸佛）、顶髻佛、一切胜佛（毗舍浮佛）。

其次，为"吠陀[4]千仙"中的第一仙授记。

其次，授记"吠陀千仙"中的第二仙人星护为贤劫第一佛拘留孙佛，第三仙人当布惹为（贤劫第二佛）拘那含牟尼佛，第四仙人普护为（贤劫第三佛）迦叶佛，第五仙人无垢光为（贤劫第五佛）弥勒佛。如是一一授记，直到第九百九十九位仙人。这时，婆罗门海尘嘱"吠陀千仙"中的最末一位仙人为取受佛土而发心，回言"容我略想片刻"。期间，海尘的五位侍从选受佛土发心[5]，被授记为贤劫佛。此后，最末一位贤人向宝藏如来要求在贤劫有牟尼日，佛遂降旨："将有第一千零四佛牟尼日（原注：与贤劫第四佛释迦牟尼一起）出现于世。"仙人祈请道："愿第一千零四佛牟尼日住世，尽其寿量，度化有情"。发愿后，佛道："善哉！如愿成就！"遂授记他为开光佛。

此后，婆罗门海尘心想：诸国王等许多有情已作发心，且取受佛土，如今我当发心。乃以悲心观察不净刹土娑婆世界有情残暴而行十不善[6]，造五无间罪[7]，极难调伏，遂发五百大宏愿，以谛力陈说。宝藏佛当即

道:"善哉!如愿成就",并作不可思议之赞颂说"诸菩萨所精进者有四,即发愿于不净佛土等,汝为白莲般菩萨,其他则是如花的菩萨"等,授记他为贤劫第四佛释迦牟尼。这时,十方诸佛纷纷献礼,一切天人众生都作供养。

后来,宝藏佛涅槃(原注:于三十六千万年间),建灵塔供奉。婆罗门海尘亦出家,修梵行二万年。由此可知,于此贤劫有一千零五佛出现于世。

二、《秘密不可思议经》等中所说千佛出世情况

往昔,经长远时间到美妙光明劫,于名为庄严世界,有佛出世,名"功德无边众宝庄严王"。当时,有统治四洲的转轮王名"护国王"在位,住居清净宫,有妃七十万,王子一千。此王承侍供养佛和比丘僧伽众长达一千万年,向每位比丘献侍仆三人。那时,王子们作颂说:"得佛出世实万难,获得人生亦甚难,凡诸净信闻法友,百劫之中亦难得。"于是,国王与王妃、王子等进入蛇心旃檀楼房,面向虚空于佛前安坐。佛世尊示法道:"大王,所谓信,当不退失,尤利众生……"。彼等闻法后,回到各自宫中。至满月望日,王妃殊胜母怀中变化出法心童子,王妃无喻母怀中变化出法智童子,二妃与童子一起于佛前闻法。

当时,国王心想一切王子皆已入菩提,当察哪位王子首先成佛,遂将所有王子之名写出,置于七个宝瓶中,供养七天。然后在王妃眷属和一千王子、二童子面前,由家人从瓶中取出名单,最初取出的是法智童子的名字,刹时大地震动,出现乐声,是为拘留孙佛[8];其次,是胜军童子,此即拘那含牟尼佛[9];复次,为根寂,此即迦叶佛;复次,为一切义成,此即释迦牟尼佛;复次,为具腰带童子,此即弥勒佛;次为胜智,即狮子佛;次为电天,即顶髻佛;次为妙贤,即妙花佛;次为光吉祥,即美花佛;次为现莲,即提舍佛(星王佛);次为无垢光,即善目佛;次为无尘,即妙臂佛;次为智王,即光明佛;次为善立王,即喜星佛;次为方富，即现圣来佛；次为清净庄严王，即功德佛；次为吉祥隐，即财德佛；次为分身，即智生源佛；次为猛力，即宝生佛；次为宝称，即普照佛。

如是一一取出名单，一千位王子中只留下一位。未取出，直至取出庄严冠王子，此即后来的功德无边名称佛。最后取出智无边王子的名单，亲属及兄弟们责问道："我等成熟一切有情，已作佛的事业，而你有何事可作呢？"智无边王子道："佛法无边似虚空，我思有情无穷尽，愿以戒规净我愿，一切所愿成现实。汝之寿量总若干，所有众王总几何，总集一切成我寿，比丘众亦普获得。"这是说千名王子中最末王子的信念，即享九百九十九位成佛王子的寿量，获得所有声闻僧伽。这就是他的心愿。

复次，一千位王子问法心童子和法智童子二人所发何愿，法心道："我愿成为你们一切人手中的金刚杵，于内行持，一切如来秘密不现于外，通达内外一切诸法。"此即金刚手菩萨，为千佛法语的结集者，被授记于未来净治劫正觉成佛，名"金刚摧破佛"，普净一切世界。法智说道："我发愿劝请你等诸人转法轮。"此即梵天顶髻佛。

至于护国王，是（后来的）燃灯佛。是故，应为千佛。所谓一千零二佛以及信愿为金刚手的说法，是愚者之言，不可附和。

那么，何谓贤劫？《大悲莲华经》（为佛之遗嘱）中说，当此世界遭受洪灾时，海中涌出千朵金莲，诸天神观察此景，知是千佛出世之兆，齐声赞曰："喔唷！此贤善时劫，"故得名"贤劫"。《广智经》中也说，贤劫之名源于出现千莲。所谓千佛出世，时在住劫[10]人寿从八万岁减至百岁之间。八万岁之前无佛出现，是由于少有忧苦，不求法义；而百岁之后亦不出佛，是由于人寿、有情、烦恼、见、劫皆浊，为五浊横流故；人寿增长时亦不出佛，是由于不善自离、物质丰盈、不生忧苦故。故《俱舍论》中说："人寿递减至，百岁间出佛。"这只是考虑到贤劫的安立，并非说一切时间，《大悲妙法莲华经》中说，此世界到人寿十岁时，人小如拇指,其时有佛名星喜佛,身量仅一肘零七指,并说人寿八万岁之前,有许多佛出世;当人寿四万岁时,拘留孙佛出现于世;人寿三万岁时,拘那含牟尼佛出世;人寿二万岁时,迦叶佛出世;人寿百岁时,释迦牟尼出世;人寿至八万岁时,将有弥勒佛出现于世。

《贤劫经》中讲述了每一位佛的诞生地、种姓、光环、父、母、子嗣、承侍者、智慧者、具神变者、所会集之眷属、寿量、正法住世之量、灵骨等,历数每一佛的各二胜弟子[11]及其十三事[12],有人说还讲述了氏族,共十四事。关于所会集的眷属徒众,有的佛一一列出,对有的佛只讲众多。而对灵骨,有两种讲说,一种是增长变多,一种是只一整体。以导师(释迦牟尼)为例,该经说:"妙喜王!我之诞生地为迦毗罗卫,种姓为王族(刹帝利),族姓乔答摩,光环广一寻,父为净饭王,母为摩耶,子为罗睺罗,承侍者为阿难,最智慧者为舍利子,最具神变者为阿泥律陀(怀生),第一次所会集眷属徒众一千二百五十人,寿量百岁,正法住世五百年(原注:五千年),五百年(原注:五千年)间现见正法,灵骨能增长变多。"

按上面说法,有人则云,这与"信受佛时人寿无量"的说法相矛盾,因为人寿八万岁前无佛出世。是说不虚,但这是佛的愿力,故不可思议。另,有人说,若定是千佛,则与《般若八千颂》中所谓"于此贤劫中,有一万比丘现证成佛"的说法相悖。此亦不虚,圣解脱军曾说,所谓贤劫千佛,乃就主要而言,并非否定其他,他在《般若二万颂光明释》中说:"千佛的决定数,是称此娑婆世界贤劫之千佛,以此善巧方便,当知并不排除其他。"又,此世界坏灭后,又形成此世界,所说成佛,是指于此世界之成佛,此正如此劫坏灭后,又形成此劫,于此世间界,有此大劫。

又,所谓"千佛"或"一千零五佛"的说法,是指此劫,示现成佛十二事业而言,而"众多佛"的说法,则指诸贤劫长时间内证得菩提者,或指变化者，如婆罗门童子由上师成佛的说法。由此看来，同一教法中不能有两位导师，即不能以佛的形式说法。

若说此劫往昔只出四佛，则与《时轮经》中"贤劫中从毗婆尸佛[13]等到最后的释迦牟尼，共为七如来"，以及"世间中过去七佛"之类的说法相矛盾。其实并无过错，因为想到此世界所出佛亦是过去的佛，就不矛盾了。此外，不同的经典中，千佛的名称也互不相同，如称"顶髻"为"极明"、称"胜解"为"普明"或"显扬"等，均是名号的异称，有些是翻译上的差别，故不必怀疑。

第三节 释迦牟尼佛出现于娑婆世界的情况

所谓"此世界名娑婆"者，"娑婆"意为"忍"，指不为烦恼三毒所劫夺，且乐意忍受，对彼堪能坚忍，故名"娑婆"。《大悲妙法莲花经》中说："此世界因何名为娑婆？乃因彼诸有情能忍于贪欲，能忍于嗔恨，能忍于愚痴，以及能忍于诸烦恼之缠缚，故名此世界为'娑婆'（堪忍）。娑婆世界出现于大贤劫中。因何名'贤'？是由于在彼大贤劫，诸有情行贪、嗔、痴诸行，其中有具足大悲圆满正觉的一千佛世尊出现于世故。"或云彼世界诸菩萨，有如是功德，故以其名（堪忍）命名。或云佛有忍德，故以名之。《开示文殊佛刹功德庄严经》中说："菩萨乘诸人对往昔佛作增上行，生诸善根，承侍百千众多佛尊，具足能忍、调柔、善良诸德，彼等虽被一切有情责骂、恐吓、用器械伤害，但皆能忍受，不为贪、嗔、痴所劫夺。善男子！以彼等士夫之名，而命名此世界为堪忍。"该经还讲说了命名诸佛名号的情形。

在如是世界，能仁（释迦牟尼）出世的情形，阿阇黎龙树所著《八塔赞》中说："最初生发菩提心，三无数劫积资粮，次摧灾障四大魔，释迦狮子前敬礼。"按此，初为发心，其次积聚资粮，最后成佛。此三种情形，有两种说法，即小乘声闻之规与大乘之规。

一、小乘声闻之规

最初发心情况：往昔很久以前，有位名叫显称的国王，属下一侍从，精通驯象术。一次，国王命他驯象。他驯服该象后向国王回禀，国王吩咐将象牵来。国王乘象外出，此象嗅到雌象的气味，生起欲念，直向峡谷林中狂奔，无法阻止。国王惊恐地问驯象师有何办法？驯象师告诉王抓住树枝。国王抓住树枝坠下昏倒。驯象师扶起国王，国王苏醒后怒斥他未将大象驯服，却谎说已驯服，下令将他投入牢中。驯象师禀奏国王道："我虽已调伏象身，但未能调伏其心。"国王问他何以证明已调驯象身，驯象师告王："七天后，象将返归，届时可知。"七天后，该象果然归来，驯象师将铁球烧得炽热红透，置于象前，喝令吞下，大象依命难受地强吞。驯象师示此状于王，禀告说："此即我所说未能调伏其心者。"国王信服，当即发心，并发宏愿道：

愿由此布施，得生释迦种，
正觉而成佛，功德种平等。
包括大梵天，所有苦缠众，
愿广证寂静，无畏得解脱。
如是发愿，此即为发心。

其次积聚资粮情况：自此，直到护国佛之间，他承侍供养七万五千佛尊，于无数劫积聚资粮，是为圆满第一无数劫资粮。这在《律经》中说："从佛释迦尼，直至护国佛，我供诸佛尊，数满七万五。"此后，又从善业佛起，直至幢王佛之间，又承侍供养七万六千佛尊，是为圆满第二无数劫资粮，如《律经》所说："复以善业佛，直至幢王佛，我供诸佛尊，数满七万六。"

复又从燃灯佛起，至迦叶佛之间，承侍供养七万七千佛尊，是为圆满第三无数劫资粮，如《律经》所说，"又从燃灯佛，直到迦叶佛，我供诸佛尊，数满七万七。"（原注：以上为律经《十七事》中所说。）《俱舍论》（原注：如《长阿含经》中说："大宝髻如来以前，圆满第一无数劫资粮；再于燃灯佛以前，圆满第二无数劫资粮；复于胜观佛以前，圆满第三无数劫资粮。"）此即所谓"胜观燃灯大宝髻，上溯三无数劫后，初为释迦牟尼佛。"此后，于一百大劫中，修相好之因，名住定菩萨。再于所余百劫中，对提舍佛七日间以一偈赞颂，从不停绕转，以此精进圆满九大劫福慧资粮。再经九十一大劫后，于具近城迦叶佛出世时，生为婆罗门无上童子，至此圆满了相好之因。

最后成佛情况：后来诞生为白幢圣者等十二宏化事业的详细情况，在《阿含经》《出离经》等中均有述说。其特点是"宣说独觉证菩提，最后静虑成遍知"，即从凡夫于三无数劫积解脱顺缘，终于初夜降魔，中夜依四静虑正行，续生加行道以上证德，至黎明东方发白时，刹那间圆满六度，即所谓"大悲一切众。由施圆满度，虽断体肢节，不乱忍与戒，精进赞佛尊，无间生定慧，"圆满六波罗蜜多，而正觉成佛，成法色二身之主体，遍知一切，转正法轮，直至最后度化外道师极贤，示现无余涅槃。

二、大乘之规

（一）初发菩提心

1.关于发心的体性。《经广严论》中说："大喜与大始，大义及大生，菩提萨埵心，即生二利心"，是讲作为助伴，具足披甲之精进；作为果，成自他二利，生大菩提；作为目的，生发大菩提及利益有情之心，此即为发心之性相。《现观庄严论》中说："发心利他故，希求正菩提，

彼彼如经论，诠自摄广门。"其释论中也说："为利他故而缘正等觉菩提之欲求，即为发心之性相。"

2.关于发心之因。见如来或菩萨之神变，或由他而闻（原注：生信业），闻大乘经藏（原注：由此发心而信等），见菩萨之法行将衰落（原注：由此惜爱佛法），见浊世有情为烦恼（原注：由此更悲悯而发心），是为发心之四缘；种姓圆满、被善知识所摄受、入悲、不畏轮回之苦，是为发心之四因；自力、他力、因力、加行力，为发心之四力。即依止以上各十二种或资粮而发心。《菩萨地》中亦说由四因、四缘和四力而生菩提心。《经庄严论》中说世俗发心之因是"助力因力根本力，闻力串习善业中，生发不坚与坚定，由他而坚菩提心"，说胜义发心之因是"念修圆满正觉佛，积集福慧二资粮，于法不生分别智，是故许彼为胜义"。若摄略上义，则如经中所说："最初由彼种姓力，极醒大悲之种子，加行意乐圆满中，完全引摄菩提心。"

3.关于发心的利益。最初俱生奇异果，次得如意宝心之果，降诸愿如意雨，最后得成佛究竟果等，有不可思议之利益。《勇持尊者请问经》中说："菩提心福德，彼若有形色，则遍虚空界，尤较彼为胜。"

4.关于发心的差别，由体性门分，有愿、行两种发心；若由粗细门而分，则有由名称而得和由法性而得两种；若由境之门而分，又有世俗（即凡夫）和胜义（即圣者）两种；若由地界而分，则如颂所说"发心于诸地，胜解及意乐，异熟而利他，如是离盖障"，又有四种；以助伴和比喻而分，则有二十二种，如所谓"地、金、月、火等"，"发心许如此"。

《摄抉择》中说有十种："发心有十种，即由正受名称而发、由法性而得、未决定、决定、不全清净、全清净、小力、具力、果未全成、果全成等而发心。"其中，"由正受名称而发"者，指未入于清净无过失菩萨的一切有情之发心；"由法性而得"者，指入于清净无过失菩萨之诸有情及回问菩提诸声闻之发心；"未决定"指非为其种姓诸人以及虽是

66

其种姓却从发心退还的诸人之发心;"决定"是指从彼发心退还诸人的发心;"不全清净",是指那些附和他人,或畏国王、畏盗贼、畏鲸鳄、畏江河,或为了生计、为了利养、为了恭敬承侍,或为巧言奉承、作赞欲得[14],未定观察或全未观察,矫诳[15]而发心,以及凡类似之发心,皆是不清净的;"全清净",则是与不清净相反的发心;"小力",是指有的菩萨虽发心而被贪、嗔、痴诸毒缠缚压迫,正修衰颓,而作颠倒诸行;"具力"则是与"小力"相反的发心;至于"果未全成",是指由胜解行地至第十地之间的发心;"果全成"则如《如来地》中世尊所说"我由苦行解脱,证得自己之正愿及胜菩提"。

5. 应如何发心。《大悲妙法莲花经》说,婆罗门海尘最初发心。《贤劫经》中说:"我于往昔下劣时,曾于释迦如来前,以诸细软作供养,最先生发菩提心。"按照《报恩经》的说法,此导师往昔由业力生为地狱炽燃红铁地上的拉车力士,当时见助手力不能胜,屡遭护卒阿汪刺击,生起极大悲悯,由此发菩提心。后求阿汪对助手略生悲心,阿汪极为忿怒,用矛尖刺击三次而亡,遂从拉火车地狱解脱,净治了八劫罪业。按照《三蕴经》说法,此导师生为商主之子现喜时,最初在大美如来尊前发心。又说生为陶公之子囊谢时,曾在大释迦牟尼如来尊前,供陶罐一个、海贝五颗、鞋一双、伞一把,发愿道:"如似如来尔之身,眷属寿元量刹土,以及贤妙名号等,但愿我亦唯如是。"如是作了祈愿发心。

(二)次积无数劫资粮

1. 认识所积资粮。

(1)关于资粮的体性。《经庄严论》中说:"一切菩萨之资粮,福德智慧二无同,由福能作增上生[16],以慧除尽烦恼障。"这是说成为增上生和定胜[17]之因的有漏及无漏善根即为资粮的体性。

(2)关于与六度的结合,即所谓"布施持戒为福资粮,智慧即是慧资粮,余三[18]福慧二皆是,上五[19]亦是慧资粮。"

(3) 对"资粮"字义的解释。所谓"恒常得修持，复复修净善，"在梵语中，"桑坝惹"意为资粮，"桑达那"意为"恒常"，"巴瓦那"意为修，"惹底乃"意为复复、再三，即恒常不断地复复观修，其所得即为资粮。

(4) 关于"业"。如云："凡坚定资粮，能成一切义。"

(5) 关于修心方法。如云："入行及无相，以及任运成，授权究竟故，诸坚成资粮。"是说胜解行、从初地至第六地、第七地、第八九地、第十地等的资粮排序是：入行地资粮、第七地无相资粮、第八地任运成资粮、第十地授权资粮以及究竟佛地资粮，当为这些资粮而修。

(6) 关于果。《宝鬘论》中说："诸佛之色身，生自福资粮，法身若摄略，生自慧资粮。"《六十正理论》中说："愿从福慧中，获得二正果。"彼亦从因的主要门开示，一般来说，色法二身亦是二资粮之果。

(7) 关于所缘境。福德资粮的所缘境是世俗，或尽所有；智慧资粮的所缘境是胜义，或如所有。

(8) 关于分类。可有如下十二种分法：

其一，按大乘之规，分为方便与智慧二类，即断相执为智慧，摄集善根为方便。《伽耶果日山经》中说："方便知摄集，智慧知伺察。"这是说由智慧缘空性而通达，以大悲方便作利益有情事业，故为悲空之精华。

其二，以摄法而论，六度摄一切善法，能圆满佛的一切法，即所谓"应知一切白净法[20]，在于散乱等引二，波罗蜜多二与二，由二全被所摄集"，"不现喜受用，不厌二极敬，不分别瑜伽，大乘尽于此"，是说一切大乘均为六度所摄。那么，声闻、缘觉是否无六度？答曰：无。《摄大乘释》中说："如似犀角之缘觉，彼等六度名亦无，唯一只有薄伽梵[21]，才住六种波罗蜜。"若尔，声闻经藏中何以开示六度菩萨诸行？答曰：那是略作开示，岂是全面讲示？这在《宝鬘论》中说："声闻乘之中，未言菩萨愿，及其行回向，岂能成菩萨？"《经庄严论》中也说："不全与相违，方便未示故，此等声闻乘，不名大乘法。"

其三，由地之门而分，则如《宝鬘论》所说："如彼声闻乘，声闻地有八，如是大乘中，则十菩萨地。"或如《三皈七十颂》所说："一如罗汉慧，先行于七地，圆觉佛智慧，则先行十地。"这是说在声闻乘中，有见净地、种姓地、第八地、见地、薄地、离欲地、已办地、缘觉地，共为八地。如是，大乘中有极喜地等十地。各地都各以十波罗蜜多为主，其他一般而行，这是以"地"的主要部分而言。至于一般，则所谓"由住于信地"，资粮道有信地。又如所谓"登地为胜解"，是说加行道以下也有胜解行地。此外，《菩萨地》中也有说七地的，此即种姓地、胜解行地、增上意乐清净地、决定地、行地、行决定地、趣究竟地。

其四，若分为四摄事，则如《现观庄严论》所说："等施示取行，由自诸随行，爱语及利行，及许同事摄。"是指与施度等同的布施、对他人开示的爱语、其他取行六度的利行、自亦行于六度的同事，此即为四摄事。

其五，若分为四行，则如《现观庄严论》所说："有情信大乘，或信受小乘，及求大小乘，为应化机故，如经四种行，随机作宣说。"是说对于信受大乘的诸有情，开示以十波罗蜜多为体性的波罗蜜多行；为了信受小乘的诸有情，开示三十七菩提分本体的顺菩提分行；为了随顺信受大小二乘有情的能力欲求，而开示六通自性的神通行；为了成熟三乘所化，开示成熟化机有情的无量方便，即普遍成熟有情行。此四行即如《顶上大宝经》中所说。《菩萨地》中也说："当知由此四种行，统摄一切菩萨行。"

其六，若分为八十不尽，则如扇底波所著《般若二万颂释·具足清净论》中所说："发心意乐及加行，增上心及六度等，无量神通四摄事，无碍法依二资粮，顺菩提分寂止等，陀罗尼等说法印，具同一道善方便。"这包括发心、意乐、加行、增上心、六度、四无量[22]、五神通[23]、

四摄事[24]、四无碍解[25]，以及依法不依人、依义不语、依了义经不依不了义经、依智不依识的法四依，二资粮[26]、三十七菩提分[27]、二止观[28]、陀罗尼（即明咒）、二辩才，以及有为无常、有漏皆苦、诸法无我、涅槃寂静的四法印，再加具同一道和善巧方便，共为八十不尽慧。此系《八十不尽慧开示经》所说，《能仁佛意庄严论》中亦说这些摄集一切大乘道。

其七，若分为二十二发心，则如《现观庄严论》所说："地及金月火，藏与宝生海，金刚山月友，如意宝日歌，王库与大路，乘骑及喷泉，乐音河云等，二十二种相。"是用这些比喻来表示义。按圣解脱军及阿阇黎狮子贤的说法，其友伴是：希求、意乐、增上心、十度、六通、二资粮、三十七菩提分、悲心、胜观、陀罗尼、辩才、法喜宴、具同一道、具法身等，认为二十二种发心应具足这些友伴。《经庄严论释》《般若二万颂释·具足清净论》《能仁佛意庄严论》等中，一一列出八十不尽慧中的六度，其他各项亦逐一列出，按次第编排。阿阇狮子贤和无畏上师等多人认为，如是二十二种发心摄集了大乘道果法，而有人则认为是学道所摄。

其八，若分为四加行，则是一切行相的圆满加行、顶位加行、究竟加行、刹那加行，即所谓"因乃四加行自性"。或是铠甲修、入行修、资粮修和出离修等四修行。

其九，依共通乘的说法，若分为四道，则是资粮道、加行道、见道和修道，共为四道。究竟道属于果，故未包括在内。资粮、加行二道胜解真如，仅是行，尚未现证，故为胜解行地。见道和出世间修道现见真如空性，故为现证道。资粮、加行二道为有漏世俗智，故非为真实道谛。那么，《摄论》中何谓道谛？则曰："凡资粮道，凡加行道，凡清净道，一切摄集为一者，谓之道谛。"那么，《集论》中何谓"五道为道谛"？是说无误，因这是道谛之所属，或是随顺道谛。即《集论释》中所说："所谓五道，乃是五抉择位，此抉择亦属道谛"，故为道谛所属。《摄论》

中何以说，凡世间法，厌离再生轮回，生起不趋向于彼之世间道，彼等可以为集谛所摄？这是因为彼等以自性不趋于再生轮回，然而与再生身、语、意之善行相随顺，故彼等由集谛所摄。若说资粮和加行二道的体性为无漏，即是道谛性相。（原说：喀惹巴认为）不同意此说，因《摄论》中说："以闻、思所生慧勤于念住，彼亦是世俗智，为有漏善法；依止彼（闻思所生慧），观修随顺抉择分之加行，勤于由此所出之念住，彼亦是世俗智，为有漏善法；依止彼，而勤于随顺见道加行抉择分之念住，彼亦是世俗智，为有漏善法；依止彼，能生见道无间断道所摄世间胜法，彼亦是世俗智，为有漏善法。"说这些都是有漏法。

其十，若分为三学，则是增上戒学、增上心（定）学和增上慧学。《现观庄严论》中也说："依三学而言，佛正说六度，初戒前三度，后二即二学（定、慧），余一（精进）通三学。"

十一，分为三类福，即布施所生福、持戒所生福和修所生福。其中第一类福是施波罗蜜多，第二类福是戒波罗蜜多，第三类福是忍辱、精进、禅定、智慧之波罗蜜多。

十二，分为七道或三十七菩提分则是共许的分法，此分类方法在导师的一切经典中都有说明。

2. 积集资粮的时间。

对此，经论中有许多不同的说法。一般有三无数劫、七劫、十劫、三十三劫等之说，也有说十三劫的。其中"三无数劫"的说法在多数经典中出现。"无数"之意，在《俱舍论释》《能仁佛意庄严论》等许多经论中说是"超越数计"，而不是"无量数"的意思，认为六十个数目中达到"阿僧企耶"的，即是"无数"。其数目是：一、十、百、千、万、亿、兆、京、梯、垓、壤、沟、涧、正、载、矜羯罗、大矜羯罗、频婆罗、大频婆罗、阿閦婆、大阿閦婆、毗婆诃、大毗婆诃、嗢蹭伽、大嗢蹭伽、婆喝那、大婆喝那、地致婆、大地致婆、醯都、大醯都、羯腊婆、

大羯腊婆、印达罗、大印达罗、三磨钵耽、大三磨钵耽、揭底、大揭底、拈筏罗阁、大拈筏罗阁、姥达罗、大姥达罗、跋兰、大跋兰、珊若、大珊若、毗步多、大毗步多、跋罗搀、大跋罗搀、阿僧企耶。至此，尚有另外八数。

《菩萨地》中，有两种"无数大劫"的算法。一种说每一大劫中，亦有无数年、月、刹那等，故名无数大劫；一种说大劫是超越数计的无数，故名无数大劫。这两种算法中，如果说成佛需要许多无数劫，则应是第一种无数劫；如果说成佛需要三无数戒，则应是第二种无数劫。这样，则与诸经关于大劫数超越恒河沙数的说法相合。

《般若八千颂释》中说三无数劫，这是密意。《了义经》中则认为是三十三无数大劫。经中说："由第一阿僧企劫（无数劫）圆满从资粮地至初地之间的资粮，由第二阿僧企劫圆满无垢地至第七地之间的资粮，由第三阿僧企劫圆满不动地至佛地之间的资粮。"如是，则由三阿僧企劫成佛，这不是文义相矛盾吗？实际并不相悖，因为它等同三段，仍说由三阿僧企劫（无数劫）成佛，非为胜义。

若尔，是否与《了义经》说法相悖？亦不相违，世亲论师说："普遍圆满资粮地，要超一无数劫（阿僧企劫）；其次圆满胜解行地，则超二无数劫；此后，从极喜地起，至菩萨地的法云地之间，每一地各须经三无数劫，始圆满菩萨地，而至佛地的普光地。如是这样，须经三十三无数劫才能成佛。"

《广大游戏经》中说："于七无数劫清净修成一切善根"，认为须经七无数劫始成佛。而有的声闻部学者又认为要经十无数劫，如净天部的一些个别念诵中就有这种说法。由此看来，有多种宗规就有多种说法传称于世。弥勒菩萨说："许地为初地，此由无量劫，"又说："三无数圆满，即究竟修道。"因此，他主张于三无数劫成佛。另外，也应知不是从发心起立即起算无数劫时的。《宝云经》说："善男子！如来经数个无数劫正修。善男子！如来不可量，不可思，不可察！"除盖障菩萨问佛："世尊！诸如来是否经三无数劫而成正觉？"佛开示道："善男子！何以故，菩萨修如来之境不可思议？彼未能正修三无数劫，应从菩萨何时入住法平等性中时计劫，而非从初发心时计劫。"

因此，《摄大乘论》中说："贤善具愿力，心坚殊胜行，菩萨三无数，遍行时计劫。"《摄大乘论释》中解释说："所谓'贤善'，即善根，其足彼力，即具贤善力，乃彼有贤善故。'愿'在这里是祈愿之意，因有彼，故谓'具愿力'。其中，具善根力是说不被不顺品所压服。所谓'具愿力'，指常遇善知识之意。所谓'心坚'，是指虽被恶友颠倒其胜解，但仍不舍弃菩提心。所谓'殊胜行'，是指所见之法及来世能增长之善法全不退失。也就是说，何时其善根、愿力、心坚等全不退转，且具胜行，不以少许功德为满足，则从此时始计三无数劫。"

又有人（原注：姜若瓦）说，无数劫应从加行道始计，认为《菩萨地》所说："第一无数大劫是从住胜解行圆满，到住极喜地始成"，在其释论中解释说："因精进不断，住于善根，故示从胜解行地起算无数劫。"对此，分析如下：

要说从胜解行地计起，则从加行道起计的说法不能成立，《菩萨地》讲从胜解行地最初发心，《集论释》也说："胜解行地菩萨住于种姓，从最初发大宏愿起，到未进入极喜地之间，其每一阶段都未获得出世间之果。"如果不是这样，则与以往的经教和阿跋耶嘎惹拘巴论师所讲第一无数劫以资粮道起计，直到初地圆满的说法相矛盾。是故，在资粮道何时具有贤善力，应以此时始计无数劫。

《摄论》说："何以由一生现证无上正等圆满菩提？对于阿罗汉来说，有时尚无一生，更何说生流相续不断？"对此答曰：是延长寿行而现证。中观师法友认为，由于菩萨的根器、精进等，不一定须经三无数劫。

3.如何积集资粮。

　　《菩萨藏》中说，最初在尊胜幢王宫中，生为寿胜王的太子精进行童子。当时，有大蕴如来出现于世。精进童子在如来前恭敬承侍，培植善根，积集一无数劫资粮，而登初地（即菩萨欢喜地）。此后，在赡部河金城中，生为美光王的大臣商主智贤时，有宝支如来出现于世，他于如来座前侍奉，聆听教诲，又积集一无数劫资粮，由此而证七地。此后，生为婆罗门之子童云时，向婆罗门师大宝求学吠陀[29]，为寻求供养财资，遍历中部诸城，最后抵克敌国王的称作具莲宫的商场。当时，婆罗门燃灯主的儿子燃灯如来出现于世。童云见虚空中诸天神散花，奏乐作歌，遂问"你等在做什么？"答说："难道你不知此地住有燃灯如来？"童云惊愕异常，心想"得遇如来出世实在太难，我应以后补酬师恩，现当用五百迦利沙钵那[30]供于佛前。"于是到婆罗门女具取贤处，向她许诺世世做夫妻，并购五朵邬波罗花献给佛尊，同时铺上斑羚皮，祈请燃灯如来"尽知我的增上意乐，请如来置足于此兽皮垫"。见如来驾临，十分喜悦，遂将自己金色髻辫敷于垫上，坚定地发誓道："遍知遍见燃灯如来若不置足于辫上，若不授记，我当身枯！"佛如愿置足，并言道："诸比丘，汝等勿以足践此童子之发辫，何以故？因此子乃是人天等世间之供养处，于未来之时，将成佛为释迦牟尼。"童云听此授记后，生大欢喜，七棵婆罗树高入云天。他现起百千三摩地，而证得第八地（即不动地）。此即经中所说："燃灯佛前供五莲，铺展发辫以作垫，获得无生法忍已，授记将我释迦王。"《阿含经》中也说："燃灯如来于何时，对我亲作授记已，尔时我获八地果，十自在等我亦得。"自此，又积集一无数劫资粮，由此圆满了十地。

　　钦巴上师说：三无数劫之后，显见胜星如来出世。那时，虽已圆满资粮，但尚未圆满一切行相。人寿二万岁时，迦叶佛在具受城出世。尔时，被生为婆罗门子无上。直到此时，才积集了一切资粮。在这一长时期内，曾承侍无数如来闻法。《月灯论》中说："百万那由他数佛，数逾恒河沙粒数，咸皆住此灵鹫山，彼诸佛前我承事。"

(三) 最后摧伏四魔而成佛

1. 佛之自性。

关于佛的自性，有说一切佛地能依身、所依智、事业三种情形者，也有说身、语、意、功德、事业五种者，也有说断、证、事业三种者，也有说二圆满或三圆满者等。总之，有多种说法。《佛地经》中说："可以极概括的五法摄略佛地"。何谓五法？此即清净法界体性智、大圆镜智、平等性智、妙观察智和成所作智。也有说三身或四身的。兹对此述说如下：

(1) 三身体性。《现观庄严论》中说："自性法身及报身，化身等名以相异，应说此为诸佛之，清净法界体性智。区分一切佛陀身，自性法身及报身，此外即为佛化身，前二种身为能依。"这是说，自性身和体性身都是法身的异名，清净法界体性智和大圆镜智，实即法身。作为因，自他平等所修之果即入于不住涅槃的平等性智与无碍通达一切所知境的妙观察智，此二智即是报身。变化为种种利益有情的成所作智。即是化身。《现观庄严论》中说："佛陀化现实无量，变化之身随所愿，以作圆满二利者，一切现相住此二（即自他二利圆满）。"

(2) 解释名义。梵语"达摩嘎耶"，意为法身。"嘎耶"的语基是"支扎耶"，意为积集，是说积集无漏之法，故名"身"。《二谛论》中讲："彼为诸法之体故，无量功德遍依故，随于智明体性故，乃为诸佛之法身。"这是说，因为成为普遍、能依、本体性，所以名为法身。梵语"三菩噶嘎耶"，意为圆满受用身，谓能圆满受用大乘法，故名圆满受用身。此即所谓"圆满受用种种法"，或"受用一切彼此法"，或"圆满受用法义故。"梵语"尼日玛那嘎耶"，意为化身。是说因决定变化，或常不稳固，或决定变为其他，故名为化身。即所谓"化现无量变化身，而作一切有情事。"

(3) 数目决定。所谓"若以法报化,摄诸佛陀身,应知彼三身,示依此二利。"是说报身自利,化身利他,此二身的能依则为法身。

(4) 是何之境。圆满法身,唯佛有此境界,随顺证得第八地或初地,亦能现行,胜解行者亦仅能证得类似之境。至于报身,有两种说法,一种认为唯证得十地以上之菩萨,才有此境界;一种认为一切登地菩萨,皆有此境。第一种说法在《宝鬘论》中讲:"无边智慧境之主,即是殊胜大自在。"中观师法友也说:"报身是证得十地性相者的境界。"第二种说法在《三皈依七十颂》中讲:"从彼无量福资粮,所诞生者为佛子,已住十地诸菩萨,以其所成能见身,法之圆满此受用,是诸佛子所行境。"或言"住十地诸菩萨一起有此境。"化身,又称最胜化身,证得暖位[31]以上菩萨随欲而见,证得资粮道菩萨大多能见。《现观庄严论》中说:"能见如是难见者则常见。"也有人说"(暖位)以下者也可能见。"种种转世化身,随处应化而示现,即所谓"何处何者何应机,何时应化成有益,彼即于彼能现见。"对于凡非应化机或不该现见的诸所化,则不示现。即如《现观庄严论》所说:"犹如漏水器,不能现月影,此喻恶众生,不能见佛身。"

(5) 辨别区分。关于法身,《金光明经》中说:"住于真实性和清净智,此即谓之法身。"故为有法、法性,或体性、智慧,或有为、无为二法。关于报身,中观师法友说是"证得受用大圆满十地以上菩萨的境界及证得初地菩萨以上的境界,对殊胜化身立名为报身"。这两种中,第一种具五决定,即处所决定,为色究竟天[32],《译例》中条[33]讲此天在净居天之侧,《楞伽经》说:"种种珍宝所美饰,色究竟处实悦意,住居净居天之上,于此正觉成佛陀,化身示于此证觉。"《密续》亦说:"离舍净居处"。阿阇黎莲花戒说:"所谓色究竟天,是诸佛居处,其中有一方隅住有净居天种姓诸天众,在此唯居圣者,其上有所谓大自在天居处,此为住十地菩萨最后转生处,是如是化身之所缘境。"这是说色究竟天在普通色究竟天之上。法友认为，这个本基与实体以花为庄严的刹土，乃是报身的刹土。一百俱胝（即一百个千万，等于十亿）四洲为一三千世界，一百俱胝三千世界为一近极边际世界，一百俱胝近极边际世界为一中根本极边际世界，一百俱胝中根本极边际世界为一花的根本实体庄严世界（即本藏庄严世界），此即毗卢遮那[34]刹土。此刹土亦不过是遍照雪海手掌上的一粒微尘，而毗卢遮那即报身。其次，体相决定，为相好庄严。次为眷属决定，即眷属为十地菩萨。次为受用决定，指圆满受用大乘法。次为时间决定，指时续不断。关于化身。所谓"常示事业及受生，大菩提及涅槃相，佛陀如此变化身，是为解脱大方便，"佛常第一示现事业化身或变为寻香乐师[35]，第二受生示现鸟等相，第三生为殊胜化身如释迦牟尼，第四示现涅槃相。而法友论师分为异熟和非异熟两种。如是，一些菩萨成佛，非一非多，亦非一相异。《现观庄严论》中说："无漏法界诸佛尊，如似虚空无身躯，以其前身后续故，非一亦非多数身。"又说："因无相异义理故，终结起始两俱无，佛陀非一无垢地，亦非相异亦非多。"

2. 分说佛的事业。

（释迦）牟尼事业，不可思议，就其主要而言，诸智者计为十二事业。白玛昂茨说："当思佛身或十二身业等，以息除心中昏沉。"法友也说："佛以从兜率降凡等十二事业，成熟所化众生。"对此，《宝鬘论》说："为成悲愿一切义，降世诞生及游戏，成婚以及作苦行，为证菩提降魔军，广转佛教正法轮，复从天降来人间，如是最后示涅槃，是为导师诸事业。"是说将从天降临事业计为一事业，这是指佛在印度名叫"有声"（博俱罗）的大城，为度化其母而往三十三天，后返回道经吠琉璃梯，谓之"从天降临"。《善巧方便经》等经中说佛善巧于正法衰落，将此计为一事业，是指法义不显，开示衰没，止息有情舍法罪业发生，即《金光明经》所说："佛不示涅槃，法亦不衰没。"有人（原注：桑拉上

师）将从兜率降凡计为一事业，而他人（原注：姜若瓦上师）则认为于理不合。《经庄严论释》中说："由于现住兜率天等之门"。《现观庄严论释》也说："可遍示住兜率天等。"《宝性论》中说："受生与现受生。"这些都说，佛住兜率为其事业之始。

　　然而，《解深密经大疏》说，于一切世间界，化身先从兜率天下凡，最后示现大涅槃，期间是佛的十二事业等，则是一致的看法。那么，这些事业是佛的事业呢，还是菩萨的事业？《师徒会晤经》中说："此能仁王佛，于往昔无量劫前，已正觉成为帝释顶佛，然而复示现成佛及菩萨相者，是为利他而化身。"此即所谓"佛于八十俱胝前，虽已正觉成佛尊，仍为消除满足想，意亦入于胜菩提。三千六十一佛刹，诸佛刹中成正觉，如是善巧方便佛，能仁尔前众敬礼。尔仍最初作发心，彼与彼中遍开示，尔仍数数作化导，示现诸多正觉相。"《妙法莲华经》中也说："不可思议俱胝劫，从彼无量劫时起，我即得此胜菩提，常时广说诸正法。"这亦说早已正觉成佛。此中密意若领会为平等性，则有三种宗规的承许法。其中声闻宗规的承许法，即如上面所说。至于大乘所许之规，则认为诸佛于色究竟天成佛，于欲界中示现十二种事业，即《楞伽经》所说："欲界以及无色界，彼处不成正等觉，唯于色界究竟天，尔离贪欲成正觉。"亦如《密严刹土经》所说："诸佛于色究竟天，倘若未能成正觉，则于欲界亦不作正觉佛陀诸事业。"《宝性论》中也说："佛由大悲知世间，遍观一切诸世间，从彼法身不动中，示现种种变化相。示现转生现受生，从兜率天下凡界，入于凡胎及诞生，善巧工艺诸明处。爱乐妃眷及游戏，厌世出离行苦行，后临菩提藏（即菩提伽耶，也称金刚座）树下，降伏魔军成正觉。继转菩提正法轮，末示涅槃诸事业，于诸不净刹土中，轮回不尽常住世。"这亦说化身情形。《疏理论》说："佛从示现生为婆罗门之子无上时起，到示现圆满大涅槃之间，仅是化身所示观。"关于其必要性，其释论说："世尊在迦叶佛时，生为婆罗门之子无上，安住梵行，示现化身。后于兜率天，生为白幢。此后又示现为净饭王的太子悉达多（意为一切义成），成婚、出离家室、通过修远飞等觅菩提道、渐次成佛，绕转法轮，直至涅槃，全是化身所现。"阿旺扎巴上师也说佛"密严刹土中，解证胜谛义，为利兜率众，曾为圣白幢。后为此土众，转成释迦尊，战胜生死主，示现诸神变"。诸如此类，有多种说法。总之，佛祖圆满资粮，证得第十地最后所依身，于色究竟天成佛，再于欲界示现十二事业，这一切是共许的佛之事业。

释迦喜宁等上师根据《集密经》的说法，认为释迦佛祖苦行时，置异熟身于尼连禅河[36]畔，而其智慧身往色究竟天，正觉为圆满受用身后，智慧复入苦行的异熟身，继作到菩提树下成佛等事业。按他们的观点，佛祖在苦行以后阶段为菩萨，此前为佛。大译师宝贤活佛也说《破斥邪咒论》中亦有如是观点（原注：若按总咒则无善因）。中观师法友说："于色究竟天成佛，于此世间示现事业，如是能仁与欲界示现十二事业正觉，有两种情形。"

共同乘之规的说法，《集论》中说："如来何以不可思议？因彼从住兜率天起，直至示般涅槃，期间是示现一切菩萨行和佛行于欲界的补特伽罗。"对此，在其释论中解释说："所谓一切菩萨行，是指从住兜率王起至降伏魔军之间的行；所谓佛行，是指从现证菩提起至大涅槃之间的行。"如是作了文从义顺的讲说。

（四）佛的十二事业

兹按《宝性论》偈颂，记述佛的十二事业如下：

1. 从兜率下凡事业

婆罗门之子无上往生兜率天，取名圣善白幢（原注：此详于取名论典，《疏理论》中有详说），为天众说法。当时，由于他的福德力及诸佛的加持，于天乐声中发出偈语："广大福资证悟力，无边智慧放光明，具无比力大幻术，请忆燃灯所授记。因尔圣者福德祥，兜率天宫虽美妙，

但因具足大悲意,愿于悲幢降甘霖。"并发出劝请语:"请勿弃置时已至,""具足悲意作催请。"这时,净居天诸天子想:菩萨入胎十二年前化现为婆罗门,若由下面所说之相入胎,则具足相好,将成转轮王或成佛,遂谓诸缘觉十二年中菩萨将入胎,故请舍此刹土。当时在王舍城转尾山的一位名叫朗波的缘觉听到此话,即在石上留下足印示寂,又婆罗奈斯城中的五百缘觉入火荼毗示寂,由于落下舍利,后被称为"下落仙人"(原注:大仙人卒,现称佛,年小者为外道仙人,其他人因由迦叶等说法,故称说法仙人,其地因梵天王加持,称无畏兽林)。后来,菩萨随想劝请之义,观察时在人寿百岁,地域为赡部洲,生地为中土,种姓为王族等四种情形,或如《阿含经》所说,从种姓、时、境域、族姓、妇女等五个方面观察世间,欲降人间时,对诸天神道:"诸善友,这些显示正法的一百零八法门,是佛子往生时所开示。诸善友,信仰即是现显正法之门,将使心不分散;净信即是现显正法之门,能令浊心转成清净心故;……灌顶处也即是现显正法之门,从入胎起至示现大涅槃之间而变。"接着作偈道:"何时从此兜率天,导师狮子往生时,向诸天神所说言,愿诸友舍放逸行。"语毕,将宝冠戴在弥勒头上,复道:"诸善友,我将往赡部洲成佛,弥勒将为尔等开示法。"诸天听后不悦道:"圣者汝若不住此,兜率天则失美严。"劝阻说:"菩萨,彼赡部洲,现有富兰那迦叶波、末伽黎拘焌黎、删阇夜毗罗胝、阿耆多翅舍钦婆罗、迦罗鸠罗驮加旃延、尼犍陀菩提子等六推理外道师,有婆罗门胜因、婆罗门耳击、婆罗门具善、婆罗门梵天寿、婆罗门莲藏、婆罗门红色等随传外道六师,有喜乐子余行、精艺子远飞、梵志极贤、婆罗门子普胜、无烦恼仙人、上广具髻迦叶等证会派外道六师,总计有十八外道宗师,彼等凶狠残暴,故现非为下界之时。"他回答道:"螺声、乐音不同他声相混,如阳光不同他光一样,我之法不与诸师之法相混杂,我能慑伏诸外道,比如一狮可令百兽惧伏,一金刚杵可摧众多坚岩,一帝释可威慑一切阿修罗，一太阳可消除一切黑暗。"接着问大家："我当以何形相下界？"于是有的说应以梵天形相下界，有的说应以帝释形相为宜，天子正威则说："根据吠陀典籍，应以大象形相为宜。"这样，菩萨正式起行。

2. 入胎事业

那时，净饭王宫出现十八种瑞相。寒冬过后，季春三月时至氐宿时（四月十五日），月轮圆满、鬼宿现时，适值佛母长净[37]，菩萨化作大象形相，从母右胁入降胎中。这时摩耶夫人梦见瑞相，后将瑞相作偈向诸婆罗门道："金络善覆囟门红，具足白牙数有六，色如螺雪与白银，似一胜象入我腹，彼象一入我身心，顿感圆满美妙乐，昔日未曾听与闻，犹如安住三摩地。"婆罗门听后预言将生一殊胜太子，如居宫当为转轮王，如出家则成佛。自此住于母胎，不失妙宝庄严佛子行，以为加持，十月内圆满受用无漏乐，成熟三十六那由他[38]一切人天众生相。

3. 诞生事业

此后，现出百花盛开等三十二种瑞相。一天在蓝毗尼园[39]中，佛母手攀无忧树，太子即从母右胁在佛母无损害痛疼中和衣生下。（原注：汉地第四王朝周王时期的木阳虎年四月初八日，佛世尊降生于印度，汉地人见其光芒和神变，乃知佛陀出世。佛居家二十九年，后为调伏其母，往三十三天，仙道王[40]催请目犍连于天界立世尊旃檀像，请回佛祖。当世尊从天界重返人间时，此身像俯首致礼，并授记佛入灭至千年后将夫汉地。）那时，天神散花、梵天、帝释以迦什迦天衣捧接，龙王噶吾和聂噶为之沐浴。王子说："憍尸迦（即帝释）请将我放下。我于东方当是一切善法的先行者；于南方当成为一切人天的福田；于西方我当是世间最殊胜者，这为我的最后生，永离生老病死苦；于北方当是一切有情中的无上；于下方当粉碎诸魔和魔军，普降熄灭地狱火之大法雨，满足一切地狱众生所求安乐之心；于上方将使一切众生向上仰视。"一边说着，一边向各方各行七步，步步生起莲花。这时，吉祥天神现起于各方，处处充满瑞相。同时，四大国降生四太子，并生出五百上等种姓人、"所丹玛"等八百美女、"东巴"等五百仆人、"俄丹"等牝牡马驹各万匹、黄牛万头，地域中部生长出菩提树，出现园林五百处和五百宝藏处。于是命名王子为"一切义成"（悉达多）。

复次，往供奉种姓神祇处，释迦族人纷纷说他最能而仁，故取名"释迦牟尼"。因释迦神和诸天神向他敬礼，故又称之为"天中天"。七天后，佛母去世，往生三十三天。此非菩萨之过错，乃因佛母若见亲子出家，心将碎裂，故而寿尽。其他经中讲，住在普持山的无烦恼仙人之侄火施子知太子降世后，向其师道："亲教师，此间好似如日聚，顿现光明是何因？莫是山中诸岩穴，一光照射皆显明？"师回答："太阳之光常利锐，一子所发此光明，触其分支光凉爽，定是能仁所发光。"于是，无烦恼仙人往迦毗罗卫城，向国王作偈祈请："大王！今日我等亲临此，敬求一见尔之子，世间之主导师尊，愿求一见彼能仁。"并说梦中亦见太子尊容，遂道："如似具足良种马，夜间只眠四分时[41]，谋求必要之梦境，不会长时存眼前。"仙人见太子后，心想诸相师可以预言将成转轮王，感而言道："大王，诸位相师皆意乱，净劫不出转轮王，此位胜福法宝藏，解脱罪业将成佛。"后由众生主母（即姨母摩诃波阇波提）抚养太子，并由怀抱太子八保姆、哺乳八保姆、戏耍八保姆、拭污八保姆，共三十二位保姆帮助扶养。

那时住在一雪山中精通五种神通的黑色仙人察觉太子的神异奇迹后，与其侄子火施一块运用神通来到迦毗罗卫城，察看太子的相貌后，知道将来的成就，心生奇异和悲哀，顶礼太子之足并绕转，流着眼泪预言说："我观所生太子相，三十二相以庄严，将来必是两种样，在家可为转轮王，离俗出家则成佛，辩才自给此导师，于此世间现正觉，密根殊胜马阴阳[42]，众生不见其顶髻，故不居俗有家室。"

国王问他何以哭泣？他回答说："大王，我遇法藏此士夫，叹未成义却寿终,未得解脱见已过,是故悲痛而哭泣。"语毕,返回自己住处。

4. 学书心定事业

以后,太子年渐长大,与释迦族万名儿童一起入教书先生普友(跋陀罗尼)的学堂,他问老师:梵天文字等六十四种中该学哪种?老师颇觉惊奇道:"此位有情真稀有,虽已学通诸论典,却为随顺世间故,又来此地学书堂。他所言说文字名,我因寡闻未知晓,而彼对此虽谙熟,仍却来此学术堂。"

后来,太子到一林中,在阎浮树荫下,止息修定,从初禅修到第四静虑,有五位具神变幻术的外道仙人飞经此地上空,不能飞空,只得落地,绕太子身恭敬礼拜。当时,其他树木的阴影消失,但太子入定处的阎浮树影不失,父王见之,心生奇异道:"能仁何时诞生已,此时即入具光定,导师如是二次修,怙主尔足前顶礼。"说毕,亦向太子敬礼。

5. 婚配赛艺事业

后来,释迦族的长者们向国王奏请说,相师们预言太子若成婚将成转轮王,故应为太子选妃婚配。于是,国王命为太子选择相配的姑娘。遂有五百释迦族姓的人皆说自己的女儿符合条件。国王让他们问太子的意见,太子回说七天后答复,心中则想:"我知贪欲过无边,争斗结怨是苦根,犹如可畏毒树叶,亦如烈火与剑锋。欲乐功德非我愿,我非女众所美严,愿以禅定乐息心,我当默然住林薮。"太子进而观察,以善巧方便和悲心自忖:"泥淖塘中莲盛开,众人群众国王尊,何时菩萨得胜眷,彼时度生千万亿。往昔善巧诸菩萨,亦曾纳妃生子嗣,但无贪爱住禅乐,我当随学此诸德。"如是想后,将应具女德写成文字,谓"有如是德相女子,我愿纳受。"国王遂命御前大臣:"汝往察有如是德相女子,即召入宫。"并颁旨:"婆罗门及王种女,诸侯庶民种姓中,谁有如是功德女,即刻应如入宫中。此非因为吾之子,种姓高贵与稀有,而是此等诸德相,乃其心中所喜爱。"于是,这位婆罗门到处去查访,见到释迦族

持杖者的姑娘地护女（俱夷），将写有德相的文书交给她看，她笑道："婆罗门，此等德相我全具，彼具胜相是我夫，太子愿纳勿迟延，否则会嫁俗家子。"御前大臣将此情况禀报国王，国王说："此女多诈，不可尽信，七日后召所有女子来宫，由太子自选，给中意者赐赏。"七日后，太子亲临集会处，向参选的姑娘赐赠物品，众女子慑于宫威，很快离去。待到地护女时，赐品已尽。地护女微笑道："我有何错，何以如此待我？"太子答道："非对你轻蔑，而是你来迟了。"说罢，将自己价值千金的戒指摘给了她。地护女走后，护卫人奏报国王："太子垂恋地护女，还亲自与她说了一些话。"于是，国王遣使到释迦族持杖者那里，让他把女儿嫁给太子。持杖者说："按我祖宗规，女儿须嫁给通晓技艺之人，太子生长在快乐宫中，若不通技艺，我怎能嫁女？"使者回禀，国王心想此女与我见面两次，居然这般无礼（原注：释迦族人敬礼时，长辈向晚辈需敬礼，若说"啊"，则不敬礼）。正在这样想时，太子得知，即对父王说："这有何难，请下令比赛技艺吧！"国王心生欢喜，即宣告比赛技艺。第七天后，五百名释迦族青年聚集一堂，地护女竖起得胜旗，约定比赛剑术、射箭、角力等项目，获胜者取此旗。首先来比赛的是拉金（天赐），他面对牵来的一头大象，以嫉妒我慢心一掌击毙大象。继此，孜嘎吾将大象用力抛掷到城门之外，继由太子菩萨用足趾挑起象尸抛掷到七道围墙和护城河之外约一由旬的地方，象尸落处成一洼地，该地后称"象洼地"。其次，由阿阇黎普友（跋陀罗尼）作证，比赛文字，太子菩萨亦取胜。再次，由释迦司柱（有成）作证，比赛算术，太子菩萨仍然获胜，并且司柱只学通阿閦鞞数位[43]，而太子则通达到阿伽罗婆罗[44]的数位。再次，比赛跳跃、游泳、跑步等项目，太子菩萨都比他人优秀。此后，难陀与阿难陀二人自恃力量超人，来太子面前角力，但太子与他们刚一交手，二人即倒仆在地。次由拉金角力，太子用右手举起拉金在空中旋转，然后放在地上，不伤其体。复次，所有到这里的释迦族青年

84

一起合力袭击太子,他们刚一接触太子,就全部倒地。再次,比赛射箭,阿难射程达二俱卢舍[45],拉金射程达四俱卢舍,阿难陀射程达六俱卢舍。持杖者于二由旬以外竖一面铁鼓为靶,别人只能射到各自所及的射程,都不能射中铁鼓。而太子菩萨于十俱卢舍外竖一铁鼓,鼓前竖列七棵多罗树,树外又立一铁猪,然后从祖祠中取出祖父狮颊王的宝弓,半扣弓弦一射,射穿一铁鼓、七棵多罗树和铁猪,并射入土中,箭入土处成一井眼般的洞穴,故称之为"箭井"。后又比赛掐算和御象术、配香料方等,一切技艺都是太子菩萨获胜。于是,持杖者将女儿献给太子。太子菩萨随顺世俗,授权地护女为八万四千宫女之首,与彼等共享嬉戏娱乐。

6. 离俗出家事业

后来,有的天龙暗地忧虑:"哎呀!此圣者若常居妃眷之中,则将失去可成大器诸有情之机。"担心太子不能出离欲境,遂向太子恭敬顶礼,劝请离俗出家、成佛说法。诸佛世尊亦从铙钹声中发出劝请偈语:"眼观盛苦诸众生,愿成怙主皈依处,饶益众生作依怙,尔曾昔日发此愿。请忆当年发愿语,行善勇行利众生,今即汝之时与量,善士速作出家行。"众嫔妃的器乐声中也说起往昔的本生:"三有老病苦炽烈,死火极燃无依怙,轮回众生常迷茫,犹如困蜂旋瓶中。三有无常如秋云,有情生死如观舞,众生寿命如闪电,亦如瀑布瞬间逝。"又发出随忆宿世善行的偈语:"请忆宿世诸善行,对彼痴暗所缚众,施与正慧善光明,无垢法眼驱烦恼。"太子菩萨听到这些偈语后,断除妄自傲慢之心,发起菩提心。复有三百二十万天神子也作偈劝请:"极示命终相,人狮亦示寿,再示纳妃仆,由尔随顺世,后得世间法,成熟众人天,现当思出离,其时刻已至。""当思妙祥音,燃灯所授记,清净勿错谬,请发佛声音。"当时,国王梦见太子菩萨出家,问宦官:"太子是否在宫中?"回说"在宫内"。国王想到这可能是太子出家的征兆,为使太子留恋尘世欲乐,增修春和、夏凉、冬暖三座华美宫殿,各宫角落楼梯口,分别由五百人守护,一旦太子下楼,本人无任何察觉,即传出"太子出家了"的声音,传到半由旬远。因相师们预言太子将从吉祥门出离俗家,遂增大门板,发声可达半由旬,也各以五百人开关门扇。后来,太子意欲游园,命备办出行车驾,驾车者向国王禀报,国王因少见太子有欢悦的行动,遂喜悦允诺。于是,太子菩萨从东门出行,见到由天神变现的一位受老苦煎熬者的形象,问侍者道:"御者此人形色衰,血肉干枯皮包骨,头白齿落身枯槁,倚杖蹒跚者是谁?"回答道:"殿下!此人被老所苦迫,诸根衰残精力弱,亲眷欺侮苦无依,不能作事弃如木。"太子菩萨又道:"此是宗法还是啥?是否众生皆如是?按我所说速去问,我将如理思人生。"回说:"此非宗法非国法,人皆至壮被老摧,尔之父母及亲眷,俱将衰老无一免。"太子菩萨道:"御者!诸凡童子智浅薄,年轻气盛未见老,我欲返归速回车,我亦终老作何乐。"于是,驱车回宫。

嗣后,太子出南门,见一病人而问道:"御者!此人肤粗形色恶,诸根衰弱呼吸难,肢枯腹鼓容憔悴,二便遗地是何人?"回说:"殿下!此人已被病缠身,病入膏肓将近死,健康不存神形衰,全失依怙境亲友。"太子道:"无病亦如梦中玩,病之煎熬实难忍,智者今见此病状,有何心情游玩乐?"

后又出西门见一死者而问道:"御者!此人横卧于辇中,乱发头上覆黄土,众人呼号捶胸泣,围绕车辇是何人?"驾车者回答道:"殿下!此是赡洲已死人,父母妻子再难见,舍离资财与亲属,转往他世不见亲。"太子菩萨道:"何能不老永青春,转诸病害为无病,何能善巧长存活,成为贪爱善巧士。纵使无老无病死,然持五蕴仍大苦,老病死随何须说,故且返回思解脱。"

后又去北门,见一比丘而问道:"御者!此士心性极寂静,目视行人一轭量,身着缁衣持戒行,托钵无慢是何人?"驾车者答道:"殿下!此人即称比丘者,断除欲乐行调养,自寻寂静遂出家,远离贪嗔行乞食。"太子菩萨道:"此谓善业我所欲,是诸智者所常赞,此行利己又利他,安养将成无死果。"

太子菩萨返回宫内,国王见闻这些事后,为护守太子,增修围墙、护宫河,加固宫门,在城中十字路口派驻守护军士,并命宫妃以歌舞嬉戏娱乐太子。当时,出现太子菩萨出家的征兆:众鸟不鸣、莲花萎谢、树不开花、琵琶断弦、击鼓无声等,国王对此深感不安,王妃地护女也梦见大地震动等征。而太子菩萨则梦见他手足搅动大海,大地变作卧褥,须弥山成为枕头,光明普照驱散黑暗,地上涌出一伞覆盖三界;并出现黑白四兽和四色飞鸟,一时变为一色;身登吐污山而不染秽,被水冲洗,治愈诸病;梦坐在须弥山狮子座,受一切天神敬礼等。

此后,太子菩萨心思出家应得到父王许可,遂到父王座前禀求"自己出家时间已到,愿父王不必阻挠而应喜悦应允。"国王道:"你无论有何欲求都可满足,但必须在家。"太子道:"请父王赐我以不老、不病、不死和不衰。"父王说:"这种希求我无能力给你,请求其他吧。"太子作偈道:"老病死畏及不衰,若不赐此四胜施,则求王赐一胜施,即是赐断生死流。"国王只好应允:"我愿圆满你所求。"于是,太子菩萨回到自己的住处。

国王将此事告知释迦族姓人,大家商议要严加防守,在四门各派五百名释迦族青年,每五百人配备五百车辆,每五百车辆又配五百少年军士。将释迦族长者都安排到十字路口或三岔路口上巡逻,国王也亲自巡查。那时,一切药叉和五百遍入天神子[46]为太子菩萨当晚出家勤作供事,四大开王[47]也在计划抬托太子的乘骑,三十三天界诸神亦忙于供养事。而太子菩萨则将实践自己先前的四大宏愿。

太子以法行等观见宫妃等属众的不净相,生起尸林想而作偈道:"嘻嘻!一切众生皆苦难,妖魔群中有何乐,贪欲非德执为德,痴暗障盖智慧劣,如同飞鸟入网中,何有出离之日头。"说毕,用三十二相观察,修

不净观[48]。次登宫顶，礼拜诸佛，后仔细观察，只见帝释[49]、四大天王、日月神等都向自己敬礼，并见鬼宿[50]现起，遂对驾车者说："此兆象征诸义，今宵成义定无疑，御者速疾牵宝马，备好鞍具供我骑。"驾车者问："意欲何往？"太子道："要出家。"驾车者多次劝太子回心转意，而太子数说贪欲过患，意志坚定。这时，静慧天子、悲严天子等众天神以神力使迦毗罗卫城的人们昏睡不醒，处处寂静无声。太子命御者牵来乘骑，这时帝释、四天王来到迦毗罗卫。驾车者再次恳求没有到出家的时候。太子道："为了利益诸众生，愿证菩提无老死，解救众人我夙愿，成熟时刻今已至。"这时，诸天神亦作劝请道："圣者速发精进力，解救一切苦难众，而今出离时已至。"接着帝释开启吉祥门，驾车者备好犍步宝马、侍奉太子上马，四大天王托起马足向空腾飞而出，梵天、帝释在前开路。顿时一片光明驱除黑暗，在各种供养和乐声中，太子菩萨离开王城守卫勇士，来到一清净塔前，将宝马和身上的一切饰物赐给御者，令其返回。[后在此建塔，命名为"御者（车匿）还宫塔"]。太子菩萨在清净塔前削发，诸天神建塔供发，后命名为"落发塔"。当时，太子心思迦尸迦俗装不宜作为出家装束，应有一套出家人的衣服时，净居天神随即化为猎人，献上出家人的赤黄色袈裟。太子将自己的迦尸迦俗装送给猎人，猎人捧于头上，请至净居天界供奉。御者车匿见此情景，亦在该地建塔，取名"受法衣塔"。当时，"悉达多[51]已出家"的声音响彻色究竟天界。御者车匿带宝马和太子饰物回宫，向国王、妃眷回复释忧。

7. 苦行事业

太子菩萨削发、着僧衣出家后，经婆罗门具种等人的住地，来到毗舍离城[52]。当时，这里有位名叫"通艺子远飞"的人，有门徒三百人，是位修炼达到"无所有处"[53]境界的上师。太子来到此师座前，被允诺为弟子而修学，当真实生起无所有之心后向远飞上师道："汝仅通此法乎？"远飞答言："仅此一法。"太子菩萨道："此法我已通达。"远飞道：

88

"你知我所知，我亦知你所知，我二人可一起教导徒众。"菩萨认为仅以此法不能出离，应求更殊胜之法，遂渐次抵达摩揭陀国[54]，住居灰白山，后由温泉门入住王舍城。当时，诸市民和影胜王[55]对他极为敬信，欲献部分国政，但他未纳受。后来，他看见（外道师）喜乐子余行给其七百门徒讲授有顶心修定法，自念："我当始修此禁戒苦行，生起殊胜之想，并破有漏禅定。"他被接受为弟子后，很快通过了有顶心修定法，但仍如前，认为此法也不能解脱涅槃，亦否定而去。

那时，憍陈如等五人跟随菩萨，渐次于迦耶顶山现证前所未知的三喻法，后至尼连禅河畔，菩萨自念："我定信五浊恶世，执卑下禁行为净，今为出离故，当修禁行与苦行。"遂安住于遍空三摩地，长达六年，每日只食一粒芝麻，或一颗柏树实粒，或一粒米。如是苦行六年，呼吸几乎停止。当时，有的天神对住居天界的摩耶夫人说："太子已死。"摩耶天女来到太子静坐处，只见菩萨体如枯木，真如死去一般，遂悲叹地说："汝降生时所说最后一次受生的誓言未能圆满，黑色仙人的授记虚妄不实！"菩萨道："日月星群可堕地，我虽凡夫亦不死，故望母尊勿忧苦，不久即见我成佛。"摩耶听后喜而返回。那时，村庄的牧牛童等人向他耳中塞棉花，从鼻孔中取出等，诸魔亦美言劝说"请爱惜生命"，虽寻机干扰，但未得逞。

8.誓得大菩提事业

后来，菩萨为破斥苦行可得解脱之见，欲食粗食而往菩提伽耶，而憍陈如等五人说菩萨"要食粗食"，遂失去信仰，去了波罗奈斯。菩萨食用善供母的女仆仲玛用洁巾包盖的食品后，入天神拍手池，于帝释所置石板上沐浴。浴后疲乏，想出池登岸，恶魔化出高岸阻止，木神天女压低树枝，菩萨攀枝出池，走到梵王树下，穿上百衲衣[56]，后换着净居天神所献黄色法衣，入于所行境。此后，得到天神禀报，善供母七次提炼千头母牛的乳汁，取其精华，合以米和鲜谷，熬成乳糜，见其内现吉祥结等瑞相，心生欢喜，有相师亦预言将得甘露。后，善供母请菩萨赴宴，献上用金器满盛加蜜的乳糜。菩萨带着乳糜到尼连禅河畔，放下食品、法衣，复作沐浴。此时，天神礼供，取走沐浴水，而善供母带走所剃头发和胡须。菩萨安坐于此河龙女所献狮座，受用乳糜。盛糜金器坠入水中，为海龙王获得，帝释复取此器到三十三天，每年举办糜器节。

菩萨沐浴受食后，恢复体力，为降伏魔军，以大士勇力来到菩提树下。当时，和风细雨清法道路，一切山峰、树梢及初生婴儿皆头朝向菩萨，三界之主梵天向所属神众发令："菩萨今晚将去菩提树下，尔等速作供事。"于是化现出不可思议供物。菩萨放射光明，息除一切烦恼、痛苦、净治器世间、黑色龙王作赞颂。随后，路右侧一卖草人正在割吉祥草，菩萨向他道："请快给我吉祥草，草今于我成大事，降伏其众诸魔军，将证寂静圣菩提。"卖草人即献上青绿色可意吉祥草。菩萨取草绕菩提树三匝，将草尖朝内，草根向外铺设坐垫，面东而坐，身体端直，安住正念，发誓说："今我坐此身可枯，皮肉骨血毁亦可，多劫难得菩提果，不获誓不起此坐。"这时，一切天神为了守护菩萨，分别被安置在十方，菩萨放射出称之为催动菩萨的光明，遍照无量刹土，摄集来众多菩萨献供。

9. 降魔成佛事业

菩萨复念成佛不可不通知诸魔，遂从眉间发出名为摧毁一切魔坛之光明，遍照一切魔宫，使之摇动，顿成黑暗，并发出偈语："多劫行善为有情，净饭王子舍王位。为求利众甘露汁，菩提树下今坐静。"那时，魔王梦中出现自己住处一片黑暗等三十二种梦相，传知其属众。魔子商主虽作干扰而无效，于是药叉鸠荼[57]、摩睺商罗伽[58]以及罗刹[59]、食肉鬼众等，一齐来现极恶相。但"释迦太子证诸法，依缘而生无实性，心如虚空泰然坐，见魔奸诈不迷惑。"继之，魔王命令一切静相魔从右，一切可师魔从左向菩萨进攻，但所掷各种武器全变成花朵。

后来，魔王问菩萨："你仅以这点福德，怎能获得解脱？"菩萨道："你因一次无遮供施，得到他化自在天[60]的福报，而我已作多次无遮供施。"魔王道："往昔我作无罪施，虽未记册有你证，而你作施无人证，徒说无益你已负。"菩萨道："此大地乃是我的证人。"遂用右手拍地道："汝是众生居住处，动静平等无亲疏，请证我言无虚诳，汝须为我作证明。"语毕，大地作六次震动，地坚母[61]即从金刚地基缝隙现出半身，合掌对菩萨道："如世尊所说，真实不虚，我亲见此，然而世尊你应是人天世间的作证者。"语毕消失。魔众听了地坚母的话后，如林中狐闻狮吼声、石击乌鸦顿惊起，皆惊惧心裂而溃散。于是，魔王心甚不安，选派妖艳魔女去迷惑菩萨，施出三十二种媚术，但菩萨不为之所动，魔王更感不乐。

这时，具祥等八位树神女齐声赞道："菩萨之功德，犹如中夜月，正圆复美妙……"共唱十六赞偈；净居天神则贬责魔王："犹如衰老牛，陷入泥沼中……"共说了十六贬词。

此后，诸魔又进攻十六次，皆未奏效，虽掷各种兵器，施展各种神变，却丝毫无损害菩萨的机会。魔军不战自乱，四处溃散，七日不能复聚，许多魔亦发心趋向菩提。

于是，菩萨生起四定[62]、三明，到后半夜东方发白时，通达十二缘起及四谛，以具足一刹那智现证正觉成佛。这时，腾起七多罗树高，发出"道流已断"的颂词，诸天神普散没及膝盖的开花以作供养，一时世间放明，大地震动，十方诸佛敬祝法喜，伸臂敬礼道："今汝如我等，得菩提正觉，如油和油汁，二者乃相同。"诸天女亦齐作赞颂。佛世尊也作偈道："福熟得胜乐，消除一切苦，具足福德人，愿望亦成就；降伏众魔军，速疾证菩提，从此大解脱，获得清凉果。"诸天神也广作赞颂。

佛于第一个七日内不解跏趺，目视菩提树，第二个七日内，远行三千大千世界；第三个七日内，说"我于此出离苦边际"，目不转睛凝视菩

提伽耶；于第四个七日，作东西间的短程巡行，魔王求他涅槃，他应允所化事业完成方入涅槃，魔王悲而遣其女喜女等到佛前，佛使彼等变化作老妪；第五个七日内，发生大灾害，他安住持施龙宫；第六个七日内，他往尼拘卢陀树前，教化自然派祖师末伽梨等："闻法及见法，喜静即安乐，爱护诸生命，不害则世安。"第七个七日内，安坐救度树下，商主迦贯、妙贤供献蜂蜜、麦粥及已剥皮净蔗，心思不宜用手受食，当如以往诸佛该用器皿。这时，四天王献上金钵，未被接受，继由毗沙门多闻天王恭敬献上狩猎天神所赐四个石钵，钵内各盛香花。佛伸手道："如来座前供献钵，汝将成就胜乘器，如我诸佛前供钵，正念智慧永不失。"说毕加持四钵成一钵而受取。然后，迦贯和妙贤用千牛之乳精炼成奶皮，盛于宝盘中供佛，佛受用后，宝盘被梵天拿去供养。这时，佛作偈道："成就天界此吉祥，诸方吉祥由此兴，愿尔诸愿皆成就，一切速皆顺利成。"说吉祥偈后，授记供蜜者将成佛，名为"蜜生如来。"

10. 转法轮事业

此后，佛自思："甚深离戏论，无为且光明，甘露微妙法，我今已获得。我虽欲示说，他人莫能解，故往林间中，缄口暂默住。"转而又想："我于诸世间，悲愿无边量，他人若启请，我则难默坐。然而诸众生，皆信梵天王，若由彼启请，我即转法轮，"随即放射光明。三千世界之主具髻梵天领会佛意后，告知六百八十万梵天众，一齐合掌启请："成就大智殊胜坛，放光遍照十方界，慧光启开人间莲，世尊今何悠闲居？"虽如是劝请，然佛默然不语。

世尊仍安闻而居，梵天众告知帝释，帝释前来启请道："汝心犹如圆满月，从曜蚀中得解脱，请起战胜诸怨敌，黑暗世间显慧光。"如是启请，佛仍默然不语。于是，梵天再作启请："到处寻觅恭请佛，能仁尔请示正法。"佛世尊道："众生皆被欲所缚，相续不断且增长，我知此为大艰难，是故宣法无所益。"

世尊仍平淡安居。这时,出现火不能燃等不祥征兆,具髻梵天王复作再三启请:"于此摩揭陀,往昔法不净,来此宣法者,皆具染垢心。故我来请佛,祈开甘露门,宣说无垢法,以慰闻法众。"世尊察看不定众生,接受启请道:"具髻梵天王!摩揭陀有情,已肯闻法耳,且具信仰心,认识人生义,常闻于佛法,我对此等众,愿启甘露门。"

此后,菩提伽耶的爱法树神等请示道:"世尊!汝先于何处转法轮?"佛言:"应在波罗奈斯,因彼处众生少欲而垢障轻。"树神复请宜在他处,佛降旨道:"诸贤首,勿说此言,我因念最先易受教化者而说法,我已知余行[63]去世七日,远飞师亦死去三日,应先向憍陈如等五人说法。"

佛如是思考后,遂从摩揭陀赴光明城。在彼地遇一遍行者[64],交谈甚久。遍行者(原注:近行)问:"汝根明肤洁,从何教而修梵行?"佛道:"我无阿阇黎,无人可比我,我为世唯一,圆满正觉佛,已证清凉果,无漏得解脱。"遍行者道:"汝是否承认是罗汉?"佛道:"我是世间阿罗汉,我乃无上之导师,天与非天寻香等,无有与我伦比者。"遍行者又道:"那么,是否承认是佛?"佛道:"诸凡漏尽得道者,如我当知应是佛,我已战胜诸恶法,故应承认我是佛。"遍行者又问:"欲往何处?"佛言:"我往波罗奈斯地,去到光明大城中,于彼盲人般世间,将放无比大光明。"遍行者闻后说:"如愿成就",遂往南方而去。而世尊北经迦耶山、优楼频螺、檀香坡、调御城,抵恒河畔。恒河艄公撑来一条索要船资的船,佛言"我无船资",遂腾空而过。影胜王听说此事后,下令今后凡出家僧人渡河,不得索要船资。

此后,佛到波罗奈斯,乞食至降仙处。憍陈如等五人见佛来,互相私议立约:"沙门乔答摩懈怠于修,废弃禁食苦行,今来此地,谁都不可迎接,不必起立,不给他法衣和钵,有一空座,随他去坐。"对此,遍知憍陈如不以为然。待世尊至,五人不由自主背弃私约,起座恭迎,有的铺座,有的端来洗脚水,纷纷说:"汝来甚好,请入此座。"世尊就座

后,与五人喜悦交谈,教导良多。五人[原注:遍知憍陈如(译言火器)、额鞞(译言调马)、十力迦叶(译言起气)、摩男拘利(译言大名)、拔提(译言具贤)]问佛:"具寿乔答摩,你根明肤洁,是否已证得殊胜智?"佛道:"汝等不可对如来称具寿,否则会长时间不安。我已得甘露,我已成正觉,已是一切智。汝等不是已定如是私约吗?"彼等成为比丘后,顶礼佛足,忏悔罪过,生起敬信。

世尊沐浴后,心念当于何处转法轮,遂绕转此处出现的七宝千佛座的前三座,安坐于第四座上,放射光明,遍照三千大千世界,大地随之震动,净治了诸有情。此时,诸天神献上千辐金轮,请佛绕转法轮。初夜时分,佛默坐不语,中夜自陈清净语,后半夜向五比丘开示道:"诸比丘!彼二边者,非入出家所作,而是欲乐福衰之边和疲劳困苦之边。如来说法,乃以舍二边而显中道,此即所谓八圣道分[65]。诸比丘!此即四谛,即苦、集、灭、道……""苦应知,集应断……"如是,重复宣说四谛三次,以十二行相绕转法轮,憍陈如即证罗汉果,而成就三宝(即佛、法、僧三宝始全)。此即所谓"如是十二行,极转正法轮,憍陈如遍知,现成就三宝"。

关于转法轮,亦分处所、时间、眷属、法、必要等五个方面,皆从五个方面讲说:

(1)初转四谛法轮

第一,处所。即科摩究地方。

第二,时间。有人说是六年零六月,钦巴上师说是七年,而恰译师则说七年差两月。

第三,眷属。为憍陈如、调马、起气、大名、具贤等五人,以及众多天神。

第四,法。为三转四谛十二行相法轮。《俱舍论》中说:"法轮为见道[66],速行辐等故。"所谓见道,因轮、速行、舍弃、进入故,由未胜而胜、真实安立尊胜故，能作升降故，合顺于法，故名法轮。央卓尊者说：八圣道分中的正见、正思维、正精进、正念等如轮之辐，正语、正业、正命三者如轮之轴心，正定如辐轮，彼等与法相顺，故称之为轮。见道即法轮，令憍陈如生彼法轮，故谓转法轮。所谓重复三转，即指"此是苦也…"等[67]，"苦当知…"等[68]，"苦者我已知…"等[69]。"每转生起眼、智、明、觉[70]，每转开示生起加行、顿断、解脱、胜道，即分别为十二行相。

所谓十二转六十四行相的说法，因与三组和十二组的品数相合，故无过失。因此，说一切有部[71]的学者说，三转所开示的是见、修、无学三道。若尔，则不是三转法轮、十二行相的说法了。这里所说，仅是见道的三转十二行相，法的品类即法轮，三转是指三转四圣谛。这里的十二行相，指是苦、是集、是灭、是道，当知、当断、当证、当修，已知、已断、已证、已修。所谓"转"，是指让他人心中理解或了知的意思。

第五，必要。第一转使憍陈如和许多天神生起见道；第二转使憍陈如证得罗汉果，其余四人生起见道；第三转使另四人证得阿罗汉。这是当时教化的必要，至于以后的特殊必要性，是为了破除应化有情的人我执，使他们获得声闻四果[72]。

（2）中转无相法轮

第一，处所。是灵鹫山[73]。

第二，时间。楚译师[74]认为是三十年，钦巴译师说是二十七年，恰译师说是三十一年，也有人说是十二年。

第三，眷属。为二千五百或五千比丘、比丘尼、优婆塞、优婆夷，以及菩萨之属众无数。

第四，法。为无相法轮，即般若教法及属于中转法轮的一切法。关于般若教法，法友论师认为有示说要义和现观义两种。第一种示说要义，是指讲示胜义空性或三解脱门，如《般若波罗蜜多心经》等；第二种示

说现观义，有广品《般若十万颂》、中广品《般若二万五千颂》、中中品《般若一万八千颂》、中略品《般若一万颂》、略义广品《般若八千颂》、略义略品《佛说佛母宝德藏般若波罗蜜多经》。这些在讲示八现观方面并无差别，只是文字有广略之分，正如释论中所说："其中之差别，唯有广略等。"

以上诸经，前五种同时宣说，启请者相同。清净佛土加行[75]中，与恒河女神授记相同，具有周遍意义，因同一佛不可能对一个人多次授记正觉。这样，有人会说："多次授记龙树，岂非矛盾？"这应知授记有不同类型，有的授记弘法，有的授记正觉，各有不同，恒河女神授记，属授记正觉类。又有人说，佛经的缘起分中讲，当是眷众"一千二百五十人俱"，这与五千众的说法在数量上不是相矛盾吗？对此，须知这是计算僧伽数和计算一般人数的差别。至于《般若十三颂》中无常啼菩萨法胜的四段结尾语，是因为当时龙树尚未从龙宫请来般若经。然而，这正如所谓"本说一语教，亦可知若干""法语本一说，可成若干语，所谓我专说，众皆得解故"，佛总是针对钝、中、利三根闻法者而开示广、中、略三种语教，结集者亦作如是结集。楚布译师、恰译师等认为，如果结集者不能如是结集，亦无过失，因为这也是佛的加持和神变所致。有关释论中说，结集者为了后来的四众弟子喜欢，结集时用摩揭陀语进行了口述。

第五，必要。是为了破除诸所化的一切成见，而安置于唯一能得解脱的空性道，即《大游戏经》所说："无阿赖耶[76]无戏论，无有生灭无取舍，空性一理正法轮，系由佛陀善绕转"。

《般若经》中说，中转法轮时，天空中发出鼓乐不绝之声，诸天神齐赞："盛哉！又见赡部洲再转第二法轮。"

（3）后转胜义抉择法轮

第一，处所。在摩那耶山[77]和毗舍离城[78]等处。

第二，眷属。有人说是能胜解各乘的有情，但应是清净入于一切教乘的菩萨众。

第三，时间。钦巴译师说是十年，措译师说是十二年，恰译师则说是七年或九年，也有人认为是二十六年或二十八年。总之，笔者尚未见到有根据的肯定性时间。

第四，法。为胜义法轮。先前初转法轮，遮除诸法无自性之见，但落于有，遂中转法轮，却又落于无。于是末转法轮，由此开示遍计无、依他起世俗有、二圆成胜义有，故遮除执二边，成无诤了义。因此，唯识派认为，前两法轮为有诤不了义法轮，故《解深密经》中说："启请世尊转清净胜义法轮。"世尊初于波罗奈斯的降仙处鹿野苑，向清净入于声闻乘诸人开示四圣谛，由此希有法轮，往昔无论转入天道或转为人者，皆随顺正法。世尊转此世间未曾转过之法轮，然而彼法轮有上、有时分，为不了义、有诤论处。于是，世尊讲示诸法从无自性生，不生，不灭，本来寂静，自性涅槃，向诸清净入于大乘诸人，以讲示空性之理转极希有之第二法轮。然而世尊所转此法轮，亦有上、有时分，为不了义、有诤论处。于是，世尊又讲示诸法从无自性生，不生，不灭，本来寂静，以自性涅槃，向清净入于大乘诸人，转具足差别，更为希妙之第三法轮。世尊所转此法轮，为无上、无时分，为了义、无诤论处。

第五，必要。即为破除二边疑惑而置于中道。

中观派认为，佛初转和末转二法轮别有密意，只有中转法轮才是了义，先前之经教皆别有密意。有人援引《楞伽经》中"世俗一切有，胜义义则无，故对一事物，有无何相违"的说法，来破解初转和中转法轮的矛盾。然而，这是中观派所许经典的说法，非唯识派所许。唯识派并不承认于胜义谛无一谛实（自性）的观点，故唯识派不能断舍声闻与中观见的矛盾。

有人认为，初转为四谛法轮，中转为二谛法轮，末转为未安立谛义法轮，于末转法轮中，以量成立四谛或二谛。也有人认为，末转法轮讲

示种种乘，故为种种乘法轮，即《广大游戏经》所说："如阳焰梦幻，水月与回声，喻种种法轮，我佛怙主转。"班智达彦潘桑布（利他贤）说："为无种姓者，转增上法轮。"萨杂那上师说："为缘觉种姓，转独觉法轮。"恰译师则说："别无与三法轮所说相悖之经藏。"如是，如来已断语的等起[79]习气，不以语宣法，虽自成佛直到示现涅槃未说一字，却因有情之意乐而示种种法，正如《秘密不可思议经》所说："幻轮造钹铃，风吹发响音，虽无敲击者，却能出音声，往昔善习故，由有情劝请，遂宣佛语教，彼此无分别。"由是，佛观有情被无明眼翳所障蔽，被我见绳索所束缚，被我慢山岳所压伏，被贪欲之火所焚烧，被嗔恨兵器所刺伤，而入轮回阿兰若，不渡生老病死河，煎受各种苦，为解救彼等离苦得乐，遂从他吉祥喉头，如螺牙齿间，伸展幻化之舌，发梵净语音，而转所有一切法轮。

11. 从天降凡事业

即前文所述，佛往三十三天度化其母后，复降临人间利益众生。

12. 示现涅槃事业

世尊为启发阿难劝请佛不示涅槃，告阿难道："阿难!诸凡修者，欲依四神足[80]而多修行，则长住劫波；如来依四神足已多修习，对于如来来说，亦应长住劫波。"如是一而再启发，但阿难为魔所蔽，默然不语。此后，魔王求佛示观涅槃，佛应允三月后涅槃。于是，世尊加持生活之行，而断寿命之行。当此之时，大地震动，流星陨落，诸方焦热，空中诸天神击鼓。阿难问佛是何因缘，佛告阿难地动的八种因缘。阿难方知佛将舍寿，遂请佛留住，未得应诺。此后，佛向离遮毗城诸僧伽讲授教诫后，从毗舍离城启程，目视右方，往智孜城北部的沉香林，向诸比丘开示三学，然后又渐次到受用城北的沉香林。在此，大地震动，佛开示很快入灭之因，教示当入于经藏，现于律经，若与法性不违，则持为正法，否则不予持取。继后，到拘尸城，接受铁匠之子纯陀的最后供养，为之说法。再住杂坚城（意为有草城），卧眠于波旬与具宝河之间，阿难从迦拘达河取来浊水，为佛漱口濯足，佛身体转安而起立。此后，教化力士地区豪门所辖旃陀罗（下等种姓出身者）人信仰佛教，接受旃陀罗人所献如金的黄布两匹，剪去两端浮绪，披于身上，身色顿显明亮光耀。问佛其何因缘，佛言："此系今晚将涅槃之因。"遂于具宝河沐浴，为消除纯陀的失望，以方便乞食，言说："成佛与涅槃时的两种供食，其福德相同。"阿难问佛如何教化希求解脱的有情，佛言："应威慑以净梵惩罚，再令其悔过，然后从迦旃延[81]那里接受经教。"尔后，佛往杂坚城（即拘尸那城）途中，突然病床。阿难唤菩提支起来，于杂坚城力士地区附近两棵娑罗树间，悬床北向而置。佛右肋贴卧，两足重叠，作明空想，具正念知，念想涅槃而卧。这时，阿难握床哭泣，发出悲声，以希有四法消除忧苦后，问佛何以在此示寂？佛言："往昔，大善见王等六位转轮王皆在此去世，现在连同佛，共有七人圆寂。"这时，佛作为比丘楷模，威严无比，诸天神不堪其威而逃遁。阿难复问佛应如何供奉遗体舍利，佛言："应如转轮圣王，用棉布单裹身，用五百匹布覆盖，殓入铁棺，注满菜籽油，上盖两块铁板，再堆积香木火化，最后用乳汁滴灭火，将骨灰装入金瓶，于十字路口造塔供奉，并应作节庆纪念。"此后，普告杂坚城诸力士："如来将于今晚灭度。"众力士顿时聚集于佛前，佛为他们说法，由阿难授近事戒。众人受戒后返回。佛为了度化亲身该度的有情，最后对极贤和极喜进行了度化。对极喜，手持吠琉璃千弦琵琶，化为寻香（乾闼婆），来到极喜门前，比赛歌喉、音乐。极喜弹奏琵琶，除一弦外，其他各弦均断，但音韵如前，并无差别。佛弹奏时所遗一弦亦断，唯于空中如前传响美妙音乐。极喜顿失我慢，心生稀奇。佛现出真容，极喜心生敬信，顶礼佛足，为闻法求佛暂住。佛开示正法，使之证见真谛。那时，杂坚城的梵志极贤年已一百二十岁，人称是位阿罗汉，他见徐流池畔青莲花朵萎谢，听到世尊将灭度的消息，欲消除自己的疑惑，往阿难处三次求见佛，未得许可。佛知晓后说："这是我与外道的最后交谈，让他进来。"佛向极贤讲了许多令他欢喜的话后说："极贤，我二十九岁出家以来，五十一年间，凡善事皆已完成。然而，极贤，任何调伏法，无八圣道分，则无修善四果[82]，若有八圣道分，则有修善四果。除此之外，于外道无修善。"以如是教诲，使极贤证见真谛。极贤在佛前受具足戒，从而证得阿罗汉果，因不忍见佛入灭，遂加持自身五处[83]而圆寂。

此后，佛教示："外道中，除释迦外道和长发外道徒外，不得出家；四众弟子当诵读能得利乐之十二部经教，恪守别解脱律仪；长辈当以资具摄集晚辈，晚辈不得直呼长辈之名，向具信教众当讲示世尊降生、正觉、说法、示涅槃等四事业；诸比丘！对于三宝及四谛，如有所疑，即可请问。"接着，世尊掀开上衣道："诸比丘！如来仪容，难得亲睹，汝等请观如来身容。诸比丘！汝等暂勿言说，一切有为法，皆是坏灭之法，是为如来最后之说法。"然后，世尊入于四禅定、四无色定、灭尽定、顺行定、还灭定，复入四禅定，由极边而涅槃。

戒护论师在其《毗奈耶杂事释》中说："按迦湿弥罗人的说法，世尊在极边之后，由无记心而涅槃。然而，无记心与极边相近，故说由极边而涅槃。"并说佛灭后，"大地震动，流星陨落，诸方焦热，天乐齐鸣"。

当时，大迦叶住王舍城，知世尊入灭，心思有为法性即如是。他担心未生怨王[84]听到佛涅槃的消息将会昏厥，自念当设法安慰，于是让婆罗门雅协（译言作夏）速去林苑，将佛入胎、成佛、转法轮、于舍卫城示现神变，以天降凡到未生怨王城，以及于拘尸那城示寂等事业，绘成图画，（分放于六个长盘中），在第七个长盘中注满新鲜酥油，在第八个长盘中装满白檀香，然后将画呈给未生怨王御览，王看图后必晕倒，这时将王安放于第七、八长盘中，王可苏醒，雅协按照大迦叶的吩咐作画，次第呈示于王，最后说："这是世尊在卧榻上圆寂图。"国王惊问道：

"世尊圆寂了吗?"然后一言不发,昏倒在地。雅协按大迦叶的办法使之苏醒。

当时,有一比丘道:"于此园林中,娑罗双树间,世尊示涅槃,散花以供养。"帝释也作偈道:"呜呼有为皆无常,亦是生灭之有法,由生而转为坏灭,涅槃始得寂静乐。"梵天作偈道:"此世众生资粮田,欲乐世中唯一尊,具佛诸力与慧眼,如是世尊示涅槃。"阿泥律陀[85]作偈道:"意坚作救怙,获证不动寂,解脱复还灭,世尊般涅槃。"当时,有的比丘在地上打滚,有的痛哭,有的悲痛欲绝,有的依法性思考而坐。

第二天,阿难告知拘尸那城的诸力士。力士们在七日内做一切准备。第七天,力士的妻女们张挂华盖,青年力士们抬着辇轿,诸天神齐供名香、宝鬘、薰香,从拘尸那城西门到城中央荼毗,再出东门,经具宝山,到宝冠塔安葬,诸天神散掷齐膝香花。当时,有位遍行外道师拿着许多花来到波旬城,与前来礼拜的大迦叶相遇,得知佛入灭的消息,耳边有如是声音:"请半路出家!""喂!诸比丘,这应做,这不应做!""现去做能做的事,不做不能做的事。"因天神阻障,这些话语只有大迦叶听到。大迦叶为使诸僧伽在佛身未焚化前亲睹圣容,催促大家赶快行走。

那时,力士们按火葬转轮王的习俗,欲立即火化佛身,但举火不燃,阿泥律陀察知这是因为大迦叶尚未到来,遂向大家说明缘由。大迦叶到来后,开棺取掉布、棉等缠裹物,向未坏佛身礼拜。这时,在场的大声闻弟子有遍知憍陈如、准提、十力饮光和大迦叶四人,其中大迦叶具足智慧,福德最大,由他用棉花和五百匹布另裹佛身,装入铁棺,注入菜籽油,用两层铁盖加盖,堆起所有香木后,火自然点燃。这时,阿难道:"世尊具有大宝身,神变往赴梵天界,法衣及布五百匹,用以缠裹我佛身。由佛威严身躯及,身上缠物皆焚燃,其中内外二层衣,即佛法衣全未燃。"接着,力士们用牛奶熄灭火,乳汁中出现金黄、淡黄、五彩、青色四种邬波罗花。后将舍利装入金瓶,安放在城中央供养。

后来,波旬城的力士们得知佛已圆寂七天,立即点齐四种甲兵来到拘尸那城,对该城诸力士说:"世尊长期慈爱我等,今于你城附近示寂,请分舍利一部分给我们,以便在波旬城修塔供奉,并聚会纪念。如若不然,将用兵强取。"拘尸那城力士道:"当如是照办。"

然而,遮罗颇国的跋离迦刹帝利众、罗摩伽国的拘利种民众、毗留提国的婆罗门众、迦毗罗国的释迦族众、毗舍离国的离车族民众等亦纷纷前来索要佛舍利。摩揭陀国未生怨王听到诸国往取佛舍利的消息后,亦骑大象起程,想起佛的恩德,一时悲恸倒地,于是遣雅协代他去问候诸力士"平安健康、身心愉快、生活力健,起居安乐"!并说:"世尊长期关爱于我,为我皈依上师,今在你城附近示寂,请分给我舍利一份,于王舍城修塔供奉,并定期聚会纪念。"雅协按旨意传达后,力士们回答说:"我等亦同样供奉。"使者道:"若尔,我们只得出兵夺取。"力士们答道:"我们将照样奉陪!"于是,力士的妻小和年轻人们学习骑射,为与别国四种兵甲争战,众力士亦点齐四种兵甲。

那时,有位香姓婆罗门心想:争战一旦爆发,定有伤亡,遂向拘尸那城诸力士道:"世尊一贯教导要忍,如今为舍利互相残杀,岂合道理!我主张将舍利分作八份分发给大家,而我取回宝瓶供养。"于是,拘尸那城力士先同意照此办理,然后从波旬城的力士到使者雅协都同意这个办法,遂将舍利分成八份,从拘尸那城力士到使者雅协各得一份,分别迎舍利回国,修塔供奉,定期聚会纪念。罗摩伽国(意为发声国)分得的那份舍利,后被龙神夺去供奉。装佛舍利的宝瓶,由香姓婆罗门请往平斛城建塔供奉。火化佛身后的灰烬分给尼拘陀人,由婆罗门子迎往尼拘陀地方修塔供奉,并举办大型供养纪念会。这样,当时共成十塔,连同四座佛牙塔,共十四塔,此即经中所说:

世尊舍利计八升,七升供于赡部洲,

佛之另一升舍利，罗婆迦城[86]龙王供。
世尊所遗四佛牙，三十三天供其一，
持语城供第二牙，迦陵王供第三牙，
世尊虎牙第四枚，罗婆迦城龙王供。
阿育王住巴特那[87]，广建梵塔共七座，
以其法力及宏愿，共同庄严持宝地。
如是世尊之舍利，天神龙王及国王，
人与龙族药叉主，共生敬仰而供奉。
悲智具力释迦尊，于摩揭陀证菩提，
迦尸迦国转法轮，拘尸那城示涅槃。

关于涅槃之义，依声闻之见，如"薪尽火灭"，一切色心之法，终归流断而入灭；而有些大乘宗见者认为"圆满报身虽示涅槃，而眷属谁也不知其入灭，犹如帝释，旧死新生，其眷属神众并不知其死"。对是说不能苟同，因报身相续不断而长存。

长寿之因有二，即不杀生和施食予他人，因此二因为积集究竟二资粮故，即所谓"若依四神足而广修，则随欲可住于劫波或一劫有余"故。《无边门修法陀罗尼释义》中说："化身示涅槃，非说其反面，具足常住因，不应有涅槃。"是故，这里是示现化身涅槃，而非为报身之涅槃，即《妙法莲花经》所说："对于有病而不服药的良医之子，配制药方命服药，并说我将死，装作死亡。此子知父为医师已死他人并不知药，但为了活命而服药。后疾病痊愈，虽知其父未死，但不成虚妄过失。"《金光明经》也说："诸佛不涅槃，法亦不衰灭，成熟有情故，示现般涅槃。"此外，《经庄严论》说："如火他处燃，他处复转灭，佛对诸有情，应知现不现。"该经还说："化身以相续而常，这如屡屡施食，谓之常施食，反复示现变化，故为常，即于此处虽示涅槃，而于他处却不示灭而

住，此处因无现于佛身之所化而入灭。但在他处因有帝释等应化有情而不般涅槃。"《勇行禅定指示经》（又名《首楞严三摩地经》）中说："现在东方妙相庄严佛刹中，有名为幻化王者，为毗卢遮那如来光明所庄严，寿七百阿僧企劫（即七无数劫），彼即此世尊，曾于百俱胝四洲，或降生，或成佛，或转法轮，或示涅槃。"是故，断除所有一切障染，并非未示涅槃，事业未圆满，亦非入灭。此即《摄大乘论》所说："一切障中解脱故，亦诸事业未满故。"

那么，佛于多少岁时示寂呢？有人说："佛度化梵志极贤、极喜时，各住一年，或应纯陀之祈请，延寿两岁，即于八十二岁示寂。"但是说并无根据，且与《八大灵塔赞》"因纯陀之请，佛住三月"的说法相矛盾。又，有的持律师说："佛经《杂事》中载佛八十四岁圆寂。"但遍查此经，未见有其记载，《杂事》却说："阿陀，如来寿届八十，身已老迈。"据此，佛应是八十岁圆寂。《金光明经》说"如来寿至八十"，《大悲妙法莲花经》说"如来寿八十"，如此等等，许多经论都认为是八十岁圆寂。对此，《毗婆沙论》说："法轮处及毗舍离，白土城与天神处，杀童城及憍赏弥，卓合静地与塔山，竹林城及有声城，迦毗罗卫等诸地，世尊每处住一年。二十三年住舍卫，药林之地住四年，两年住居于焰窟，王舍城中住五年，苦行长达六年整，二十九年居王宫，如是佛尊寿八十，能仁圣者示涅槃。"

关于佛入灭的时间，《大涅槃经》讲，佛示寂于季春氐宿月（四月）十五日半夜。而阿阇黎戒护所著《毗奈耶杂事释》认为，佛示寂于季秋昴宿月（十月）上弦初八日中夜，班智达释迦师利亦云："昴宿月上弦，初八日前夜，月落山峰时，能仁示涅槃。"部分声闻的观点是，佛于黄昏时降伏天子魔，黎明时入金刚三魔地降伏烦恼魔。魔启请佛入涅槃，佛言在未度化四众前不入涅槃，由此摧伏了死主魔。有人说，佛苦行时即摧伏了五阴蕴魔。而有人又说，佛入涅槃而降伏了死主和"蕴"二魔。

然而,"佛于竹林城修夏[88],其时显出重病态,于是魔请佛舍寿,佛遂加持延寿行,"显而易见,佛是渐次降伏了死主和蕴两种魔,即如益西宁布论师所说:"凡此种种以言语,或示加持等方式,用以摧伏二种魔,全为悲悯应化众,佛世尊为了悲悯所有应化众生,摧伏死主和蕴相之魔,故而作加持;为示现对死的自在而舍寿,为示现对蕴的自在而加持,当作如是认识。"如果按照大乘宗"佛证菩提果,同时摧四魔"的说法,应知佛同时一齐摧伏了诸魔。

关于佛的十二种事业,《阿含经》《出离经》《方广游戏经》(亦名《方广大庄严经》)等中有各种不同的说法,这里系据《方广游戏经》而说,其中涅槃的情况依据了《毗奈耶杂事》,至于详细密意,当知于《善巧方便经》等。

第四节 佛入灭后结集法藏情况

一、小乘声闻之规

依小乘声闻的说法,结集法藏共有三次。

(一)第一次结集

自从佛的灵塔等建成,舍利弗八万属众、目犍连七万属众,佛的比丘徒众八千万相继去世,佛对人天等众所示的经教在漫长岁月如烟消散,且有权威的比丘也多过世。因此,大迦叶为消除三藏不能传扬的诋毁,吩咐满慈子[89]召集诸比丘。满慈子入于极边际禅定观察后,遂敲击犍椎[90],除了憍梵波提[91],将所有比丘召集在一起。满慈子为了传召憍梵波提,以神变术到其住地尸利婆林园无量宫,作礼道:"大迦叶等比丘僧众向你请

安问候,祝你具寿无恙,兹因僧伽事请你速疾前往。"憍梵波提虽已断除贪欲,但仍慈悲为怀,遂问道:"具寿满慈子!世尊为利有情是否已往他方世界?僧伽众是否争讼纷争而不能揭发过失?如来转正法轮是否被外道遮破?彼等聚集是否对声闻僧伽有所损害?烦恼所缚沙门、婆罗门、声论师、方士等对太阳般的如来是否作了诋毁?被无明黑暗障覆的有才智者是否离间僧伽的召集?对如来的正法律戒是否用似法的词句、文字、观点进行了玷污?诸梵行者诵读作意是否变心和聚言恶毒语?以疑惑二意之心是否说非法为正法、正法为非法、非戒律为戒律、戒律为非戒律?诸比丘是否被吝啬污垢所障对突来梵行者不作'普喜六法'[92]而予轻蔑?是否由于恶劣的出家众致使具信婆罗门和家主对正法失去信心而转依了外道?是否作邪念生计而事农耕、经商、依仗王势而生活?是否受取杜多功德[93]后依止边际敷具而失去了杜多功德?是否将不是沙门错认为沙门而扰乱了同等梵行?尽管如此,尊者满慈子!若可以说佛等比丘僧伽,则可说迦叶等,安住于大悲的佛世尊于无余涅槃法性是否已入圆满涅槃?是否因失去舵公而世间出现了混乱?具足十力之佛是否被无常之力所压制?能使我等觉醒的众生怙主导师是否已长眠?佛日是否西落?能仁自在之月是否被罗睺所食而不现光明?三十三天[94]中以菩提香花庄严、善结修善四果的如意宝树是否被无常疯象所摧毁?智慧明灯是否被无常之风吹灭而示现涅槃?"如是发问后,满慈子道:

为使具慧教长住,聚集声闻僧伽众,
彼等咸皆会集已,期待君尔速驾至。
航船舵手我佛尊,虽如慧山已示崩,
教法殊胜具慧力,多数僧伽尚寂静。
鄙人虽然才学浅,受命作使前来此,
为使教法永住世,切望君座定往行。

憍梵波提听后，告诉满慈子他可前往，但尚不到时候，并说：

众生怙主住世时，我有奔走效劳心，
而今示寂趋彼岸，具慧弟子愿伴行。
今有乞钵三法衣，祈君献于诸僧伽，
我将寂灭不转世，我意殊胜望谅恕。

说毕，显现各种神变而示寂。其身躯被自燃火焚化，由此流出四河，并发出如下四段偈句：

现在诸时变恶坏，有情各依自己业，
众生明灯日落灭，一切当知应往处。
有为刹那将坏灭，生等皆具苦烦恼，
异生执我起慢心，应知彼等皆无作。
智者常虑不放逸，精勤作意修福德，
万物终归是坏灭，有命吉祥会动变。
胜慧礼敬能仁尊，我意一切无余作，
如是憍梵波提我，虔敬随佛而去矣。

于是，满慈子仍以神变术返回众僧聚会地，敬礼后献上乞化钵等，并道：

彼闻怙主身入灭，由福业力亦示寂，
此系彼之钵法衣，祈诸僧伽请谅恕。

大迦叶听后谓诸比丘道：

彼以圣者方式去，他人勿作示寂行，
应当致力所需事，聚集权威做商讨。
如是成就福业基，尸利婆园牛主师，
未能思及如是义，尔等献智利众生。

说完后制定戒规，并说："在此若宣说正法，众多比丘聚扰，将致散乱，故应往摩揭陀。"众人齐声赞同，除有学比丘外，其他人暂退，并推选阿难为供水的执事。阿难与比丘僧伽众游方去集会地，大迦叶直往王舍城。阿阇世王见到他，即想起世尊，从象背堕落，被大迦叶用神力扶住，嘱他今后不可如此，并于此圣地共商教法事宜。阿阇世王赞许结集，表示愿提供一切资具。

此后，众人齐集，国王阿阇世在诺瞿陀林树石窟齐备卧具用品，大家遂许于此处安居修夏。大迦叶全面观察阿难的心思后对阿泥律陀说："在此眷众曾为如来所称赞，但内有具贪、嗔、痴、爱、取和有学比丘。"阿泥律陀以神通观察后说："请予明察！比丘僧伽本舍无义，本质洁净、至高无上，是世间所供施之福田，阿难尊者原本如此。"大迦叶为使众人知道佛律，用呵责的语气对阿难说："我在召集胜众，你不能与胜众一起讨论正法，你走开吧！"阿难如被击中要害，激动地说："大迦叶！我未退失戒律见行，未丝毫有损于僧伽，祈请忍谅。"大迦叶道："你侍奉世尊，说无四违犯，有何奇怪？若未损害僧伽，你站起来捧着筹木[95]，我数点你的罪过。"阿难站起来后，三千世界霎时震动，众天神惊叹道："啊呀！大迦叶所说真实而有利，于此能仁胜身之地，当严责阿难。"接着，大迦叶数落阿难如下罪行：

你祈请世尊让妇女出家，而世尊说："阿难！不要说让妇女出家，受具足戒而成为正比丘尼。何以故？是因为对于教法律戒来说，若让妇女出家，则教法戒律不能久住，这如同长势良好的稻田被冰雹打光，妇女出家会使教法戒律不能长久。"佛不是说过此话吗？这还不是无耻的事，佛的姨母摩诃波阇波提（众生主母）是佛的乳母，佛做的一切是为了报恩和具足四众弟子，而你的所谓报恩的做法，是对法身的损害，是降冰雹于圆满佛田，缩短了正法住世千年的时间。往昔有情烦怒不重时具足四众是合理的，而现在世尊不许诺，你却强求，是第一个罪过，你放下筹木吧！又，你不作世尊不入涅槃的祈祷，为魔所障遍，这又是一罪，故放下筹木吧！又，你对世尊答非所问［原注：在世尊及僧众面前，舍利子言道："比丘证得灭尽定后，身离饮食，生起为意之自性有情，彼时又入于灭尽定。"对此，优陀夷尊者说："是为无住、无间、无机缘。"世尊问其原因，（优陀夷）答道："由贪舍欲，生为意之自性无色有情，不可能入于灭尽定。"世尊以阿难为多闻者，望他做出分析，催问再三，仍未能分析，于是世尊谓阿难道："阿难！如黄牛一般的愚人损恼妙高山般的罗汉，能容忍否？"阿难答非所问地说："比如，此具善比丘，由他诠说，能加行于他……"将佛的命令当作耳旁风。世尊正确的分析是：意之有情即色界有情，可入灭尽定。此段引文出自《俱舍论释》，有些经教中无载，有些不可理解。］这又是一罪，故放下筹木吧！又，你抖佛衣时，足践佛衣，抛向空中时幸被天神接住，故放下筹木吧！又，你给佛取来浊水，这水是迦拘达罗河中五百辆车过河时搅浑了的浊水，这又是一罪，幸亏在空中捧持时天神注入了八功德水，故放下筹木！又，依照律细分和律杂事，有所谓"僧伽在外放松时，可接受触乐"的说法，对此你未说明《律杂事》中是怎样说的。其中，对于五堕罪以下、分别忏悔（向彼悔）以下、犯堕以下、舍堕以下、不定以下等事，在《律杂事》中虽已述及，有人依此，除四他胜罪[96]外，其余不作守护，有人除不定以上诸事外，其余不作守护。因此，外道师乘机毁谤，当时世尊离世，因悲而未能顾及，这亦是你的罪过，故放下筹木吧！又，你向在家人和妇女展示世尊的马阴藏相，虽是想示是否离妇人相，但亦是罪过，故放下筹木吧！

又，你示佛身给妇女，被泪水玷污佛身，虽是想让有情见如是佛身而能发心，然而亦是罪过，这虽具些许爱心，却不能参加断离贪欲胜众之聚会，你走开吧！

阿难环视四方，以悲苦之心缓慢说道："呜呼！我怎么会有这样的时刻，我离开了如来，将依止谁做怙主？"这时，天神道："啊唷！愿善神得胜！佛法昌兴！佛一般的声闻尊者呵责了佛一般的声闻弟子。"阿难接着说："大迦叶！请你宽恕我吧，我也是依法而做，今后决不再犯。世尊曾将我托付给你，曾说'阿难，尔勿忧伤！我已将尔托于大迦叶'。因此，你莫因这些小罪而不宽恕，应如命奉行。"大迦叶道："阿难，你莫流泪，你的善法将会增盛，而不会衰退，我只是为了你精于佛法才做处罚的。"随后，阿泥律陀对大迦叶道："如果没有阿难参加，如何结集佛经呢？"大迦叶说："阿难虽有功德，但还不能和大家在一起，彼尚有贪欲等，需再修学，不可一块儿结集诵经。"于是对阿难说："你走开吧！待你精勤成就阿罗汉后方能与大家一块清净念诵。"

这样，阿难含着泪水，离开世尊，悲哀而去。他到枳孜城，枳孜王子为之提供服务，在他说法时，枳孜王子观察亲教师的心思后道："乔答摩未放逸行，依止密林示涅槃，心中注念勤禅定，不需多久即证觉。"如是，如《能断子教授》中所说：阿难在初夜时分忏悔罪过，净治了心中的障染，半夜时分在经堂外面濯足，入内侧右胁欲卧，头刚落枕即证得阿罗汉果，然后前往诸瞿陀林窟。

后来，大迦叶为了未来时比丘不致忘却，上午讨论偈颂体经文，下午讨论散文体经文，首先结集了经藏。结集时，大迦叶两次启请阿难，委为经藏结集者，于狮子座由五百罗汉铺陈祖衣，让阿难入座，根据记忆念说出一切经藏。诸天神了知后恭敬聆听，大迦叶启请说："世尊利世间，所说诸正法，具胜相经藏，请君述诵之。"

于是，阿难念起世尊的功德，目视菩提伽耶城，合掌念诵道："如是我闻,一时佛在波罗奈斯仙言鹿野苑中……"刚一诵起,人天大众顿生悲戚道:"噫嘻此世间,无常无差别,谁说大宝藏,功德海亦竭,由谁说我闻,正法能解脱,合说如是闻,彼亦今播诵。"然后,阿难接着诵道:"世尊对五比丘道:'诸比丘!此未闻之法,即是苦圣谛……'"如是等等,诵说了经藏。此后,阿难对迦叶说:"我亲闻此法类,曾流枯我的血泪海,越过白骨山,堵绝恶趣门,而开启了善趣解脱门。今说此法,若使我及八万天众证得天眼,则今于此说'如是我闻……'噫嘻!一切无常无差别。"说毕下座。其他人也都下座,纷纷说:"于现见说我等之法中,无常之力使世尊又来到闻法之道。"

此后,诸罗汉用神通观察,问阿难:"你所诵经教就是这些吗?"回答说:"这就是我等之经教。"又问:"你等之经教是这样的吗?"回答说:"唯是这些。"于是迦叶心想,我初次结集经藏,皆无异议,此应为正法,遂问阿难:"第二经藏应如何说?"彼从"如是我闻",至"何为苦圣谛?所谓生苦……"如前述说。复问:"第三经藏应如何说?"彼从"如是我闻"起,至"……诸比丘,色非为我"等,由阿难念诵,由五百罗汉(其中少一名)结集为经典,即将凡具足蕴者,结集于蕴中;凡具处者,结集于处中;凡具缘起与圣谛者,结集于缘起分(即序品)中;诸多声闻所说者,结集于声闻所说中;佛所说者,结集于佛所说中;具菩提分者,结集于道之支分中;诸多论说,则结集于正论说部;诸多颂偈,则结集于具正名中;长篇经教结集到《长阿含经》中,中篇结集到《中阿含经》中,凡一言等则结集到《增一阿含经》中。此后,迦叶问阿难:"此《阿含经》是部完善的经典吗?"答言:"这是部完善经典,再没有比这更全的了。"

阿难说毕,下座坐于地上。

此后,推举优婆离尊者,祈请两次,委他负责结集律藏。优婆离登上狮子座,诸罗汉先问他"佛于何处制定第一戒律?"回说"在波罗奈

斯。"又问"为何而制定？"回答"为五比丘而制，应着圆形僧裙。"诸罗汉用神通观察后认为此即是正法，遂问"佛于何处制定第二戒律？"回说"在波罗奈斯，为五比丘说应着圆形法衣。"如是等等，如前做了回答。又问"佛于何处制定了第三戒律？"回言："在嘎兰达嘎城，对善施制定不净行罪，即他胜、僧残、未定、舍堕、堕罪、向彼悔、多学、息诤、附制、取舍、出家、长净、解制、细事、因缘、信受，即是当时所制定。"如是结集律藏后，优婆离尊者下座。

此后，迦叶为利未来有情而结集论藏故，祈请两次，进行了结集。所谓论藏，谓之"本母"，唯论说我，是阐明正理之本，故名。此即四念住等，如前所述说。

五百罗汉结集三藏后，诸天神齐道："五百罗汉结集了三藏，天神当兴，非天当衰！"遂得名"五百（罗汉）正结集"。大迦叶作偈道："圣哉!具足十力语无量，为利有情作结集，消除世间邪慧暗，除翳智慧燃明灯。"这样，迦叶尽全力完成结集佛语事业后，心思自己做了利益佛教众生的事，完成了他人不能完成的事业后，现在自己该示涅槃了，遂道："能仁三法藏，我今正结集，所有佛语教，一一长久住。惩罚无耻辈，摄受知耻人，我已做善益，入灭时已至。"并吩咐阿难道："阿难你应知，世尊付教法于我而示寂，我今将入灭，请你护持教法，以后再付法于麻衣尊者。"

此后，迦叶供养八大灵塔和龙界佛牙，赴三十三天界，凝视佛牙，并置于顶际供养，教诲诸天神应精勤善法，切勿放逸。然后到王舍城中，派使通告阿阇世王，时值王正入睡，遂嘱待王醒后转告，自己登南方鸡足山，于三山头间铺草座，身着世尊之粪扫法衣[97]，加持发愿在弥勒掌教大兴佛法前，令身不坏，并示现各种神变后涅槃。

随后，诸天神礼拜供养，封住三座山头，再三悲叹后消失。当时，阿阇世王梦见王族舅父断嗣，梦醒后听到迦叶圆寂的消息，悲痛昏厥过去，苏醒后即登鸡足山，药叉开启被封山头，国王在迦叶遗骸前礼拜供养，打算荼毗。阿难阻止道："迦叶已作加持，在弥勒成佛兴法前其身不坏，有弥勒之九亿九千万声闻徒众护持迦叶之身躯。弥勒曾开示：'他是释迦牟尼的声闻弟子，是净修功德之圣者，结集了三藏，因此才知道人们身体小而佛身大，此后，弥勒将指着迦叶说：'他穿的是释迦牟尼的法衣。'众人得此开示，净修功德，能证得罗汉果。因此，此遗骨不能荼毗，应修塔供奉。"于是，修塔供奉，仍将三座山头封闭。

后来，阿难答应阿阇世王他示寂时亦将明示，他住居竹林园时，麻衣尊者平安渡海而来，说他来作五年期会，问："世尊现居何处？"回答："已示涅槃。"他听后悲伤地昏倒在地，苏醒后复问："舍利弗等现住何处？"回答："也都已圆寂。"于是，麻衣尊者与阿难等僧众作了五年期会，最后出家，学通三藏。一次，有一比丘作偈道：

任谁活百岁，定如水中凫，
犹如凫见水，独善自生活。

阿难听后作偈回答道：

此语佛未说，只说活百岁，
定是生与灭，曾示二有情。
此土说常者，不信心生嗔。
信则成颠倒，颠倒持经藏，
如牛陷泥淖，彼将成坏灭。
无死想无智，不知闻无果，
邪知犹如毒，能知正闻者，
离果即具慧。

这位比丘将此偈说给其亲教师,亲教师道:"阿难已老迈,记忆亦已衰退,"遂作偈道:

衰老致昏沉,记忆亦衰退。
不能随正念,彼智被老抑。

阿难听到后心想,如果和他辩说,必起争执,故不能往彼师前,而应入涅槃,遂作偈道:

旧主早入灭,新徒不顺我,
我独习禅定,住如从卵生。
我友及诸亲,尽皆已去世,
此处无师友,如何念禅住?

继对麻衣尊者道:"世尊曾付教法于迦叶,迦叶复付于我,现在我将圆寂,今付教法于你,你当护持!"并授记他于"于磨吐罗国的姆容达山,由商主之子罗达和帕达作施主,修建寺庙。在那里有香商贝巴之子名近隐者将会出家,我入灭百年后,他将成无相佛而成就佛的事业,是为佛世尊之授记。"麻衣尊者即承诺照办。

此后,阿难派人通知阿阇世王,自己前往恒河中部地方。阿阇世王在睡梦中梦见伞柄断裂,醒来后得知阿难去世,当即悲痛昏倒,苏醒后即率人去恒河。当时,天神问毗舍离人道:"众生明灯圣阿难,慈悲关爱众有情,彼将涅槃驱黑暗,示寂前往毗舍离。"于是,毗舍离人等也都去了恒河。那时,有位有五百徒众的仙人在阿难面前请求出家,阿难于恒河中间化现出一座寺院,为他授具足戒,使之成为阿罗汉,由于这种特殊的时间处所,人们称他为"日中"或"水中"尊者。他请求阿难,自己要先于阿难入灭，阿难向他授记道："佛曾言'迦湿弥罗国随顺禅定，住处和敷具殊胜，我入灭百年后，当付教于日中比丘，'你应如是去做。"他遂许诺如是照办。尔后，阿难示现各种神变圆寂，其遗骨一半被毗舍离人请去，一半为阿阇世王所得，所谓"愿认智慧利金刚，粉碎自之身躯山，一半赐予世间王，半数则给能仁众"。于毗舍离与嘉那布地方修建了其灵骨塔。

后来，日中比丘依照阿难的授记，为实现亲教师的遗言，前往迦湿弥罗地方，结跏趺坐入定。当时，龙魔作乱，大地震动，猛降暴雨，但他的法衣不为之动，复降箭雨，却化为花朵。

诸龙甚觉奇异，请求颁令指示，他遂道："佛世尊曾有预言，此地应为我所有。"于是龙王将一跏趺所覆九谷之地献给尊者。复问尊者拥有多少徒众，答曰五百罗汉。龙王说："此数如若缺一，则将收回此地。"尊者道："虽然如是，施主因要收回地盘，大家只有在此入居。"尊者为了在这里安置人群，并使之兴旺，遂往盛香山采集藏红花，值遇诸龙作乱，降伏之。龙王问尊者所持教法能住世多少年，尊者答曰千年。诸龙即许诺在尊者教法住世期间，永奉此花。尊者言说："但愿这样。"这样，尊者在迦湿弥罗安立教法后涅槃。

阿难付法于麻衣尊者后，麻衣再传近隐，近隐再传底底迦罗，底底迦罗传黑尊者，黑尊者再付教法给善见后入灭。

(二) 第二次结集

佛入灭后一百一十年，毗舍离诸比丘制定"十事非法"，此即高声呼、随喜行、观旧事、盐事、道路行法、两指抄食、酪浆搅法、座具事、金银事等，是为第二次结集，均属行为方面的戒律。

当时，尚缺为毗舍离所有罗汉所共许、办事心细、具足八清净解脱的人。在具财城中，有位罗汉名叫极成，有徒众五百人。彼等游方，来到毗舍离，适逢分发财物，得到一大份财物。彼等闻知十事非法后，往

普求比丘处，问道："大众可否高声共许？为什么？"答言："毗舍离诸比丘做不顺非法事，大众高声共许。具寿尊者，此为非法。"又问："于何处制戒？"答言"在跋阇。"又问："依何而制？"答曰："依六比丘而制。"又问："将成何堕罪？"答言："将犯恶作罪[98]。长老！此第一事违犯经藏，违犯律藏，远离佛的教法，不入于经藏，不见于律藏，与法性相违，与其示可而行，不如弃置不管，或缄口不语。"长老又问："作犯僧残，可得人随喜吗？"彼又如前作答："如前作法事己，求近侍诸比丘随喜而听可，这亦为可法，故对跋阇六比丘因此而制定堕罪戒。"这样一一作答其他各事：所谓随喜行事，比丘自掘地以为净法行，故对舍卫城六比丘由此而制定堕罪戒；关于盐事，为了生存，非时调盐而食，王舍城中对舍利弗因之而制戒；关于道路行法，去一由旬半地，聚会食物用餐，于王舍城中对天授因此而制戒；关于两指抄食事，用餐之后，食物未作余食，而用两指拾食，在舍卫城中对芒波（信度）比丘因此而制戒；关于病人事，以萤火虫为莲花，泡酒饮用，认为对病人可以是净法，在王舍城中对善来比丘因此而制戒；关于酪浆搅法事，用乳和酪各一升混合搅拌，非时食用以为净法，在王舍城对芒波因此而制戒；关于座具事，对旧座具作如来一卡手（约五六寸）高、新座具不补缀而受用，在王舍城对芒波因此而制戒；关于金银事，以香涂钵，置于沙门头上、坐垫之上，或于道路、十字路口，宣说此钵最为善妙，若投施物于此内，将成大善果。使他人投金银于钵内而受用，故对六比丘等制定弃堕戒。

然后，普求比丘向极成道："你去寻觅地方吧，我当如法援助。"于是，极成往拜具财城的约登、桑喧夏地方（犯戒的）的具财、玛布坚城修灭尽定称心悦的弯月、苏纳城的不败、玛亥丹城的正生、俱生城的奎宿居等师，如前述说。诸师劝他休息，他们愿去寻觅（犯戒的）地方。

此后，毗舍离的诸比丘询问极成的门徒："尔等之亲教师去了何方？"回言"去寻找作摈逐你们的地方去了。"诸比丘道："这做法不妥，世尊临终遗言可以各种方式生活，何故损害我等？"有一门徒道："尔等做非法事，犹如使教法生疮，故当摈逐。"诸比丘恐惧，将祖衣、法衣等送给极成的门徒，让他们从中说情。极成找到摈逐地后返回住处，门徒们劝阻宗教师改变主意说："世尊临终遗言可以各种方式生活，何必做损害他们的事？"极成知门徒受贿，才说这种话，遂作偈道：

由谁延误事，急务故缓作，
远离如理行，此人则趋苦。
彼与我无缘，断离交友相，
彼事不增长，犹如下弦月。
由谁意速作，具慧不迟延，
远离非理事，此土则得乐。
彼与我有缘，不被友舍弃，
彼事则增长，犹如上弦月。

然后，极成入徒众所在的回廊祈愿，以慧智观察，敲击犍椎，召集僧伽，除差一位外，七百罗汉全到，皆为阿难弟子。弯月因入于灭尽定，未听知集会消息。这时，极成心想如果摈除其名而会诵，会有大的纷争，遂宣布不除其名，安排让他合掌坐于老辈身边。弯月出灭尽定起立后，一天神告诉他："与你和亲教师一样的七百罗汉只差一人外全部到齐，即将结集法藏，汝当速往！"弯月以神通来到回廊门前敲门，里面人问："你是谁？"他答道："我是玛布坚沙门，素来多闻严持律，我是其一独来此，名曰调根在门前。"里面的人道："名叫调根的人很多，你究竟是谁？"他释疑解惑，说出是弯月后，才开门让他进去。

人齐后，极成问诸具寿长老如前述说可否高声共许等，念出一部分未除名的比丘名字，告诉大家应摈逐这些人。这样，他详说十事非法，

众人亦作正说，然后摈逐了犯戒的人，并敲击犍椎，召集毗舍离诸比丘，在长辈中提出清除毗舍离比丘的名字，再次详说十事非法，与会者皆说："我等应将这些人清除出去，"故称之为"七百正说"。

这样，为了净除非法十事，于佛灭后一百一十年，在毗舍离城之拘玛布梨等，由法王无忧王（即阿育王）作施主，七百罗汉进行了第二次结集。

（三）第三次结集

对此，经教中无载，故有多种不同说法。有的认为，佛灭度后一百三十七年，有难陀王和大莲花王出世，在白崛城洞窟大迦叶尊者和诸上师尚在世时，有位名叫贤善的罪恶者，装扮作比丘之相，示现各种神通，分裂僧伽，搞乱佛教。时值龙军和悦意二尊者持教，僧伽内部被分成各派。此后六十三年，由犊子尊者结集了佛教。又有人认为，佛灭度后一百六十年，于花开城无忧王出世时，诸阿罗汉用梵语、俗语、讹误语、罗刹语四种语言分别诵读佛典，徒众因此分为十八家，不同宗派的产生使佛教内部混乱。后由阿罗汉和诸异生智者在杂兰院罗寺聚会，结集了法藏。此时，佛已入灭三百年了。然而，《大悲妙法莲花经》中说："我灭度一百年后，在佳那城邬摩罗种姓中无忧王出世，一日内造我舍利塔八万四千座。"有光论师说："以后，国王达磨阿莎迦尸婆与诸阿罗汉，为调伏用俗语、讹误语和鬼语[99]念诵经句的偏颇，又渐次用于其他经典，如方广语经典等，教法遂分为十八家。"笔者以为，前面的说法与上面所引二说略有矛盾。

有人认为，为了消除十八部非为佛语方面疑虑的需要，于佛灭后三百年，在迦湿弥罗国的根巴那寺，由杂兰陀罗国王迦腻色迦为施主，波哩迦等五百罗汉及嚩苏弥札等五百菩萨众，并凡俗班智达二百五十人，或说一万六千人集会口诵经典进行结集，审定十八部所说为佛语。关于分部情况，跋嘉论师认为从根本上说是大众部和上座部两派。也有人说，再细分加上说一切有部，共为三派。而说一切有部认为，第二次结集时，只有说一切有部一派，后来由于用别的语言念诵又形成十七派，所分出之派，非为佛的教法，即非为律仪所摄集，不见于律藏；其义互相抵触，不入于经藏；示句义为其他，不和顺于法性，故非为佛语。实际上，所分出的十七派教典均为佛语，因开示戒律，故见于律藏；因开示增上心，故入于经藏；因与涅槃相顺而示增上慧，故不有悖于法性。同时，彼等加盖诸法无我等三法印，主要唯许佛的语义，由诸阿罗汉进行了区分，各派均出于佛的加持等故，以及《讫栗枳王说梦经》中曾云："大王，你在梦中所见十八人共扯一匹布，乃为能仁教法将分为十八派之征兆，然而那匹象征解脱的布则不会分裂。"因以上原因，故为佛语。

调伏天和罗智堪布许为根本四部。调伏天曾云：

东与西及雪山部，说为超出世间部，
以及说常部等众，此五僧伽大众部。
说有部及钦光部，化地部和法藏部，
多闻红衣弟子及，再加贤胄分别说，
此七说一切有部。住制多山住大雄，
住大伽蓝上座部。鸡胤山及守护部，
犊子部之诸僧众，谓之正量之三部。
只因境义师有别，故成小乘十八部。

若按罗智堪布的说法，则大众部内有六部，说一切有部内有四部，正量部内五部，上座部内三部。其中，因蕴、界、处或一切三时皆说为实有，故谓之说一切有部。彼出自上流世法，系用梵语念诵及他派教法之本基，故为根本说一切有部。该部亲教师是出身于王族、修学受人尊

敬的罗睺罗贤，操梵语，其祖衣二十五条小幅，第九幅以上饰优波罗花、莲花、珍宝、树叶。大众部，也叫僧伽部和多数部，亲教师为出身于婆罗门种姓、修德最高的迦叶，操俗语，祖衣二十三条幅，第七条以上有海螺纹。正量部，因开示阿阇黎之学规，故受众人恭敬，其亲教师为出身于戍陀罗种姓、持律最胜的优婆离，操论误语即阿跋商夏语，祖衣二十一条幅，第五条以上以索孜迦花为特征。上座部，因其圣者种姓系上座，故名，亲教师为出身于吠奢种姓、教化边地有情的圣者迦旃延那，操鬼语即毕舍遮语，祖衣条幅及花饰同正量部。有人认为大众部用鬼语，正量部用平常俗语，上座部用音变讹误语。

十八部在见地方面有较大差别，但总属佛世尊的教法，即所谓"见地有差别，故尔派不同，并非师不同"，"释迦狮子教，分作十八部，定为众生师，往昔之事业。"

如是，第三次结集后，为使诸未得陀罗尼凡夫诵经不致增减走样，使佛教不衰微故，遂记录成文字经函。而往昔只是背诵，并无文字。对此，有人表示不赞同，认为《文殊根本续》中曾云："阿阇世王之子邬巴，用文字记录了佛的一切语教。"另外，《无垢光明论》中亦云："佛世尊涅槃后，诸结集者将三乘教法书之于经函。"是故，疑早就有了书写的经文。

二、大乘之规

依大乘的说法，在王舍城南毗摩罗娑跋瓦山，百万菩萨集会，由文殊结集对法藏，弥勒结集律藏，金刚手结集了经藏。《推理炽燃论》（原注：即清辨所著《中观心要八十颂释》）中说："大乘经为佛所说，根本结集者是普贤、文殊、秘密主（即金刚手）、弥勒等大菩萨，非为我等之根本结集者声闻众，因大乘之语教，非彼等（声闻）之行境。"《般若十万颂疏》亦说："金刚手为千佛语教之结集者，秘密不可思议。"《金刚手灌顶续》中也说金刚手为结集者，是故金刚手对弥勒等人作了"如是我闻……"之结集。

第五节 所结集教法情况

一、关于教法住世时间

有的持律师说："《毗奈耶杂事》中曾云'佛的教法能住世七千年，但由于度化摩诃波阇婆提（佛的姨母）出家，减短两千年，故只能住世五千年。'是说与《杂事》中反复所讲的住世千年的说法相矛盾。"《贤劫经》中云："法住五百年，影住五百年，共住世千年。"《俱舍论疏释·金鬘传》中说："大王！您于梦中，见召集大众，说粗恶语，并惩罚加害，是何因缘？"王曰："此为释迦牟尼佛教法住世千年，后因邪恶论说与惩治等因缘，使教法衰没之预兆。"《俱舍论自释》中也说佛法住世千年。另外，还有人认为《金鬘传》中虽如是说，而《阿含经》则说长久住世，此所谓"长久"，即指千年。

《报恩经》中说："如果如来许可女人入佛教，则正法提前五百年衰没，是故如来意趣并不思及妇女入于佛教。"这是说，由于女人出家，致使佛法住世时间减少五百年。《无尽慧菩萨所示经释》解释"末后五百年"的"末后"说：比如人寿能活百岁，五十岁前为增盛期，身体、智慧、能力等均旺盛生发。过了这五十年，其后五十年，为减衰期，身体、智慧、能力等皆衰弱减退。如是，释迦牟尼佛教法证果和极盛期为一千年，住于此赡部洲中。复将此千年分为两半，前五百年为增盛期，后五百年为减衰期。《月藏经》也说："我灭度后，正法之影（像法）住世两千年。"《大悲妙法白莲经》也说："我灭度后，正法住世一千年，正法之影（像法）住世五百年。"这是说教法将住世一千五百年。《金刚经释》中说：所谓最后五百年，是五个百数的聚数为五百，即指世尊的教法住世五个五百的年数，是故所谓"最后"是具体指五个的最后。《佛意庄严论》中说："有人谓世尊释迦牟尼的正法将住世五个五百年，"这是说住世两千五百年。《十万般若经疏》谓住世五千年，是将每个千年各分为半，故将十个五百作为十品，其中第一、第二、第三个五百年，次第出许多阿罗汉、阿纳含[100]、须陀垣[101]，故谓之阿罗汉品、阿纳含品、须陀垣品，是为"解三品"；复次，第四、第五、第六三个五百年，次第出许多具胜观、禅定、戒律之人，故谓之胜观品、禅定品、戒律品，是为"修三品"；复次，第七、第八、第九三个五百年，次第出许多对法、经藏和毗奈耶导师，故谓之对法品、经藏品、毗奈耶品，是为"教三品"；第十个五百年，唯持出家相而不具纯正见行，故谓"唯持相品"，此即最后五百年。轨范师坚白扎巴（妙吉祥称）云："十个五百年，是指通达对法三期、修三期、教三期和唯持相期，其中第一、三期也称'果期'"。又，《圣者嘎维喜宁（喜友）传》中说："赡部洲人寿命从人寿十岁上增到六百岁，在这一长时期内，世尊释迦牟尼的教法将住于世。"

上面所说住世一千年、一千五百年、两千年、两千五百年等说法，显然是不了义之说，而其意趣之本基针对修行等的衰弱而言，《佛意庄严论》云："正法之衰没，是指修行完全衰弱。"《金刚经释》中也说："正法衰没，是指信解、阅读、念诵、受取经教、说法、闻法、思维等衰弱。"其目的是使应化有情生起悲忧故。

实际上，《能损无垢光母授记经》中所说"我灭度后二千五百年时，于赤面人地方（藏土），正法将兴"，与无著菩萨昆仲等人的授记相矛盾，《俱舍论释》中云："教法长期住世，是说千年后也住世。"故应以此理解为正理。所谓住世五千年，是了义之说。对此，以往昔年代而言，阿底峡尊者认为，师尊于木阳鼠年住胎，木阴牛年降生，土阴猪年成佛，木阴猴年秋末上弦初八日圆寂；萨迦法王认为，火阴兔年（胜生年）住胎，土阳龙年（尊生年）降生，水阳虎年（能喜年）成佛，火阴猪年（遍调年）春三月十五日或秋九月初八日圆寂。对以上年代，印藏历算家和诸藏王精确计算后认为，佛灭一百三十七年后能喜王出世，此后八百年月护王出世，此后二百三十一年多忘王出世，此后七百二十四年，延至八百一十四年间，尼泊尔光铠王出世，此后二百四十二年，藏王赤祖德赞（即热巴坚）出世。在此之前，共经二千九百五十五年。钦·南喀札上师持阿底峡尊者的观点，认为到火阴蛇年，共经三千三百九十三年，至水阳狗年之前，已过三千四百五十八年。

持佛世尊诞生于龙年观点者认为，至尊扎巴坚赞（称幢）圆寂后的火阳鼠年法会时，萨迦班智达计为已过三千三百四十九年；此后火阴牛年举办曲弥大法会时，却嘉上师计为已过三千四百一十年；至水阳狗年（大鼓年），即帝师上师衮噶罗追坚赞贝桑布（即八思巴）赴藏受具足戒之前，已过三千四百五十五年，正好在三千四百五十六年时受戒。因此，果期和修期的六个五百年和教期的四百五十五年已经过去。剩余的年数，尚有教期的四十五年和经藏、毗奈耶、唯持相三期的三个五百年，共余一千五百四十五年。

喀且班钦·释迦室利据木阳鼠年在濯浦的计算和火阴兔年在索那塘钦的计算，作颂曰："秋末上弦月，初八中夜分，时值月落山，能仁示涅槃。此后一千年，七百又五十，二月和半月，如是逾五日。年数三千及，二百四十九，九月又十日，未来教法住。"若按火阴兔年仲春初五日的计算和铁阳马年在萨迦的计算，则至水阳狗年之前，已过去一千八百六十五年。对此，萨迦法王谓"此算法为古印度森陀婆诸声闻报时，每夜有一计时者说'佛入灭已过多少多少年'，系按此而计算。这种算法源自轨范师脱尊珠杰和能乐主二人依摩揭陀旃檀树汁凝结成天然大菩提像时算起，而报时者所说为佛已灭度之年，故时间错乱。后来，印度、尼泊尔、喀且（迦湿弥罗）不少班智达循从此算法，但不可确信，因为这与《无垢光母授记经》中所授记的赤面人地方以及龙树等人授记的年数、诸王的纪年等不相一致。"

《巴协》中将"赤面人地方"认为是汉地。有人按时轮历认为，水阳

狗年之前已过一千六百一十三年，尚余一百八十七年，这显然未解时轮历之密意。又有人按莲花戒的算法，认为已过去两千零四十年，尚余四百六十年，是说未见其根据理由。是故，按时轮历当知自开示根本续至水阳狗年之前，已过两千一百九十八年。至于教法能住世到人寿六百岁的说法，疑指佛的骨身舍利塔能住存到那个时候。

二、授记教法住世时所出持教者

有颂云："迦叶、阿难及麻衣，近隐、帝底、黑尊者，善见七代付教师，是为《杂事》中所说。"对《楞伽经》的偈句"如来涅槃后，由谁持正法"等，在其释文中说："从佛世尊至帝底迦上师之间诸师，与《阿含经》说法相同。此后，帝底迦传毗坝迦罗，再依次传大德菩达烂底、菩达弥达、肋支比丘、苏那哈达、马鸣、麻尸婆、龙树、圣提婆、罗睺罗、森伽南底、罗汉比丘、噶拉夏、古玛惹达、夏雅达、苏班都、玛诺达、哈迦梨迦那雅那夏、狮子比丘，相继传付法位。"

《大悲妙法白莲经》中，佛回答"世尊涅槃后，谁来持教法"的提问时说："阿难，勿忧！迦叶比丘与汝二人将住持我之正法四十余年。于旧坏城大面香山，在名为遍喜园的芦草苑中，将有名为'宇丹巴'的比丘出世，其地复有具喜比丘出世；于邬赫拉山，将有四万四千比丘；于加那吉布城名为遍喜园路，将有马隐比丘；在该城家禽遍喜园，将有无上比丘；在支城五年盛会上，将有一万三千阿罗汉；在金斗城，将有善巧比丘和正胜尊者；于安居城，将有大精进比丘；于北方持香城，将有饮光比丘。彼诸比丘，皆具大神通、大能力、大自在，声名显赫、无畏多闻，持经律论藏、纯正持教、极堪赞誉，能弘广我教。又，于北方的安石城，将有家主名'热巴坚'者出世，彼将供养我身及声闻众，经千劫至贤劫中，将于盛妙庄严世界成佛名普光。又，于北方具盛宫，将有众多婆罗门和在家众虔信佛法，来世生于兜率天，而出家众多不奉行教法，以致堕入邪途。该地将有一具神变力的优婆塞名法增者出世。又，于北方,有一名能生的大乘比丘将出世,彼修复佛塔,以黄金装饰等,将生于极乐世界。又,于边地林区安静王宫,将有名火施的国王,供养舍利和声闻众,并于该地会集阿罗汉三千余人,于北方普生树村广供佛牙舍利,出现不少持戒比丘,皆以三乘入涅槃。彼等皆将大弘我教,故勿需悲哀。"

《楞伽经》中有颂说:"南方白达地方上,具德比丘有盛名,彼名称中呼作龙,能破有无二边执,我教于此世间中,无上大乘彼深说,修证获得极喜地,极乐世界彼往生。"《文殊根本续》中说:"如来入灭后,时至四百年,名龙比丘出,于教信且益,得证极喜地。享寿六百岁,孔雀大明王,彼修得成就,各种论藏义,无实理皆通。至彼舍身时,得生极乐土,最终彼大德,清净证佛位。"这些都是对龙树所作的授记。又云:"比丘名无著,善巧经论义,善辨经藏之,了义不了义。成世智导师,启论具真性,彼所成持明,名婆罗女使。由彼明咒力,生起妙觉慧,为使教长住。彼作经摄义。寿享百五十,命终往天界。圣众围绕中,长久享大乐,最后彼大德,得证菩提果。"这是对无著所作的授记。颂中所说"我入涅槃后,时至九百年",不见于经续。这是汉地轨范师圆明在作《解深密经释》时所写。

授记中又云:"未来时间中,比丘名罗汉,彼为密教师,多闻密续义,善诵药叉咒,修成妙瓶法,"这是对罗汉比丘所作的授记;"多闻比丘者,彼时将出世,亦名玛科师,作我之颂偈,所有妙功德,如实将示说,众心极清净,笃信诸佛教,善修难修密,一如妙吉祥,具德亦具戒,多闻且说法,……证得菩提果。"这是对大德玛底帝陀罗所作授记。"世尊经教于此土,末法世间衰退时,比丘身相之国王,将出于世不须疑,比如名为玛科者,尚有妙花王传世,名有玛字童子王,始终对法生欢喜,有名龙者亦著称,名曰宝生(原注:即宝生寂,也称扇底波)将出世,名有噶字童子称,名有婆字作法心,名有阿字彼大德,爱持世尊之佛教,

具慧功德普恭敬。显示名首有罗字，即是国王又佛徒，能弘世尊彼教义。
名有阿之比丘，彼出家于婆罗门，安住于彼安居城，如是寿享八十春。
名首有阿之比丘，将出世于南方地，彼具智慧寿六十，居于迦希光明城。
名有达字（原注：指达磨格底）出家僧，声名远播南方地，能破外道诸
攻击，持戒精进亦修密。另有出家诸正士，安居僧伽罗之城，非为圣者

名圣者（原注：指圣天），住于僧伽罗之洲，破除外道诸论说，厌离于其
诸密法，彼等亦皆将出现，实堪可畏末法时。名首有陀和罗字（原注：
丹恰扎赛那），善说教法出家僧，名首有罗和婆字（原注：罗睺罗室利），
出家说法彼比丘，能够弘显世尊教，定会出世不须疑。名为黑色彼国王，
名有玛字僧出世，住于遍喜塔园林，能从一切池井中，如实观察佛身影，
将造一切渡船筏，及诸桥梁定无疑，兵器毁身赴天趣。复有萨字和嘎字，
皆在名之首上呼，如是拉字和伽字，亦在名字首上呼，名首亦有一波字，
如善示善是其名，能所二施俱能作，破斥其他一切宗。昔为商人和医师，
二者皆能行布施，名有婆字（原注：指婆斯班都世亲）出家僧，另有波
字和惹字，以及婆字在名首，亦将能造世尊像。名首玛字具慧士，具信
僧人（原注：莎陀迦罗）将出世，示说多种出家语，斯世无量信众出，
一切僧侣有盛名，皆能显扬佛陀教。尔时佛教于大地，全不显示衰退相，
一切悦意诸佛像，将能建造不须疑。一切授记大菩提，将获吾之胜菩提，
如是将成世供处，并能出离三有边。勤修明咒与密续，应知执持善名称，
婆罗门法本性者，兹在下面作诠说：勤修明咒与密续，近住国王之政道，
彼时一切难忍时，将于世间普出现。名有哇字婆罗门，富而智慧通彼岸，
所有此土一切方，因由争斗遍风行，直抵三海之边际，喜与外道作争论，
何故第一主要语，对诸众生求利益，童子众皆作言说，亦诵六字大明咒，
对于无时诸仪轨，开示彼对彼有益，尊胜以及善尊胜，具盛名称胜他善，
具足种姓具足法，净劫之时善遍入，甘露贤妙甘露及，如是成就与善离，
惹迦哈萨戍陀罗，如是生迦尸其他，由此童子所念诵，一切士夫亦将出，

126

彼诸大众皆贤善，具足智慧且多闻。"

又授记说："此后最为出名者，名首为毗婆罗门，出生地为妙花城，彼将胜修明王法；""此后又有出名者，名首阿字婆罗门，是为法义善自在，善说真谛调首领；""此后又有出名者，心作婆罗门法义，名末呢字首夏字，彼将降生玛拉地；""此后又有出名者，南方地区婆罗门，其名首字示哇字，精进勤学世尊法，居于梵塔遍喜园，塑造可意世尊像，其地直抵二海边，成为一切之庄严；此后又有出名者，具财婆罗门首领，其名首字为那字，清净依于南方地，是位诵咒大自在，决定趣向菩提果。"此两则授记，很多方面似合世亲和陈那的情况，但又不像，因它只区分出家人而言，并无事业和性相。

又授记说："中部地带教法者，有名满贤婆罗门，守持律戒秉性贤，住于名城磨吐罗；名首跋字财宝目，诸王赞颂并礼供，此等婆罗门教众，供奉世尊之圣教。""从东大海沿岸起，直至边远旷野边，将出具慧洛赫达，如是北方雪域地。"此授记兴许指出生于雍卓地方的大译师，但此段授记的是国王，故还需考察。这是因为此授记之后，又曰："西部迦尸喜相城，又有名曰顶尖城，此诸城中诸国王，能够显扬世尊教，彼等谓之五狮王。"

此外，佛世尊灭度后一百年时，于具花城中，有无忧王（即阿育王）出世，享寿一百五十岁，他在长达八十七年的时间内供奉佛塔。此后，又有离忧王（阿育离王）供奉佛塔七十六年。此后，勇军王持政七十年。此后，难陀王执政五十六年，其友为婆罗门巴呢奈。此后，月隐王出世，其子藏明点执掌国政七十年，他的大臣遮那迦曾巡游地狱。难陀比丘之后，曾有位名叫旃檀护的人出世，享寿三百岁。此后，有名叫纯陀的国王出世，将焚毁从东方到迦湿弥罗之间的诸佛堂梵塔，杀害诸僧侣。此后，有名佛方的国王出世。此后，有名为普喜的国王出世，享寿三百岁。其子深方将出生于五取城。在雪山以北的拉丹地方，将有名为人中天的

国王出世，享寿八十岁。于汉地，将有名为宝藏的国王出世，能享寿一百五十岁，其国土中，"菩萨具大勇，文殊大光明，显现于彼土，住于童子身"。

于北方，将有名为都如恰的国王出世，享寿三百岁。此后，有名都如恰众敬王者出世，享寿二百岁。

在西方印度国西部的拉达克地方，有名本性的国王出世，将执政三百年。此后，有名叫摇动的国王出世，能享寿五十五年又五月。

对上述诸人，还授记说大都能证得菩提。另外还对许多国王作了授记，恐繁未录。

《怙主现出续》中还说："有一渔夫被鱼噬食而死，转生成瑜伽师达日嘎。他向恒河投去绳索，刹那间变成婆达哈城，其咒力能缚空行和空行母。"还说"在欧日毗萨地方，有大精进士出现，他具加行如摩呢经，他的名字第一组字母的'嘎'字庄严以第一元音，第七组字母的第四字（即'萨'）下加'那'字（即'纳'），此瑜伽自在将获得八大成就。"这是对黑行尊者嘎哈纳波的授记。还说"此师的六位瑜伽弟子，将证得舍弃真身的大手印"。"还将有诸班智达之首的法称和六位贤士出世，他们都将饶益佛教、住于梵行，而证得成就。此后，又有名玛赫拉、僧伽罗、跋恰憍喀、萨哈扎嘎那的人出世，将修行十三年而证正果。其南方阿杂罗瑜伽城，有名龙树的瑜伽师出世，他将一种叫夏那旬巴果巴拉的香树送给波罗王，因此太子去世后，遂有侄儿哇哈那之侄等国王出世"。

《时轮后续》中说："比丘名龙树，一切功德源，饶益诸众生；导师名慧坚，能断修长寿，有徒一万众；十善道成就，圣天菩萨及，月衣马鸣师，以及陈那尊，利他意乐心，谓之莲月苗；无比通达王，名曰跋萨拉，著名黑色王，因陀罗菩提。""有名智慧者，手持杵和铃，饮酒用颅器，喀章嘎禅杖，酒具长腰鼓，骨饰等庄严，师名那波巴。"说以上所授记诸人，都能护持佛法。

有人认为，对于瑜伽装束者没有授记，但上述授记指的正是瑜伽师。总之，他们都能持教讲修，尤有金刚手护持千佛教法，此能仁教法，有文殊、金刚手、梵天、帝释等护守，即《文殊根本续》中所说："能仁灭度后，为护正法故，彼时常护者，将是妙吉祥。"尤其有十六尊者护持教法，即住三十三天的大路尊者（即摩诃泮陀迦尊者）、住于雪山的阿秘特尊者、住于西牛货洲的胜金尊者、住于北俱卢洲的圣跋古拉尊者、住于东胜身洲的婆罗陀尊者、住赤铜洲的迦里迦尊者、住僧伽罗的伐阇罗佛尊者、住支央古洲的罗睺罗尊者、住耶牟那河洲的跋陀罗尊者、住毗呼拉山的能隐尊者、住广面山的那迦希（龙军）尊者、住七叶山的住林薮尊者、住灵鹫山的周利泮陀迦（小路）尊者、住迦湿弥罗的迦罗迦伐磋（金犊）尊者、住底斯的因陀罗（生支）尊者、住黑晶仙林的阿底多（不败）尊者。十六尊者，每位各有许多罗汉簇拥，皆不入涅槃，讲修并护持佛教。

三、所授记者对佛教所作事业

1. 龙树

佛灭度四百年后，南方毗达跛城有一富有的婆罗门，苦无子嗣。一次，梦见天神向他授记："若请来百名婆罗门作法事，供应斋食，可得子嗣。"于是，他按授记行事，虔心祈祷，十月后果生一子，遂请来相师看相。相师察看后说："公子的相虽好，但只能活七天。"他请教解救之法，相师道："若能请来百名婆罗门作法事，供应法宴斋食，能活七月；若能请来百名比丘作法事，供应法宴斋食，能活七年。除此别无他法。"于是，他只好按相师所说办理。快到七岁时，父母不忍睹儿子死去，命奴仆侍儿出外游历。他们辗转各地，曾朝拜喀萨巴尼观音像。一天，来到吉祥那烂陀寺，正值寺内讲学诗学。该寺的婆罗门萨罗哈大师听说有人来寺，命将孩子带到寺中。奴仆向大师如实叙说了出行的缘由，萨罗哈大师道："孩子如能出家，即有解救的方法。"于是，这个孩子当即出

家,大师为他作无量寿摧伏死主法曼荼罗灌顶,命他持诵陀罗尼明咒。他从此持诵不辍,尤在满七岁的那天晚上,通宵达旦地念诵,终于脱离死主,回家和父母相见,二老十分欢喜。

此后,他在萨罗哈大师座前学佛,得到《集密经》等所有密续教授,后以那烂陀寺堪布罗睺罗为亲教师,受具足比丘戒,被称之为"具祥比丘"。当时,他任那烂陀寺僧伽的执事僧,适逢大灾荒,他用点金术获得黄金,用来作僧众的膳费,保证了僧伽的坐夏安居。解制后,僧众看见饿殍尸骨,方知发生了荒年,便问他是如何维持僧众膳食的,他才述说了实情。这样,他因未得僧众许可,使大家过上了违教的邪命生活[102],遂受罚被逐出寺院,命他修寺造塔、忏悔过失。

后来,他获得世出世间诸悉地。那时,有位叫行乐的比丘(即商羯罗),著《明智庄严论》一百二十万颂驳斥大乘,众皆束手无策。他为调伏此比丘,在那烂陀寺说法。当时,见有二童子前来听法,听毕土遁而去。他询问二人是何人,回言是龙。于是,他吩咐二童子取来龙界的药叉泥。二童子向龙王请求赐泥,龙王要求须请阿阇黎亲自来。他知道此次前往将成大义,遂应邀往龙宫说法。在龙界,龙王请求他长期安住,大师谢道:"我来此是为了寻求修造千万佛塔的龙泥,并请回《大般若经》,无暇安住,今后有可能再来。"这样,他获得大量龙泥,请回了《十万般若经》和其他少量经文。相传,《十万般若经》末尾的一点经文龙王未给。后来,他用龙泥造立千万座小佛塔,在诸龙的协助下多数完成,一部分因未再去龙界而未能成就。由此因缘,他得名"龙树"。后来,他在梨喀惹辛派地方,用点金术广行布施。当时,他曾对两位婆罗门夫妇老人布施给许多黄金,两人对他十分敬信。老人还做了他的侍者,随时听受教法,死后转生为阿阇黎龙菩提。

此后,龙树往东方巴扎毗萨地方建造了许多佛堂,又在罗达洛地方建佛堂,他欲将一铃形的岩石变为黄金,被天神阻止。后来,他往北俱卢洲途中,于萨罗摩那城给一位叫孜达嘎的小孩看手相,预言将成为国王。到北俱卢洲后,他将衣服挂在树上,自己在水中洗澡,见衣服被人拿取,急呼"那是我的衣服",相传当地人由此称他为"有我主"。他在那里完成事业后返回,途中见到原先的那个小孩已当了国王,给他供养了许多珍宝,他回赠法宝念珠,以为答谢。此阿阇黎,为佛教事业曾作僧侣的执事,修建许多塔庙,为金刚座修筑石网路围墙,建吉祥米聚塔。在内明论典方面,著主要开示正见、离二边的《中论》,开示正理的《理聚论》,主要开示行的《集经论》(亦名《大乘宝要义论》),由理智开示的《大乘修心论》,警示声闻种姓的《梦境如意珠》,主示在家人行为的《劝诫亲友书》,主示出家人行为的《菩提聚论》。密乘方面,著见行摄要的《密续集论》,抉择正见的《菩提心释论》,开示生起次第的《集密修习法》《集密摄要》《集密生起次第合修集论》《曼荼罗仪轨二十种》,开示圆满次第的《五次第论》等。医方明方面,著《治疗法百种》等。修身处世方面的著作,有教诫民众的《士夫养生滴论》,教诫臣宰的《百智论》,教示国王大乘见行结合的《中观宝鬘论》。此外,尚有《缘起算法》《薰香和合法》《变金术》等许多精品著作。释论方面,有《集密经释》《圣稻秆经摄颂》等。关于《四手印论》,《秘诀穗论》中说非龙树所著。阿阇黎喜饶迥尼洛追在其《入行论释》中说,龙树尚著有一部《集学论》。如是,他在世六百岁,为佛教做了许多事业。

那时,国王塔卓旬,亦名乐行贤,有一子名具能童子,其母给他一件未缝而成的天衣,他说待我执掌国政时才需此衣。母亲告诉他:"你不可执掌国政,因你父与阿阇黎龙树同修长寿辟谷法而获得成就,将与龙树同寿。"于是,王子往吉祥山阿阇黎龙树的住处,请求施给头颅以满足的他的愿望。龙树让王子割下头,王子用剑砍头而不能断,龙树说:"我往昔曾以吉祥草杀害昆虫,方有此异熟业果报应,可用吉祥草割我头。"王子遂用吉祥草割下阿阇黎的头。这时从脖根发出偈语:"我往极

乐世界去，将来复合于此身。"王子拿走头颅，被药叉母夺去，抛到一由旬外。相传头和身躯两不腐坏，每年靠近，最后复合，继续弘法利众。

梵文"那伽祖那"中的"那伽"，意为龙，含义是生于法界，不住常断二边，拥有经教宝藏，具足毁邪显正之见，故谓之"龙"；"祖那"意为成政，含义是能护持正法的国政、调伏罪恶敌众，故谓之"成政"。摄二义为"龙成"，即龙树。《明显句论》中云："是谁离边执，破除常断边，并证圆满觉，得生智慧海；正法宝藏中，甚深真实性，如其所通达，悲心作开示；谁以正见火，焚敌教如薪，世心诸黑暗，一切尽除灭；谁以无二智，一切法语箭，将诸人天众，应化器世间，以及三界处，善作胜方便，世有诸敌军，咸被摧无余。如是龙树尊，彼前虔敬礼。"又有颂曰："为求头而来，由悲施头去，佛子圣龙树，往生极乐土。"

有人认为，《大云经》中所说"我于离遮毗入灭四百年后，有名'龙'的比丘出世，彼能弘我教法，后于净光世界，成佛为智生光如来。"《大云经》中还说的："于南方秃头仙人地方，将有国王名养衰者出世，彼寿八十岁时，将正法损坏，所存无几。在具福城美丽富饶的大沙河北岸扎果坚地方，有位人人喜欢的离遮毗童子出世，彼为显扬如来正法而具我名，于龙种明灯如来前立下誓愿：'为能仁法，愿舍生命，'彼将弘广佛教。"这些授记中均未明说龙树的名字。还有人认为，龙树法名为释迦友，需待考证。《大鼓经》中对龙树所谓的广作授记，亦需考证。

2. 提婆

龙树的弟子阿阇黎提婆，于僧伽罗洲以莲花茎管中化生，被其国国王收为义子。及长，往龙树座前求学，学通一切明处文化和内外宗派知识。那时，外道师麻科（未沸）修大自在天法，取得成就，凡胎所生凡人，无一能和他较量。彼损害佛教，使大部分人改宗外道，并来到那烂陀寺。那烂陀寺众人往吉祥山请龙树前来应对，阿黎提婆许诺由他调伏此外道师。提婆在来寺途中，树木天女向他求施眼睛，他将一只眼施舍给了女神。此后，他战胜了外道师麻科。外道师说："这独眼人像啥呀！"提婆道："自在天虽有三眼却不见真实性，帝释天虽有千眼亦不见真实性，我提婆却一眼悉见三有真谛。"这样，以正法论败外道师，使之皈依佛教，后成一位大班智达。相传此师证得第八地果，但《文殊根本续》中云"非圣而具圣者名"，故当考证。

阿阇黎提婆广示无自性理义，摄《中观四百颂》而著《中观论》《中观断诤论》《成就破妄如理因论》，为开示显密宗轮安立，著《智藏集论》。在密乘方面，为抉择密宗见行，融合显密经教，著《摄行灯论》（或译《行合集灯》）《理智成就净治心障论》。关于成熟灌顶仪轨，著有《四座曼荼罗仪轨集要》。讲示生起次第的有《四座修习法》《智慧空行母修习法》《供献食子仪轨》，讲示圆满次第的有《独木论释难》等。有人还说著有《明灯论释说》，但应考证与时间是否相合。

3. 龙菩提

阿阇黎龙树还有位弟子是龙菩提。他精通内外一切宗派教义，曾亲见本尊，获得长寿成就，相传至今住吉祥山。此师有《密集曼荼罗仪轨》《五次第论释》等许多论著。

4. 旃陀罗阁弥

阿阇黎旃陀罗阁弥[103]，生于东方潘迦罗，青年时即成学者，并成为婆然陀罗王之公主达热的驸马。一次，女仆呼达热名，他想到公主与本尊[104]的名讳相同，知不可同居，遂祈祷本尊宽恕，打算出走，被仆人拿住，询问出走原因，他如实说出。国王得知后说："既然不和我女儿同居，就投入恒河吧！"刽子手们将他投河时，他礼赞度母，度母于河中央化出一岛，并亲自现身，对他加持。至今称之为"旃陀罗岛"（意为"月洲"）。当时，他被一渔夫救起。后来，婆然陀罗王信仰他，以他为供养处。他最后来到那烂陀寺，寺僧问他懂何学问，他回说懂得《跋尼声明论》《名梵赞》和《一百五十颂》三书。众人由此得知他是位大智者，热情欢迎，尊敬承侍。当时，他写了许多医方明等方面的著作，至尊世间自在[105]对他启示应多写大乘教法的论著，于是著《月灯论释》《入三身论》等颇多。那时，有一门徒，系王种比丘，作恶多端。他为了调伏，特写《致弟子书》，并著具有三十二品七百颂、与《跋尼声明论》相同的《声明论》，成为其分支论典，明释词根、音变、字义、邬那等声义以及"苏巴""定"等义，予以调伏。当他作《文殊赞》时，文殊亲临，歪斜着头听闻，故称其赞文为《歪头文殊赞》。

那时，旃陀罗阁弥看到阿阇黎法称所著声明著作《普贤颂》，自愧自己所写著作不如，欲毁之。投入井中时，世间自在观音显形对他说："汝以增上意乐著作，必有大益，从井中取出吧！"他遂捞出文本，此井后称"旃陀罗井"（意为"月井"），相传饮用此井之水，能使人心智锐利。当时，他曾与月称辩论，当日应作的回答，他请教世间自在菩萨后次日才作答，月称感到奇怪，遂尾随观察，见世间自在在教他如何回答，便祈请圣者勿作偏袒，菩萨手指未及缩回，故至今称之为"竖指大悲观音"。如是，旃陀罗阁弥具大功德，曾护持佛教。

5. 月称

月称大师生于南方萨曼那地方，勤学显密经义，依龙树师徒著述而成大智者。他五百生中皆得文殊加被，可从画上的乳牛挤出乳汁，不需手触即能摇动石柱，著有《理聚论释》《四百颂释》《入中论本释》，尤其《中观根本明句释》和《密集注释明灯》最负盛名，如日月同辉，被誉之为"二明论"。

6. 佛护

另有佛护，与月称并称为中观应成派大师，也称"世间共许行派中观师"。阿阇黎跋恰等被称为"经部行派中观师"。智藏、祥密、寂护、莲性、狮子贤等被称为"瑜伽行派中观师"。这些大师都讲说龙树师徒的佛学观点，《明句释》中说："龙树罗睺罗[106]，世之智慧尊，贤人及诸天，咸从其学说。彼宗风盛行，历时颇久远，弟子对其说，深入作研析。从而具智慧，破斥诸外道，护持圣佛教，长期宣说法。"

7. 未沸

提婆的弟子未沸（麻科），也有许多论著，广作弘教事业，生平事迹颇丰。在此恐繁不录。

8. 无著昆仲

无著昆仲出世的情况如下：

《对法藏》中盛传所谓"三次报复"事件：第一次，一外道老妇说她听见佛教有"犍椎声出毁灭语"的说法，应考察"这是否要损害我们"。经外道师们考察，知道经书中有"天龙八部所敬供，三宝胜众击此椎，粉碎外道邪头颅……"语，于是引大军毁灭佛教。第二次，此事之后佛教略有兴盛时，中印度王向波斯王赠送了一件"无缝衣"礼品，此衣胸部有一块似足印的图案，波斯王认为这是对他诅咒的符箓，因此引领大军来毁灭佛教。第三次，此后佛教再次略有兴盛时，一天，两个外道乞丐来到一座佛寺门前，被寺内泼出的沐浴水溅湿了身体，他俩忿而修炼日火法，修成后以日火焚毁了许多佛寺和经典。

那时，有位叫明戒的婆罗门女子，心中想《对法藏》有三次报复毁教的说法，但未言如何兴教，我生为妇女，虽不能以身兴教，但应生子来做兴教事业。于是，她与一刹帝利种姓者同居，生了无著；与一婆罗门同居，生了世亲。孩子出生时，她用牛黄在婴儿舌上书写梵文"阿"字等，做了许多锐利智慧的仪轨。孩子长大后，问母亲"父亲作何事业？"她回说："我非为你们父亲事业而生你们，而是希望你们勤奋修心，振兴佛教。"于是，弟弟世亲往迦湿弥罗，于阿阇黎集贤座前修学。哥哥无著决心修弥勒法而兴佛教，前往鸡足山窟修学。无著修持三年，不见任何证相，心生厌倦而出山，路遇一老妪用棉花叶子磨铁棒成针，遂问："这样如何能磨成针？"彼答言："具毅力士夫，有志事竟成，虽

难若坚持,高山亦可摧。"于是,复回山专修六年,前后共修九年。再次出山,又见滴水穿石和鸟翎锯岩情景,复回山再修三年,共计十二年,仍无证相,灰心而出山。途中见一母狗,下身被蛆虫咬食而腐坏,上身仍在被咬食,遂心生大悲,但想到若除去蛆虫,则虫将死,若不除去虫,则狗将死,于是打算割下自身的肉来喂虫,便到阿赞达城,用锡杖作抵押,借来一把金刀,割下自己身上的肉,怕用手捉虫而致死,便闭目用舌舐取蛆虫,忽然母狗不见,只见在光围中现出至尊弥勒身像。他激动地作偈道:"噫嘻严父救怙尊,虽经千辛不获见,何故雨露云海中,万般煎熬始降霖?"埋怨至尊弥勒:"我百般苦修不得证相,是否对我悲心稍薄?"至尊弥勒道:"犹如坏种子,降雨不萌芽,若无贤善缘,佛临有何益?我始终存在,只是你因自己的障蔽不能见,现你生起大悲心,净除业障,遂得见我。如若不信,你将我捎在肩头上看,能否看得见?"他照做后什么都看不见,遂相信是说。菩萨问他所求,他回说愿弘扬大乘佛法,菩萨让他握住他的法衣,将他带到了兜率天。此天界,一卓格[107]为人间五十年或五十三年,《瑜伽师地论》古释本谓无著住兜率六月听经。阿阇黎狮子贤等人认为,无著在兜率天听受般若诸经和《瑜伽师地论》等许多大乘经教,请求著述开示彼等经义的著作,遂著"慈氏五论"。《要义月光》中认为,以住兜率短暂时间,难以通达深奥难证经义,弥勒以悲心使之通达,才著《现观庄严论》来阐明其奥义。所谓经无著启请后造论之说,乃是狮子贤等人的误说。至于先造论之说,是指其他著作。

阿阇黎扇底波认为《对法集论》亦为弥勒所著。但共认的看法是,无著听受"慈氏五论"后,返回人间,著抉择《瑜伽师地论》或三藏经义的广论"五部地论",其摄义为"二摄论"[108],其中《对法集论》是共通乘显教的摄要。有人又认为,阿阇黎阿跋雅耶所说大乘经论《对法集论》又属共通乘,实为不合。这并无过失,虽是大乘经论,并不违开示三乘义,比如《地论》。

无著将"慈氏五论"录成文字,并著开示《现观庄严论》和般若经义的《抉择分》,还著《宝性论释》《解深密经释》等,证得第三地(即发光地)果位,为佛教做了许多事业。《明句略释》中说:"阿阇黎虽证得第三地即发光地,然为了调伏世亲而开示唯识。"《唯识庄严论》中说:"弥勒无著所言说,亦为龙树所开许,具足量理与经教,二谛之说在此诠。"

此颂的注解说:"弥勒是证得第十地的菩萨,无著是第三地菩萨,而龙树是住于初地的菩萨。"有人引用《地赞释》的偈颂说:"菩萨名无著,为利诸世间,法流禅定力,引生甘露教。合掌而启请,敬礼于座前,听受圣弥勒,倾瓶注甘露。"《入菩萨行论摄义》结束语中说:"圣者无著已达自他宗派瀚海之彼岸,深得法流三摩地之差别,顶礼圣者弥勒无垢足莲而取佛法之要。"因有是说,故云"无著已住法流三摩地,彼在资粮道,虽非圣者,但以因果之名,可谓之圣者。"是说不能成立,阿阇黎狮子贤说:"法流三摩地虽获得于资粮道,但未言其后相,不可认为是凡夫。"《庄严经论广释》说:"法流三摩地,乃为胜解行,是为究竟法。"《僧无自性释说》则云:"法流三摩地,世间法之胜。"此胜法与见道生起于一座,故显然是圣者。

无著有享寿五百岁之说,实际享年一百五十岁,弘广大乘教。

世亲于昔日在许多独觉中发愿弘扬对法,曾在《医经》中所记别能随顺生起胜观的迦湿弥罗阿阇黎集贤座前,受学往昔阿罗汉具静、驼背尊者等所著《七部对法藏论》和《经义摄要》等,著摄其经义的《毗婆沙论十万颂》。《具光论》云《毗婆沙论》系近隐尊者所著,其释论《佛子释》中谓之《毗婆沙讲说海论》,这是形象化的修饰语,并非真名,同样也不能说成《毗婆沙讲说藏论》。

世亲无碍学通《毗婆沙论》和《七部对法藏论》,欲往印度,被当地

守护人阻止，夺走所供毗婆门天王之缘，三次阻挡他出境。后查无什么财宝，仅有一颗不舍求法之心，遂予放行。他抵达那烂陀寺，听说其兄无著写了许多著述，心生反感作偈道："噫嘻无著住林薮，十二年间修禅定，禅定不成著宗书，冗长杂乱满象载。"并诋毁大乘人士和教法。兄长无著听说后，知道这将导致非义邪修，为了回遮挽救，派两名弟子携《十地经》和《无尽慧经》到世亲处，并嘱于黄昏和黎明时，取经给世亲看。二弟子按师所嘱照办，黄昏时，世亲阅经后说："此大乘法，因善而果似无边际。"至黎明，则谓大乘法因果皆善妙，追悔自己贬大乘罪业，欲断舌以悔罪。当他寻找利刃时，二弟子劝阻道："请勿毁舌，尊兄会有净罪之法，请往彼处。"于是，世亲去兄长处。

世亲在无著那里，听受许多经教。二人交谈时，世亲口才伶俐，而无著稍嫌迟钝。世亲问兄何故回答迟缓，无著道："你是五百世的班智达，天赋智慧广大，而我无此慧，须请问本尊方能回答。"世亲请求兄长见其本尊，无著启请本尊后，慈尊对世亲道："你乃凡夫，且曾诋毁大乘，故此生无缘见我，为净治罪障，你当多著大乘经论释典，并诵《顶髻尊胜陀罗尼》，来世可见我。"此后，他对兄长更加敬信，作颂道："我兄似龙尊，我如待雨燕，龙王虽降雨，燕喉未下咽。"他依慈尊弥勒教诲，著《俱舍论颂》，连同供礼一齐送到集贤大师座前。集贤众弟子见之，谓其"著述之年数、腔调等，是对我宗之讽刺"。而集贤则认为他善于著述，修辞佳妙，极为欢喜，为之著释。释论写成后寄给世亲，世亲对其中一些观点据理提出不同看法，再寄给集贤。集贤称"我将用他自己的手擦掉这样的论著"，遂著《答蕴集》回寄，自己准备去印度。世亲闻说后道："阿阇黎集贤是通达毗婆沙宗义的大德，难以使他改变，也无认负的必要，如自然出现的佛塔，任其自然吧！"为了回避，遂去了尼泊尔。

集贤后有阿阇黎僧伽跋陀罗集贤（或谓僧贤）等大批出家弟子，出现僧衣虹光映满虚空的盛况,自己示寂于那烂陀寺。

阿阇黎世亲在尼泊尔见到一个名叫黄努的出家人,身着出家人装束而不守戒律,手中拿出酒瓶,遂感慨地说教法已衰落,心生悲哀,念诵《尊胜回遮经》而示寂,相传其灵骨塔至今犹在。

总之,世亲种姓殊胜,从婆罗门出家成为比丘,五百世为班智达,通达九十九或八十部般若经义,能记诵于心,以麻油浸体,十二日内不停念诵,具足慧世之宝,悲心弘法,而成众生之亲友,即如颂言:"世间智者之尊胜,有如第二佛世尊,众生清净之亲友,能为此故名世亲。"《地赞释》中也说:"无著所成如意树,萌发语枝文字花,花雨润饰成智德,其弟世亲座前礼。"

受到如此赞颂的阿阇黎世亲,依据初转法轮,剖析以理智利剑,著《对法藏本释》;开示次转法轮义为唯识,著《佛母般若经释》;讲说末转法轮为了义法,著《八部品类论》。

另对《十地经》《无尽慧开示经》《迦雅果山经》《六门陀罗尼》《四法经》等许多经作释,还写有《辨法法性论释》等许多著作。《般若八千颂释》中称:"成就明智具德尊,盛称圣者无著名,由彼抉择造深论,并由所造论著力,分别实与不实义,善巧通达智慧高,世亲则造诸释论,广说经义得正解。"

9. 安慧

阿阇黎世亲的亲传弟子,著名的有四位。其中,善巧对法的是阿阇黎安慧。世亲住居跋伽毗达罗时,坐于注满麻油的铜锅,口诵八十部般若经,有一鸽子常来听他诵经。此鸽死后,投生为边地扎玛地方的一个成陀罗种姓的儿子,刚一出生就问"我的阿阇黎现住何处?"问他:"你的阿阇黎是谁?"回说"是世亲"。其父到中印度向商人们打听,听说世亲还在世,待儿子稍长,即送到世亲座前。世亲从字母教起,悉授一切明处,使之成为智者。安慧幼年于那烂陀寺,向度母手上献上豆新[109],

念请度母食用,但豆薪滚落,复献复滚落,心想度母不吃,自己也不能吃。这样,将所有豆薪供完,尽皆滚落,孩子遂哭起来。这时,度母现身,安慰他:"莫哭,我将加持你,请回家吧!"自此,他变得智慧无碍,此度母像后称之为"豆薪度母"。相传安慧背诵《宝积经》四十九品以前的全部经文,并著其释论。当时,他的智巧美名胜传各方,阿阇黎功德光的施主室利哈夏王曾问法称论师:"当今谁最智巧?"法称作偈道:"我王所敬师,德光是智人,作论诸师中,首当推安慧。"阿阇黎安慧著有《俱舍论释·霹雳雷》《对法集论释》《八部品类论释》等多部论著。

藏地有的学者说,外道乞丐修日光成就法焚毁佛经后,阿阇黎安慧能将《宝积经》背诵出来,但他有自他二心分立的现象,仔细衡量,自心重于他心,由此引生我慢业力,受生为猪身,细听猪的嚎哼声,似在说"我是昔日智安慧,因我慢业受猪身,此生一死赴兜率"。然而我想,这种说法一则时间不合,二则佛所授记住持教法的士夫,不会因业力而往生恶趣。相传安慧的弟子是满增,满增的弟子是孜那牟扎和尸烂陀罗菩提等,这当作考证。

10. 陈那

世亲弟子中,善巧精通因明学的,是大德陈那(译言方象)。陈那出身于婆罗门种姓,初师从可住子部[110]一位亲教师出家,精通声明名言术语。一次,向亲教师请授禅定窍诀,师谓观想蕴聚之外不可诠说之"我"。他如法而修,而"我"不可得,遂想这是因内外诸障所蔽,于是于四方点燃灯火,露出裸体,睁眼观察十方,仍不能觅得"我"。他的做法被法友转告亲教师,师问他何故如此,回言在寻找"我"。亲教师认为他厌离自宗,让他离开。他虽能以理申辩,但未能允许,遂离开出走,后到世亲座前,勤学三乘,成为智者,尤其精通唯识学派宗义和因明学。后来,陈那认为众生痛苦的原因为不明清净义的无明,为予破除,生起对治智慧,著《俱舍论释》《无边功德赞释》《察所缘论》等,零散著述多达百种。

因这些论著零散,欲归纳一起,写出一部集量论典《集量论》,遂在方象山窟岩石上用石灰写下偈颂:"我欲集量利众生,如来尊前虔敬礼,为成量论遍汇集,零散自著集于一。"写出如是礼供誓词时,大地顿时震动,大放光明,发大声响,并出现外道师腿僵直等奇兆。当时,他的住处附近,有一名叫黑色能胜的外道师,以微细神通观察,知是陈那的能力所致,心生嫉妒,趁陈那托钵乞食之机,两次擦去岩石上的偈颂。陈那第三次写好偈颂,颂末附言:"是谁擦我偈颂语?若是嬉戏开玩笑,因有大用请勿擦。若是嫉妒而擦拭,颂在心中不能擦。若因有错欲辩论,请即现身我奉陪。"复又如前出现奇兆,该外道师来擦时欲辩论,坐等陈那。

陈那乞食归来,与外道师相遇,双方做下败者做胜者弟子的保证。辩到第三轮,外道师败,陈那要外道师皈依佛教为徒,外道师羞恼,口吐火焰烧毁陈那的一切资具,并将烧及陈那。陈那心生悔意,心想自己欲利一切有情,而现不能调化一外道师,故当现行自利寂乐,遂将石灰抛向空中,石灰尚未落地欲放弃发心时,文殊现身道:"弟子!不可不可!与下乘相遇,其业当生恶慧,当知汝之此论著,外道众不能损害。在汝证得菩萨地前,我将为善知识。汝之论著,将成为诸论唯一之慧目。"有人说,他被当即摄受。法胜的《量决定论广释》中说:阿阇黎陈那于一寂静山窟勤修时,有时厌离轮回,欲放弃利乐有情之心,而求独自解脱,文殊刹那来到面前,对他道:"弟子!随顺恶生,心亦他转,汝有利乐一切有情心,何故舍之!"陈那回言:"世尊!轮回多有难忍之苦,不能忍受,心亦喜非正士行为而动摇,汝见而不作加持,我将奈何?"文殊道:"弟子!直至尔证菩萨地,我都作尔善知识。"说毕消失不见。迦湿弥罗的杂尼那室利论师所著《疏释》中则说"直至尔证佛地前,我都作尔善知识。"阿阇黎陈那著有《集量论》及其释论,降伏一切外道,使佛教弘扬兴盛。

11. 自在军和法称

陈那的弟子阿阇黎自在军，精通诸明处，亦著《集量论详解》。其弟子法称，出身于南印度称之为"胜顶宝"地方的一个外道婆罗门家庭。幼年善通声明，于舅父外道师未取童座前受取外道婆罗门出家资具，遭舅父责骂而被驱逐，于是决意使一切外道归于失败，遂皈依佛教出家，学习经论，尤于阿阇黎自在军尊前，发誓听讲三遍《集量论》。听受第一遍时，即与自在军的领受一样；听第二遍时，体会与陈那一样，并感觉出自在军所许之错误，要求听讲第三遍，自在军道："陈那无如我一样的弟子，我无如你一样的弟子。本来除讲一遍外，无讲两遍的规矩，现已破例讲了两遍。我唯讲此论无益，尚有班智达的其他事情要做，请备布、油，晚上再讲。"他如师所说照办，对果随因之差别更加通达，向师述说悟理，阿阇黎喜道："汝可纠正我宗之误，著一部《集量论释》，"遂作随许。

后来，阿阇黎法称为了通数论外道的诸秘语，化装为奴，给舅母作仆，尽量使之喜悦，要求询问宗派之要点，要她与丈夫同睡时问询牢记，并在舅母腿上系一绳索，嘱她"凡遇难点即拽绳，我可善加体会和书写"。从而他对外道宗派要点悉得通达。当时，他宣布若有智者，可来辩论，但多数纷纷逃遁。有前来辩论者，均以法理论败，将他们置于佛道，遂特作偈曰："设我法称之，讲说日没落，诸法则昏死，非法还应起。"其他人也赞颂他："外道种姓通声量，击灭论敌逝于空，名为达玛格底[111]之，彼上师前虔敬礼。"

后来，法称次第游历各城地域，最后抵达繁花王的宫门前，王问："现在谁是智者?"他作偈道："具智慧者为陈那，以及旃陀罗阇弥，善巧诗作及修辞，鲜花盛开具富乐，尊胜诸方除我谁?"国王道："是法称吗?"回言："正是。"国王即请他入宫，作其施主，著"七部量论"[112]，最后又著《释量论》的第一品自释本《释量论自注》。

据说这些论著曾寄往各地的讲学寺院，多数人不得其解，一些能看懂的人也因嫉妒而故意说有错，甚至将论著系在狗尾上。阿阇黎法称云："我著将如狗一样遍行诸城之大街小巷，从而将得弘传。"他在《释量论》前言中写道："多数人喜欢庸俗的论著，由于乏智不解善言密意，并由嫉妒垢污变为嗔恨而抛弃。因此我并无利他之意乐，但心则长期串习善言，为引为己任而对此心生喜悦。"

此后，法称委托班智达帝释慧为之疏释。帝释慧第一次将释本送给法称审阅，阿阇黎用水洗掉；第二次呈阅，又用火烧掉；最后一次送呈，附言"因无福分缘，时不我待故，为串习总摄，作此难义释。"阿阇黎法称阅后道："虽尚未完全解释出引申密义，但已解释出字句显示之义。"他认为人们还不能准确无误地领会其论理，遂在《释量论》的篇末附言："恐如海纳百川，融入自身而湮没。"

12. 释迦慧等

帝释慧的弟子释迦慧，著《释量论释》。释迦慧的弟子为光慧。有人认为法称的亲传弟子是杂摩梨，曾得《释量庄严论》的经教传授。杂摩梨的弟子为调伏天，调伏天的弟子是法胜。而《疏论》中则云法胜是法源施（曲江金）和善护（格尚）的弟子。相传杂摩梨曾著《释量庄严论广释》，调伏天和能乐喜（德协噶瓦）对七部量论著有释论。

13. 圣解脱军

阿阇黎世亲的弟子圣解脱军精通般若学，曾为数大寺院住持。他是古如古列的酋长、阿阇黎佛民（桑杰邦）之侄，是位证得极喜地的大德，曾聆听佛现身说法，为示般若义，对《现观庄严论》作释，著《般若二万五千颂》和《般若二万光明论》。而有人认为《般若二万光明论》这一释论是解脱军弟子所作。

14. 狮子贤

关于阿阇黎狮子贤的史事是，往昔在东方竭地洛迦林，一大树上有

一树神,该地一牧人逾时未归,其妻是位容颜美丽的女人,去寻觅丈夫,与树神媾和,生下一子,人才出众,取名果波罗。其父给他珍宝,他以此法宝统治了周围一切地域,并兴建了那烂陀寺。他的一位不太受宠的妃子为了取得权势,向一位婆罗门求赐学问法术。婆罗门从雪山采得药物,包封盖印后交给女仆带回。此药因药台滑倒坠地,被水冲走,渐次流入大海,被龙工取得吞食,遂成统领诸海的龙王。后来,这位龙王与失药的王妃私会,生子吉祥法护。在良辰吉日献供时,王子现出蛇头。国王见大怒,欲治罪时,出示扳指,见指环上出现龙界文字,于是心生恭敬,将王子抚养。后来,王子欲建一座更殊胜于其他的殿堂,请问相师。相师告诉他,用沙门修善和婆罗门的衣布作灯蕊,从王宫和商人家取来酥油,从苦行圣地取来灯盏,燃灯置于本尊前,虔心祈祷,护法神的变化身将会抛出灯盏,应在此地点修建殿堂。他按相师所说做后,果然一只乌鸦飞来,口衔灯盏抛向海中,他因此心灰意冷。晚上,出现五蛇头龙王,对他说:"我乃汝父,当海枯时可修建,汝当大供四十九天。"他依照所说献供,第二十一天时,果然海水干涸,遂建欧丹达布梨寺。

这位国王有四子,分别是国王、班智达、得道者和暴君。他怕幼子缺乏财宝,将宝珠给了幼子。此王子生子瓦波罗,是位有愿力敬信《般若经》者,他偷取父亲的宝珠献给一位宣讲《般若经》的比丘。这事被父亲发觉,说:"宝珠应为国王所有,比丘应寡欲知足,而你不是这种人。"说罢,手扼比丘的喉咙,夺回宝珠。这位比丘临气绝时,发愿转生为自己的弟子王子的儿子。后生地护王,极信《般若经》,派人到处访求能讲《般若经》的人。当时,阿阇黎狮子贤,出身于王族,出家为僧,精通内外一切宗义,尤其长期串习修学般若经义。他向自己的亲教师遍照贤(南囊桑波)求学弥勒修习法,如法修持,梦中见一位着红色僧装、威仪庄严的比丘,对他授记去东方喀萨巴梨地方。梦醒后,遂往彼地,斋戒三日，观察梦相，在黎明的梦中，见欧丹达布梨寺的毗哈梨神殿上空浓厚云层中，现出本尊的上半身，献有种种供物，问："做此何为？"回言："为至尊弥勒讲说《般若八千颂》而做供养。"他长时观看，见至尊弥勒面容金色，顶际以佛塔庄严，右手结说法印，遂顶礼供养，并问："慈尊论著今有多种释论，当随顺何种？"慈尊道："汝应善通一切论典，对于所许当总摄综合为一种论著。"得到写作的随许，醒后做大供养，为寻求撰写论著的施主，从东方来到西方。恰逢地护王迎请讲说《般若经》的人，听说狮子贤博学，派使迎请到国王处。狮子贤随顺圣解脱军的释论，著《二万颂摄义》八章、《八千颂广释》《般若显义释》《般若摄颂释论易解》《般若修法》等。他在所著《八千颂广释》中说："以吉祥法护为施主。写地称作支迦都迦的三热寺。"而阿阇黎智源慧（喜饶迥尼罗追）则说："阿阇黎狮子贤为利益有情，宣说般若经义，见多种释论所说彼此抵牾，心生厌烦。此时，大悲慈尊为消除他的烦恼，遂讲说《现观庄严论》等薄伽梵母般若。"

15. 法友

阿阇黎法友，十七年间得到善知识的喜爱教授，虽说梦中曾得弥勒摄持，实则他自己从四部善巧释论中获得要义，尤依二圣[113]的释论做讲说，他在其《广释》中说："此释系据圣无著等的论说而写，应为正量。"又有颂说："依圣解脱军，得见教义门。"

16. 佛智

法友的弟子为阿阇黎佛智（桑杰益西夏）。此师曾得文殊灌顶，在僧会中，被阿阇黎隐密（桑哇）取掉双眼，堪能忍受，从而获得日夜能视之眼，经弟子古那牟扎劝请，著《摄论释》，并得《密集经》经教传承，著十四法，即《文殊教言》《成就法普贤集》《普贤母》《自我成就生起法》《种种轮法》《宝焰法》《根本大智》《偈颂藏》《解脱明点》《善提心明点》《吉祥论》《入第四法》《食子和烧施法》《供养仪轨》

《曼陀罗仪轨》《净水灌顶修习法》等。

17. 功德光

阿阇黎世亲的弟子功德光，对律经比世亲更为精通，《毗奈耶广释》中称他是"持一切有部律戒之大德，是位婆罗门阿阇黎，通达自他二宗彼岸，如来律法甘露使之成为大智王，勤奋修学如来正法心要"。他具足苦学功德，著有《律经》《羯摩一百零一论》《菩萨地戒品释》《律经自释》等。有人认为《羯摩一百零一论》为调伏天所著。也有人说，功德光是近隐尊者的弟子，或为善见的弟子。然而，他们非同时代人，故这些说法有误。

有人认为，上部律戒传承，由善见传不还，不还传累牟拜，累牟拜传功德光。但是说当需考证。相传功德光享寿四百岁。

关于功德光的弟子是释迦光的说法不确，《具光论》[114]中说："我师索南扎（福称），常住摩揭陀，成为一庄严，获得美誉名。从彼听受法，著书说律仪，依据三明师，解说作开示。"又说："诸师愿常住，我师寂光尊，忆念我始作，显明教义释。"这些都说释迦光是索南扎巴（福称）和寂光的弟子。《三百颂》中说功德光的弟子是释迦友，但《三百颂》及其释本《具光论》为释迦光所著。有人认为，法友对律经做广释，他是功德光的弟子，还说释迦光的弟子是具狮面（僧格当坚），具狮面的弟子为孜那牟扎。这些说法尚待考证。

18. 寂天

关于佛子寂天（希瓦拉）的历史，有七种奇异的传说。有颂云："本尊喜住那烂陀，示迹圆满破诤辩，事迹奇异度乞丐，降伏国王外道师。"当初，在南方域科桑波（意为"贤善国"）地方，有国王名善铠，生子静铠。王子静铠青年时期学诸明处，尤在上师古苏鲁座前求学锐利文殊成就法，认真修持，得见本尊。其父去世后，在他登基王位的头天晚上，梦见自己翌日将登基的宝座上，坐着至尊文殊菩萨，对他道：

"孩子!这是我的座位,我系汝之善知识,我二人同坐一座是不合理的。"梦醒后,知自己不宜掌管国政,便逃到那烂陀寺,从五百班智达之首座胜天(加维拉)出家,取名寂天。此师德行内隐殊胜,勤闻教法,精修禅定,著述精深,但在外表上除食、眠、行三事,其余无所事事,故人称"三想僧"。大家只见其外表,认为出家人应以三轮净业为重,而他全不具备,不该享用信众所施财物,应予逐出,遂想让他诵经,自行离寺。于是,命他诵经,他回说不会。此事禀报亲教师后,他才答应诵经。有些人不知这是为何,心生怀疑,为做考验,在广庭众人之中敷设高座。他不知不觉到座前,用手一按,即上座上,问道:"念常诵经呢,还是念不常诵的经?"众人回言"念未传诵的经"。他心想《集学论》太长,《经集论》又太略,若诵文简义广的,最好是《入菩萨行论》。于是从该经智慧品的"何时能通达,实与非实义"起诵,身体同时向虚空逐渐升高,直到隐而不见。但诵经声不断,直至诵完全部经文。这样,诸证得不忘陀罗尼者深感奇异,想他何以能诵七百颂、一千颂,乃至千余颂,而且"经典《集学论》,应再三细读","或暂做摄略,应观《经集论》"之类前所未闻。后听说他住南方吉祥功德塔处,派两名比丘去迎请,他见比丘后授记说:"在我住房的椽隙中,有班智达所书小楷《集学论》和《经集论》,此即《入菩萨行论》一千颂。"遂将这些论著的讲修经文传承授给了二比丘。

后来,他来到东方,在一次大辩论中,运用神变和解了一切争端,使彼等咸获安乐。在距离摩揭陀国西部不远的一个地方,有五百持外道邪见者,一时因遭灾断粮,受饥饿煎熬,遂宣布谁能募化来食物,即推为众人之首。阿阇黎寂天得知后,将米饭满盛于钵中,作法加持,使外道徒众取食不尽,得以饱腹。于是诸外道徒放弃外道邪见,改宗佛教。

又,有一千多名乞丐,一度饥渴交迫待毙之际,阿阇黎寂天收养他们,并为之讲经说法,置彼等于安乐。

此后，东方阿梨毗夏那国王受摩遮罗国侵扰，生活穷困。有人欲暗害寂天，进谗言加害，要国王杀害他。寂天为保护财施不断，当了国王的护卫。同伴见他手结文殊印，举着木剑，向国王进言："这是个狡诈的人，请看手中的武器！"国王听言大怒，要阿阇黎呈上宝剑。寂天回说"这样会对大王有害"。国王坚持即使有害也是天命所定，一定要呈上。寂天只好说："请王闭一只眼，只用一只眼睛看。"国王答应后，阿阇黎抽出木剑，放射出耀眼剑光，射得国王不堪忍受，结果射瞎了一只眼，急请饶恕，最后皈依佛法。

此后，寂天来到吉祥山的南部，修称为"邬祖麻"的一种密行，身着乞丐装，裸体浴身，以残余烧食为生。当时，喀底毗哈罗国王的女仆迦遮罗哈倒浴身水，将水溅到阿阇黎身上，只见水顿时沸腾起来。那时，外道师香迦罗提婆向国王奏说，他于后天，在天空画出大自在天曼荼罗，佛教徒若不能毁坏，将烧掉佛像经籍，使之投入外道门。于是，国王召集僧众，宣布此事，但谁也不能答应毁掉曼荼罗，国王一筹莫展之际，女仆讲述了她先前所见情形，国王急命寻找寂天。大家到处找寻，最后在一棵树下找到，遂告知原委，寂天说他能毁，让准备一瓶水、两匹布和火种，大家照吩咐准备停当。第二天晚上，外道师画线而去，大家感到疑虑。第三天上午，外道师绘画曼荼罗，刚绘到曼荼罗东门时，寂天入于三摩地，顿时刮起狂风，卷走曼荼罗，草木房屋亦皆将吹走。外道师四散奔逃，如惊飞的小鸟，大地一片昏暗。俄尔，寂天眉间放射光明，为国王、妃子照亮去路，只见个个衣装不全、满身尘埃，遂用备好的水洗涤，用新布裹身，燃火取暖，舒适如常。随后，又毁去外道庙堂，使他们咸归于佛门。传说至今称该地为"外道涂败地"。

阿阇黎寂天自认为是凡夫，但阿阇黎益西迥尼（智源）称他是圣者，那波巴（黑色尊者）亦称他是"亲近顶礼文殊莲足的阿阇黎"。寂天著作主要有三部，即开示广说的《集学论》，开示摄略的《经集论》，义广而

148

词略的《入行论》。关于《入行论》的释本，据说在印度有百余种，而译成藏文的只有八种。

19. 波腻尼等声明师

《楞伽经》中授记说："著述声明者，则有波腻尼。"《文殊本续》中说，由获证菩提的记别者婆罗门波腻尼等人著述声明的历史中讲：最先于三十三天天界，天神萨跋杂尼（遍智）造出一部《声明大论》，供天神们使用后泯灭，未传到南赡部洲。后又帝释天王造声明著作，称之为《因陀罗文法》[115]，由木曜仙人学通后向诸天神之子传讲，木曜仙人被称为"天喇嘛"或"声明师"。木曜自认为最善巧通达声明学，心生骄慢，帝释从大海中取来一瓶水，用吉祥草尖沾出瓶中的一滴水，对木曜仙人道："总而言之，声明学如大海，我所知不过如这瓶水，而你所知仅是这草尖上的一滴水。"木曜听后心灰意冷，不想再学声明。帝释对他道："尽管如此，你当仅所知讲学。"他不敢违命，除四吉日不讲外，其余时间继续讲传。至今，婆罗门认为"初八定损师，十四毁弟子，三十坏明智，初一毁一切"，有护守四吉日的旧规。这部声明学著作由此传布到南赡部洲，一度盛行。

后来，这部著作又泯灭失传。这时，婆罗门波腻尼出世，他很想学声明学，请相师看他的手纹。相师说依他的手相学不会声明，他遂用利刃在自己掌上刻画出应有的手纹，到处寻访声明师，但一时未能找到，便修摩诃提婆成就法，得以亲见摩诃提婆。摩诃提婆问他的要求，他回说欲通晓声明，摩诃提婆遂对他加持，相传当他诵读"啊""哦""邬"时，顿然通达了一切声明学。佛教认为，修观音法可得加持而通声明。是说与授记相合，《文殊本续》中有颂曰："婆罗门子波腻尼，定获声闻菩提果，此为我所作授记。彼复顶礼观自在，修其本尊大明咒。"

阿阇黎波腻尼曾著两千颂的声明著作，名为《波腻文法》。对此，一龙王著十万颂的释论《摩诃跋喀》曾极流行。后来，行乐王有位略懂声明学的妃子，与国王同浴时，国王向她洒水，妃子用古梵语说："麻摩达噶司遮!"意为"不要对我洒水"。国王未听清，误听为"取芝麻食品来"，即命仆人向王妃献上芝麻做的面饼。妃子感到羞愧，心想和这牛一样的人作伴，不如死了还好，欲寻短见时，国王问起原因，她说出了真情。后来，国王的舅父萨跋哇玛向国王说，他修昴宿童子法，获得语自在成就，王若如此，亦将通晓声明，并嘱王妃不可轻生。于是，国王照舅父所说而行，得到王妃的欢心。萨跋哇玛继续修持，亲见昴宿童子真容，问他何求？回说欲学声明，昴宿童子遂向他讲授声明，从"悉帝哇那萨玛罗耶"讲到第十五品时，他心生骄慢，向昴宿童子说"现在可以了"。昴宿童子听后，忿而乘骑返回，其坐骑孔雀转尾时说："迦拉波!请原谅!"所谓"迦拉波"，是"部分聚集"之意，因如同于孔雀翎，故称。

后来，萨跋哇玛向国王讲授声明，国王学会后，妃子亦喜悦。对于未齐全的声明学，萨跋哇玛和婆罗门胜爱加以增补，形成四百颂二十四品。对此，班智达难行狮子做了注释，继由班智达扎觉（满称）著《声明释利益后学论》。后又有《因陀罗文法》，由旃陀罗阁弥（皎月居士）的舅父法民著六千颂的释论。对此释论，由阿阇黎仁钦罗追（宝慧）做了一万二千颂的疏释，复由班智达瓦冈哇（月满）做了三万六千颂的详解。后来，班智达拉杂室利摄迦拉波声明和旃陀罗声明之要义，著《拉杂室利文法》。后世，班智达弥底[116]著有益藏土的《口剑论》。

如是声明论著以及诗词、歌舞、医学等方面的详细情况，参阅其他著作可知。

20. 记述不完整之原因

有关所授记大德以讲、修之门住持教法情形，当今仅存部分而不完整，如《正理论》所说"清净摄事哀残故，所以应知非全豹"。《苦蕴经》《能现所问经》《上师经》《阿难经》《迦叶经》等许多典籍，在世亲菩萨住世时已经毁没。此外，《宝积经》原有十万品，现仅存四十九品；《大集经》原有十五品，现仅存《宝顶经》等八十九品；《大方广佛华严经》亦原十万品，现仅存四十多品；《楞伽经》原本三万六千颂，现仅存三千六百颂；《大乘密严经》原本一万二千颂，现仅存一千三百颂；《大云经》原本十万颂，现仅存少量数品；《三摩地王经》仅存十五卷，而且其中一卷残缺，从一到一百颂中仅一到十品完整；《涅槃经》及《正法念处经》末篇未译竣；《首楞严经》原本十万品，现仅存一品；《如来大顶髻经》《大证悟经》《月藏所问经》等亦原有多品，现皆仅存一品，尚未译出，原先所译法本已泯灭。此外，从许多梵本广释中所引经教也都消失不见。还有《大瑜伽行地经》等经典存于天界，一百俱胝颂的广本《般若经》存于寻香国王的尊胜宫，一百亿颂的中本《般若经》存于帝释天宫，十万颂的略本《般若经》完整地存于龙界。

密宗经典说有四千种《智慧金刚集续》、八千种《行续》、四千颂《分别续》、六千种《二俱续》、一万二千种《大瑜伽续》、一万四千颂《无上大瑜伽续》。各续又有许多根本续和讲说续等。此外，在能动世间有《喜金刚续》五十万颂、《密集续》二万五千颂、《胜乐广续》十万品（原注：存于天界）、《胜乐后续》十万颂、《时轮续》一万二千颂（原注：存在香巴拉）、《瑜伽随明续》三万六千颂、《幻化网续》一万六千颂（原注：存于克什米尔的哇苏跋罗龙王处）、《大密续》一万八千颂、《红色阎曼德迦密续》三十万颂、《度母现生密续》七百品、《马头金刚续》七百品、《不空绢索续》七十万颂等，相传分别存于天界、香巴拉国和乌仗那国。

另外，在印度、克什米尔、尼泊尔、黎域[117]、汉地、波斯、赡巴迦、猕猴国、金目国、柔玛（原注：在香巴拉国）、然玛、铜洲（原注：在印度）、僧伽罗洲（原注：在印度）、支央古洲、雅目那洲、金洲（原注：在印度）、月洲、麦加、斑鹿国、吉姜、象雄、勃律、吐谷浑国、苏毗、萨霍尔、西夏、绛域[118]、裕固（原注：在汉地方向）、托噶尔、乌仗那、

飞行地、盲人地、佐罗、迦陵迦等广大地区，以及藏族地区，佛教时兴时衰，都存有完整或不完整的佛教三乘典籍。还传说许多佛经存于龙界，皎月居士的《致弟子书》中说："教法如胜宝，妙好无残损，彼为清净相，如龙头宝冠，咸获人敬仰，能为诸众生，消除诸翳障。"

第六节　教法最后之衰毁

《月藏所问经》中说："月藏问世尊薄伽梵：'最后正法将如何毁没？由何因缘而衰没？由谁使之无存？'佛说：'我涅槃后五百年时，将有众多奉行我教法的清净解脱有情出世。继后五百年，将出现许多修禅定者，国王和百姓大都信奉佛教，而很少退信失修者。此后五百年，将有众多宣说正法、引导众生得解脱的阿阇黎出世，但声闻阿罗汉却很少，国王和普通百姓仅能闻法，不能精勤修行，信念退减，诸护守正法的护法神心生不悦，不如往昔对诸不信佛者产生威力，赡部洲诸国王将彼此交兵，发生战乱。嗣后五百年中的前三百年间，行持正法的天龙神众等不住此土，有情不信教法，行持教法者不按佛典而行，缺失精进，成就稀少，四显色[119]将互混不清，香、味等亦减淡，瘟疫流行，灾荒大起，人畜遭损。后二百年间，诸比丘将不依法而行，于世争名夺利，悲心减退，戒律废弛，诽谤如法正行，贪图享受，劫夺财资，依世俗王道执掌国政，充当国王信使，寻求差事，离间臣民，绞尽脑汁从商图利，即使行正法者，也言行不一，口头空谈，装模作样。那时，一切欢喜正法的天龙神众皆舍离如是行非法比丘之处所而不住，毁法魔障将临此间，为非作歹，君臣等信仰减退、善恶不分、挑剔正法、盗劫三宝及僧伽财物，不顾忌作恶犯罪，毁坏佛像佛塔，供养资具减少。斯时，只有少数地方依如法正行比丘和在家信众之福力，及时降下雨雪，禾稼丰收，人疾畜瘟不多，疆土安宁。但善信不住之地，则多出现各种痛苦不安。到那时，在印度及印度以外地域，将出现名叫耶婆那、波罗波、尸古那的三位国王。彼等不奉行正法，领兵作战，西方和北方疆域，多处被战火毁没，该地塔庙，皆遭毁坏，所供资具及三宝财物，皆被掠夺。三王彼此残杀，国政不宁。将有一度，三王媾和，政统为一，集中兵力，强占印度恒河北岸的干陀罗和摩诃提夏等地区。那时，恒河南岸的果乌罕跋地方，有王名摩罕陀罗赛那，生有一子，名叫跋拉萨哈，眉间有黑痣如铁，手腕以下色如涂血。与此同时，五百大臣亦各生子，手腕以下色亦如涂血；国王的马厩中，生下一能言小驹，是夜天降血雨。国王以上述现象问征兆于具五神通的仙人相师，相师预言："大王!汝子于赡部洲大地杀戮流血，后作赡部洲王。"王子长至十二岁时，先前的耶婆那等三国王率兵三十万众进攻摩罕陀罗赛那王国王。大兵压境，国王忧苦，王子跋拉萨哈问父王忧苦之缘由，父王说明三王领兵来战，以此不乐。王子听后劝父王勿忧，说他能退敌，国王听后连称甚好。于是，王子统率诸臣之子，集兵二十万众迎敌。作战时，王子眉间黑色铁痣生长，全身成铁人，愤怒无比，顿时破敌而凯旋。国王道："孩子!你能战胜三王的如此大军，甚好。今后由你执掌国政，而我出家为僧，"遂将王位传给儿子。后来，新任国王领兵与三王交战达十二年之久，许多敌军被俘投降，三王亦被擒遭诛，他成为统辖赡部洲的大国王。后来，这位国王问诸大臣："我今做赡部洲王，心中虽喜，但曾杀戮许多有情，罪孽深重，委实不安，应以何法，净除此罪？"诸大臣道："巴扎利布达国有一精通三藏教法的阿阇黎，是婆罗门阿耆尼达多之子，名曰洛玛坚（有徒），住于寺中，若能请来，可净罪过。"国王大喜，派人请来洛玛坚比丘，恭敬顶礼，求教净罪之法。此师谓他："十二年中，一心供养三宝，虔诚皈依，即可净罪。"于是，国王召请赡部洲所有比丘，聚集于憍尝弥罗国，竟使他地一时不施法行财资。诸比丘于前来途中，有的被野兽、野人所害，有的被水冲走。这样，约有十万人来到聚集地，国王大舍供施。此后，诸比丘互相交谈询问："汝师为何名、门徒走何处、有何同戒伴友"等。当说起被野兽和野人所害，被水冲走和染病而死等情况时，各个悲哀挥泪，呜咽搥胸。国王见状，安慰大家勿作悲伤，众人不听劝慰。国王不悦，私自去就寝，临睡时发愿："世间僧侣难为依怙，我愿亲见罗汉真容。"入睡后，世间神在梦中向他授记："此去犍陀摩罗山，有苏惹那夏之子，名曰蒂波（柔和），是位已证罗汉果位者，迎此师来，可净罪障，亦释疑惑。"国王梦醒，当即遣使迎来圣僧，顶礼供养。后在十四日夜晚，僧众集会，启请诸新来比丘的亲教师洛玛坚宣讲戒律。洛玛坚道："兹人如盲，复无鼻耳，纵有明镜，亦复何用。如是，我虽说戒，汝不依戒而行，不如法守护，说戒何益？"这时，罗汉蒂波如狮子吼般说道："吾自受世尊法戒以来，直至今日，如吉祥草般细戒亦未曾触犯，故莫如是说，当为大众说戒。"亲教师洛玛坚知他是罗汉，遂极惭愧，哑口默坐。接着，洛玛坚的弟子比丘臂严从座起立，对阿罗汉道："汝既无律仪亦不知戒，吾师通达三藏，为何轻侮！"遂怒而打杀罗汉。此时，有位喜爱正法名叫酷面罗刹者，手持金刚杵，怒斥臂严"因何杀害罗汉？"并以杵击杀臂严。接着，罗汉的弟子格热杀死洛玛坚。于是，诸比丘互相残杀，最后无一幸存。

斯时，虚空界天龙等护法神众大都心生不悦、悲痛哭泣，泪成血火之雨，降下大地。虚空亦成黄、黑、红等显色，电闪雷鸣，发大声响，都玛格德星[120]放出黑烟，使日月等光不显。这时，三十三天诸天神及大幻化母等降临，大生悲戚，收回诸僧伽之所有衣具，携返三十三天。后来，国王问如是喧哗之声从何而来？属下回说是僧众内乱，相互残杀。国王不悦而起，黎明时分，外出赴寺查看，只见僧众有的头被断，有的截肢，有的被剜目，各种惨相，目不忍睹。国王无限悲哀，寻找到罗汉和三藏师洛玛坚的尸体，挟于左右腋下，悲痛地说道："罗汉为我母，三藏是法库，二师皆已去，我命有何惜！谁欲掌国政，我即付与彼。"说毕，紧闭双目不视。诸大臣为消除国王的忧苦，找来五百人扮作出家人，发须刀不能剃，便用火燎，然后蒙上黄色和黑色牛皮，领到国王面前，说是找来了五百名出家人。国王喜悦，睁目一看，只见个个蒙着牛皮，发须被火燎光，即命拿来供养三宝资具，并供养众人。然后，国王向他们问法，但竟连一句佛法都回答不上。国王复生忧苦而泣，只好收殓诸比丘尸身，荼毗后供奉。到那时，赡部洲所有正法将全部泯灭。随之，黄金变劣银，或变为砾石；白银变为劣铜，或变为顽石；黄铜变劣铜，珍珠变作骨角，六味仅剩苦和酸两味。

《僧增授记文》等中还说：到那时，神像等被请往龙界，一切文字自然剥蚀，各种衣料变得粗劣，诸味仅剩苦涩二味，一切珍宝将尽没，彼国王亦因佛法泯灭而悲伤致死。这些亦说佛法仅住世两千年。法友所著《现观庄严论释》中说："这些显然是系指以往发生之事。总之，教法泯灭之因，乃为佛的愿力完尽，教法应化的众生已完。其缘则是沙门见行废弛，檀越对佛法的信仰减弱，诸魔及魔类神众、饿鬼等从中扰乱，由此三缘，使教法终归泯灭。"其实在上面因缘中第一因的两个方面即说明了世尊教法毁坏之因。《世间施设论》中说："教法泯灭是在人寿减至四十岁时。"恰译师则说："人寿减至三十岁时法灭，"然未见是说之根据。《妙法莲华经》中说："如来释迦牟尼之正法泯灭后，诸灵塔下沉，直至黄金地基，待娑婆世界珍宝匮乏时，彼等灵塔变为称之为'顶慧'的吠琉璃宝，以消除贫困。此后，彼等灵塔上升，至色究竟天之间，降下各种花雨，从彼等花雨中将发出三宝声等各种法音，欲色两界诸天神闻此法音，顿时忆念起往昔善根，降临赡部洲，安置诸人于十善行中。又，诸花于虚空变成各种珍宝，亦降于娑婆世界，平息娑婆世界诸有情之争斗等，人间无病年丰，凡有情见、触或享用彼等珍宝，皆不退转于三乘，彼等灵塔复又入住于黄金地基。如是，刀兵、饥馑、瘟疫等三中劫出现时，诸灵塔复变为帝青宝，上升至色究竟天，如前降花雨，传法音、降宝雨，消除一切逆缘，尔后复降至黄金地基。"《善友传》中说："当赡部洲诸人至七百岁时，十六尊者[121]将于此土，汇集所有一切释迦牟尼教法，造七宝塔，一切来会诸人，共同绕塔，跏趺而坐，齐诵'南无薄伽梵如来罗汉正等正觉释迦牟尼佛'，恭敬顶礼。尔后，彼等尊者亦无余涅槃，七宝塔亦下沉至黄金地基，随之世尊释迦牟尼之正法亦将泯灭。此后，将有七俱胝数的独觉出现于世。后在众生人寿增至八万岁时，弥勒如来将出现于世。"《菩萨藏》中说："从人寿十岁至弥勒出世，为上增劫，期间将有八万独觉出现于世。"有人说："释迦牟尼如来入灭后，经五十七俱胝年时，弥勒佛方出于世。"

佛陀教法大宝炬，已成福善功德藏，
只因时缘减遇合，犹如鲜花渐萎谢。
如今教法不常住，寿命不固如风烛，
烦恼死神具魔力，故应勤修佛教法。
思此释迦比丘众，此世不应舍正定，
如鹦布顿著此要，此善愿速谒弥勒。

注释：

[1] 劫：佛教指一很长的时间单位。松巴《如意宝树史》中，用年、小劫、中劫、胜劫、大劫五种单位计算其时限。认为每劫有成、住、坏、灭四劫；又说有佛法的叫光明劫或贤劫，无佛法的叫黑暗劫。

[2] 婆罗门：古印度将人分为四个等级，依次是：婆罗门（贵族僧侣）、刹帝利（王族）、吠舍（平民）和首陀罗（奴隶）。等级极为森严，

禁止不同等级间交往、通婚等。

[3]授记：即预言。也译为"记别""悬记"。

[4]吠陀：意译明论，指印度古典宗教文化书籍。此处指吠陀派，是古印度的一教派名。

[5]发心：即发菩提心。是指誓愿利益一切有情、一心向佛、决心成道。

[6]十不善：指事业的杀、盗、淫三不善，口业的诳语、恶口、两舌、绮语四不善，意业的贪、嗔、痴三不善。

[7]五无间罪：指弑父、杀母、杀阿罗汉、破坏僧侣和合以及恶心出佛身血五种罪恶。

[8]拘留孙佛：过去七佛之第四佛，贤劫千佛中的第一佛，相传人寿六万岁时出世。

[9]拘那含牟尼佛：过去七佛之第五佛，相传人寿四万岁时出世。

[10]住劫：四中劫之一。松巴《如意宝树史》称：二十成劫、二十住劫、二十坏劫、二十空劫，如是八十中劫，成一大劫。

[11]二胜弟子：指弟子中最有智慧和最具神变能力者。

[12]十三事：此处指二胜弟子的诞生地、种姓等十三事。

[13]毗婆尸佛：过去七佛之第一佛。

[14]作赞欲得：想得到别人的财物而赞赏其人的东西。为五邪命之一。

[15]矫诳：装模作样。

[16]增上生：人天善圆满福报的助因。

[17]定胜：永久安乐，泛指解脱位和一切智位。

[18]余三：此处指六度中除布施、持戒、智慧三度之外的忍辱、精进、禅定三度。

[19]上五：指作为福德资粮的布施、持戒度，作为智慧资粮的智慧度，再加忍辱、精进、禅定三度，将六度总分为五分，认为智慧度前的

五度为"上五",认为皆可归纳到智慧资粮中。

[20]白净法:指善法。有四种,即不为保命或为戏谑,故说妄语;存心正直,于诸有情,无谄无诳;于诸有情,作导师想,如实赞叹;摄引弟子,向往菩提,不趋小乘。

[21]薄伽梵:佛的别号。意为出有坏,"出"谓超出生死涅槃二边,"有"谓有六功德,"坏"谓坏灭四魔。下文中多译为世尊。

[22]四无量:指慈、悲、喜、舍四无量。

[23]五神通:指天眼通、天耳通、神足通、他心通和宿命通。

[24]四摄事:指布施、爱语、利行和同事。

[25]四无碍解:正确通达诸法性相的四种智,即法、义、词和辩才四无碍解。

[26]二资粮:福德和智慧资粮。资粮指成佛的善业。

[27]三十七菩提分:指四念住、四正断、四神足、五根、五力、七觉支、八圣道支。

[28]二止观:寂止与胜观。

[29]吠陀:古印度宗教文化典籍,主要有祠祀、禳灾、赞颂、歌咏四大部分内容。

[30]迦利沙钵那:钱量名,一颗可当四百钱。

[31]暖位:加行道四位之第一位。

[32]色究竟天:第四静虑的第八处,称密严刹土,为金刚持和报身佛的住地。

[33]《译例》中条:译例三条中的第二条。《译例》,是吐蕃赞普赤热巴巾时期制定的关于译校佛说部和论疏部两类佛典籍的三条规章。中条即第二条,内容属不翻译密乘母续经典的有关规定。

[34]毗卢遮那:即大日如来,也称遍照佛、明照佛,与不动如来、宝生如来、无量光如来和不空成就如来,并称为佛教五佛。

[35]寻香乐师：天界司伎乐之神。

[36]尼连禅河：古印度河名。释迦牟尼于此河沐浴，后坐菩提树下成道。

[37]长净：八关斋戒之一。

[38]那由他：大数名。一那由他等于千亿。

[39]蓝毗尼园：古印度净饭王国中的一名胜花园，为释迦牟尼降生处。

[40]仙道王：古印度南部一国王，住胜云城，与释迦牟尼同时代，后传位于子，自己随释迦牟尼出家，成为比丘。

[41]四分时：一夜的四分之一时间。

[42]马阴相：如马阴，阳物不外露之相。

[43]阿閦鞞数位：亦译阿閦婆，一大数名。

[44]阿伽罗婆罗：一大数名，等于两个阿閦婆数。

[45]俱卢舍：古印度长度名。一俱卢舍约500弓长度，相当于250尺。

[46]遍入天神子：遍入天，梵名毗瑟纽，古印度婆罗门教徒所崇奉的造物主。

[47]四大天王：东方持国天王、南方增广天王、西方广目天王、北方多闻天王。

[48]不净观：五停心观之一。为对治贪欲心，观想自身及他身不净的观修法。

[49]帝释：三十三天之主。相当于汉族神话中的玉皇大帝。

[50]鬼宿：二十八宿之一。

[51]悉达多：意为义成，释迦牟尼出家前的俗名。

[52]毗舍离城：古中印度一城名，第二次结集经典处。

[53]无所有处：无色界四处之第三处。修禅者达到此处境界，所缘皆无所有，故名。

[54]摩揭陀国：古中印度国名，国都王舍城。

[55]影胜王：释迦牟尼在世时摩揭陀国国王。

[56]百衲衣：亦作粪扫衣。指一种从垃圾堆中拣取破布片缝合而成的衣服。

[57]鸠荼：一种啖人情气之鬼。

[58]摩睺罗伽：一种蟒神，亦称大腹行。八部鬼众之一。

[59]罗刹：恶鬼之总称。

[60]他化自在天：欲界六天之第六天王，为欲界之主。此天王夺他所化妙欲资具而自己享用，故名。

[61]地坚母：掌管大地之女神。

[62]四定：即四禅定。每一禅定各有不同境界。

[63]余行：亦名喜乐子，古印度一外道师名。

[64]遍行者：古印度一外道教徒，亦称活命外道徒。

[65]八圣道分：亦作八正道。指正见、正思维、正语、正业、正命、正精进、正念和正定。

[66]见道：三道之一。初生无漏智，照见真谛理义之位。小乘俱舍宗讲其有八忍和八智之十六心。

[67]"此是苦也……"等：指示转的"此是苦也，此是集也，此是灭也，此是道也"，即示四谛之四相。

[68]"苦当知……"等：指劝转的"苦当知，集当断，灭当证，道当修"，即劝谛之修行。

[69]"苦者我已知……"等：指证转的"苦者我已知，集者我已断，灭者我已证，道者我已修"，是佛自举己为证的说法。

[70]眼、智、明、觉：见道十六心中的八忍八智：四法智忍为眼，观见之义；四法智为智，决断之义；四类智忍为明，照了之义；四类智为觉，警察之义。《毗婆沙论》七十六曰："眼者谓法忍智，智者谓诸法智，明者谓类忍智，觉者谓诸类智。复次，眼是观见义，智是决断义，

明是照了义，觉是警察义。"

[71]说一切有部：小乘有部，信奉《大毗婆沙论》，承认无为和有为三世，过去、现在和未来三时诸法，其体皆实有，故名说一切有部，为古印度佛教四宗派之一。

[72]声闻四果：指预流、一来、不还、阿罗汉等四果。

[73]灵鹫山：在古印度摩揭陀国王舍城中，释迦牟尼曾于此山说法。

[74]楚译师：指楚布译师绛巴伯（1173－1225），西藏噶玛噶举派楚布寺高僧，其弟子森巴钦波为本书作者之师。

[75]清净佛土加行：般若七十义之一，属三十六加行法中的一种。主要讲佛开示般若经时，授记各听法者于何处成佛，所应教化的有情是哪些等。

[76]阿赖耶：意为"藏"，指能含藏一切事物种子。为心识中的第八识。

[77]摩那耶山：在南印度，为波澜河和伯陀罗河河源。

[78]毗舍离城：义译广严城，在中印度恒河边，今作毗萨尔。

[79]等起：欲有某种行为的心思、动机和念头。

[80]四神足：三十七道品中资粮道所证的四种功德，即欲定断行具神足、心定断行具神足、勤定断行具神足、观定断行具神足。

[81]迦旃延：佛陀释迦牟尼的声闻弟子之一，传为教化边土众生弟一，是小乘根本四部中上座部的创始人。

[82]修善四果：同声闻四果。修善亦称沙门，指勤修破灭烦恼、消除轮回之苦善法者。

[83]五处：指身体的顶际、喉间、心间、脐间和秘密处五个部位。

[84]未生怨王：即阿阇世王，佛在世时为古印度摩揭陀国国王，住王舍城，佛灭度后曾作施主，集中五百罗汉结集佛法。

[85]阿泥律陀：译言"不灭"，释迦牟尼座前十大声闻弟子之一，称为"天眼第一"。

[86]罗婆迦城：意为发声城。

[87]巴特那：原文译音"加佳那布"，意为华氏城。系印度古城，在今比哈尔邦东部的恒河南岸，有2 500年历史。公元前3世纪时为阿育王首府。阿育王即位第十七年，在此举行第三次佛典结集。

[88]修夏：也称坐夏。按佛教律制，比丘须于夏季安居三月，足不出户。

[89]满慈子：又作富楼那。释迦牟尼十大弟子之一，为说法第一弟子。

[90]犍椎：亦译"打木""檀板"。用旃檀木等制成，两端刻有蛤蟆头形。是用来集合僧伽的响器。

[91]憍梵波提：译言"牛主"，初在释迦牟尼座前出家，后为舍利弗弟子。

[92]普喜六法：指财、食、资、具、利、济等。

[93]杜多功德：通过后天学习而得到本领的修行功德。

[94]三十三天：帝释所居天界。

[95]筹木：举办法会时，计算僧侣人数的木筹码，用怪柳木制成。

[96]四他胜罪：比丘四种根本罪，即不净行、不与取、杀人和妄说上人法。

[97]粪扫法衣：即百衲衣。用垃圾堆中拣来的布片缝制成的袈裟。

[98]恶作罪：五堕罪之一。五堕罪是：他胜、僧残、堕罪、向彼悔、恶作等五罪。

[99]鬼语：介之于梵语和俗语之间的一种语言，也作毕舍遮语等，是古印度四大语族之一。四大语族是：梵语，也称天语、善构语；俗语，也称土语、巴利语；鬼语，也称毕舍遮语、罗刹语、中间语；讹误语，也称阿跋商夏语、音变语。

[100]阿纳舍：意为"不还"，小乘声闻四果中的第三果，指已断欲界九修所断，不须返还欲界中者。

[101]须陀垣：意为"预流"，小乘四果之初果。

[102]邪命生活：指比丘不依法规乞食自活，违背有关规定而生活。

[103]旃陀罗阁弥：译言八戒居士皎月，亦称皎月居士，公元7世纪印度一声明学家。

[104]本尊：旃陀罗阁弥的本尊为度母，度母咒的首句是"达热"。

[105]世间自在：即世自在、观自在、观音菩萨。度母为其变化身相之一。

[106]龙树罗睺罗：对龙树的誉称。

[107]卓格：语意不详。郭和卿译本作"时分"，谓一时分为一昼夜的八分之一。

[108]二摄论：即《对法集论》和《摄大乘论》。

[109]豆新：一年新收获第一次食用的豆类食物。按佛教习俗，先应敬献神佛。

[110]可住子部：亦译犊子部。为小乘声闻十八部之一，与鸡胤部、守护部，并称正量部。

[111]达玛格底：法称的梵文名。

[112]七部量论：即法称对陈那《集量论》的七部注释本：《释量论》《定量论》《理滴论》《因滴论》《关系论》《悟他论》和《诤理论》。前三部释因明之本体，后四部释因明的组成部分，总称为"三本四支"。

[113]二圣：据下文，指无著和解脱军。

[114]《具光论》：郭和卿先生译本中作《沙弥颂释具足光明论》，为说一切有部论典。

[115]《因陀罗文法》：古印度十大梵文声明学著作之一。作者帝释天王，亦译释提桓因。

[116]弥底：藏语名耶西扎巴，译言智称，传为阿底峡尊者上师之一，11世纪中叶来西藏，因同来译师死亡，自己不懂藏语，一度流亡民间为人放牧牛羊，后在康区传教，用藏文写成《口剑论》，亦译《语门武器》，

主要讲述梵藏语言的词汇、语法规律。

[117]黎域：今新疆南部昆仑山以北和塔克拉玛干沙漠之间地区总名。包括和田、且末、民丰、若羌等地。历史上，主要指和田和于阗地区，这一带佛教曾十分流行。

[118]绛域：指云南省丽江一带纳西族聚居地区。

[119]四显色：指青、黄、赤、白四种颜色。

[120]都玛格德星：九曜之一，即彗星，亦作计都星。

[121]十六尊者：指受释迦牟尼之命，住持佛教的因竭陀尊者等十六位罗汉。

 第五章　藏地佛教

第一节　前弘期

关于藏地人类最初出现情况，《胜天赞释》［原注：阿阇黎喜饶果洽（智铠）所著］中讲，杰桑五子（原注：释迦族人）[1]与十二敌军交战时，汝巴底王带领其军士一千人，乔装为妇女，逃入大雪山丛中，后逐渐繁衍为藏人。藏地传说（原注：藏地初无人，到处是非人，卦师治世间，后由牟杰赞普女妖占如扎、罗刹叶夏蒂哇、龙王冈波等统治。此后，猕猴与罗刹岩女繁殖出人种，出现玛桑九兄弟、二十五小邦、十二小邦、四十分散小邦等），藏人由猕猴和罗刹岩女繁衍而出。这些详细情况，请阅其他史书。

关于藏王世系，有人说其王嗣来自憍萨罗国波斯匿王[2]之子五节，有人又说坚影王[3]的幼子小力之子为五节。也有人说，当藏人受诸魔和十二夜叉小邦迫害之时，白萨罗国能现王生下一子，睫毛盖住眼皮，手指间有蹼相连，国王惊恐，将此儿置入铜盒，抛入恒河，被一农夫拾得收养。长大后，他听到自己过去的历史，心生悲哀，逃往雪山岩间，渐次越过拉口神山，来到赞塘果玉[4]地方，被当地本教徒看见，说他沿着天索和天梯而来，是位天神。后又问他是谁，回说是赞普；再问他从哪里来，他手指天空，彼此不通语言。于是，众人将他置于木座，四人用肩扛抬，让他做"我等之君长"，尊为聂赤赞普，是为藏地最初之王。（原注：初建雍布拉冈宫，由措牟辛之布加改变本教，调伏松巴本徒阿央加瓦。）聂赤之子牟赤赞普，牟赤之子丁赤，丁赤之子索赤，索赤之子耶赤，耶赤之子达赤，达赤之子同赤赞普，以上共七任赞普，总称为"七尺王"。在最末同赤王时期，笃本[5]兴盛。

司赤赞普生三子（原注：长子夏赤，次子止贡赞普，幼子恰赤，称布德贡加。止贡与其臣战，有胜，被臣下所杀。三王子逃往工布，成为工布和娘布之王，被大臣洛岸擒。三子之母梦中与一白人交合，生下一血球，球中出一子，名因生，后被拥立为王，称布德贡加，制服大臣洛岸。此王之时，出现种植农作物、冶炼金银、架设桥梁等），第三子洽赤，称布德贡加，其子俄肖勒，建秦瓦达孜宫寨，是为藏地最早之宫寨。俄肖勒之子代肖勒，代肖勒之子古日勒，古日勒之子仲杰勒，仲杰勒之子妥肖勒。以上共六王（原注：相传墓地在天，身体如虹而逝），称之为地上"六勒王"。

妥肖勒之子为嘉萨南森代，其子代诺。从天王[6]起（原注：嘉萨南森代、代诺及以后的奥楚雍赞、赛诺兰代、赛诺波代、代果南、代加勒、代森赞巴，共称"八代王"。此后有加代热隆赞、赤赞或称赤扎邦赞），至赤脱杰脱赞之间，共传二十六代。

拉脱脱日年赞在位后，寿至六十岁时，一天从所住雍布拉岗宫宫顶天空降下一宝箧，开箧一看，内盛《佛说大乘庄严宝王经》[7]《百拜忏悔经》和一座佛塔，遂起名"玄秘神物"而供奉，由此寿至一百二十岁。是为佛教正法传入藏土之始，此前国政由本教治理。此王在梦中曾得授记："再过五代，将有知晓此箧经典之人。"此王之子赤年桑赞。赤年桑赞之子卓年德日（原注：患麻风病）。卓年德日之子达日年色，双目失明，执政后供奉"玄秘神物"，双目得以复明，见虎山上盘羊行走，故取名达日年色[8]。此王之子即南日松赞（原注：此王在位时，从汉地传来历法和医药）。

南日松赞与其妃蔡邦氏直萨托噶于火阴牛年生一具足相好的王子，头顶上自然住有阿弥陀佛（原注：降生于强巴不变宫），取名赤代松赞，常用彩缎包束头上的无量光佛像（即阿弥陀佛像）。十三岁时（原注：父王驾崩），执掌国政，征服周边一切小邦，向他贡献礼物函件。

那时，藏土没有文字，他派吞弥阿努之子和随行十六人去印度学习文字。他们向班智达天明狮子学习声明，根据藏语创制三十个辅音字母和四个元音字母，并参照迦湿弥罗字体，于拉萨玛如宫堡始创藏字，造八部语法书。藏王自己闭户四年，专事学习。嗣后，译出《佛说大乘庄严宝王经》《百拜忏悔经》和《宝云经》等。那时，还听到民众指责藏王的话语，遂制定十善法规，置民众于正法中。由此，属下向他上尊号曰"松赞干布"[9]。此后，松赞干布派人从印度请来自然生成的蛇心旃檀十一面观音像；与泥婆罗光铠王之公主赤尊成婚，公主带来不动金刚佛像（原注：八岁等身像）、弥勒像、旃檀度母像；与汉王（原注：唐太宗）狮子王之汉公主（文成公主）成婚，公主请来幻现的觉卧像[10]（原注：十二岁等身像）。后来，赤尊公主欲建佛殿，但未能修成，知藏地地形如罗刹女仰卧，须要镇伏，于是在魔女右肩上建噶察寺，左肩上建昌珠寺，右足上建藏章寺，左足上建仲巴江寺，此即四翼四寺；在右肘上

建贡波布曲寺，左肘上建洛扎空厅寺，右膝上建噶扎寺，左膝上建扎都麻则寺，此即镇边四寺；在右掌心上建绛蔡地方的隆南（镇风）寺，左掌心上建康区的隆塘度母寺，右脚掌心建芒域地方的强真（慈云）寺，左脚掌心建门域的本塘寺，并建坝卓杰曲等许多寺庙殿堂。还在最初的卧塘湖修建石堡，用木钉橛作支架，涂以龙泥，役使山羊驮土填湖，在其上建成拉萨羊土幻现寺（即大昭寺），于北墙房间安装屋板，供奉自然生成的十一面大悲观音像。后来，藏王到汉地五台山，建成一百零八座佛堂，汉公主建小昭寺。

当时，印度阿阇黎古萨惹、婆罗门罕噶罗、泥婆罗阿阇黎尸罗曼珠、汉地阿阇黎大天寿和尚，以及译师吞弥桑布札及其助手达磨果夏、拉隆多杰贝等，译出许多经典，并予审定。

此位藏王（原注：在藏地划分四如和东岱，南征洛和门地，西平象雄，北讨霍尔，东伐杂弥辛弥等，将许多地方均归于治下。八十二岁于土阴鸡年去世），传为大悲观音之化身和黎域二大德的转世，有其历史传说。此王执掌国政六十九年，八十二岁时驾崩。与此同时，汉公主谓将释迦牟尼佛像从小昭寺请到大昭寺北墙房间隐藏，用泥涂抹殿门，上绘文殊像。说毕，与赤尊、藏王一起，三人同时融入大悲观音像中而逝。诸大臣遂按遗嘱调换了觉卧佛和不动金刚佛二像的位置。

藏王松赞干布之子为芒松芒赞（原注：为蒙萨赤尊所生，执政五年，十八岁去世）。其子为贡松贡赞（原注：执政十五年，二十四岁去世）。贡松贡赞之子为都松芒波杰（原注：水阴鸡年生，执政二十九年后去世，藏土出许多贡品、乐器和七大技艺人），亦称洛南楚王。此王之子为赤德祖丹，曾建拉萨喀扎殿、钦浦南萨殿、达普喀拉殿、多麦地区的林曲赤则殿、扎玛地方的迦曲夏果殿、旁塘的噶麦殿、瓜曲的宛穹殿、扎玛的真桑殿等，由占嘎牟拉果夏和聂杂那鸠摩罗译出《百业经》和《金光明经》两部经文，并译出星算、历药等类书籍，规范教法规制，（原注：

此王六十三岁时去世）。赤德祖丹之子姜擦拉本，迎娶汉公主金城为妃，但姜擦拉本死（原注：传说姜擦拉本被大臣所杀），金城与其父成婚，并寻找回释迦牟尼佛像供奉。

这位藏王于土阳马年生下一王子，具足相好。藏王为教法事前往旁塘，小王子被藏妃那南氏夺去，成为那南氏之子，称之为赤松德赞。赤松德赞幼时，曾派遣桑希等四人去汉地求法取经。当时，有位具神通的和尚说藏地派来的使者中有位菩萨的化身，详说其相貌特征，并捏制出其面具像。使者抵汉地，皇帝优礼接待，赠送给许多经典，还派一位和尚同他们一起返藏。当他们返回后，藏王（赤德祖丹）已去世，因王子年幼，由大臣们专权，破坏了佛法规制，信奉佛法者被驱逐，欲将释迦牟尼像送回汉土，但用三百人未能运走，只好埋藏在沙土下，将拉萨（大昭寺）作为屠宰场。那时，那南家族掌权的杰塘拉巴背裂而死，觉珠吉俄嘉贡焦渴而死，人称这是将佛像埋在沙土下的报应。于是，又将释迦牟尼佛像用两头骡子驮运到芒隅的吉仲地方。当时，还毁掉了喀扎和真桑两座佛堂。

那时，巴兰扎地方拔萨囊先祖的后裔中，有兄妹两人同时死去，汉和尚为之做法事。一年后，转生为子（此即拔萨囊）。及长，被王子派往芒隅任隆布，适逢桑希返归，遂将法本藏于石岩下。赤松德赞年满十三岁后执掌国政，听说先祖奉佛的事迹后，取出埋藏的法本，牛起敬信，命甲麦果和班智达阿南达，会同桑希，由他们三人将法本翻译成藏文。但译经刚开始，即遭到母舅大臣仲巴杰等人的阻止。此后，诸信佛大臣派桑希到芒隅。萨囊离开芒隅，前往印度朝拜大菩提树道场和那烂陀寺。他途经泥婆罗时，拜会亲教师菩提萨[11]，发心请菩萨到芒隅兴建寺庙，后得名益希旺波（意为智王）。他曾迎请阿阇黎（莲花生）赴藏，阿阇黎为之授记并许诺，后到泥婆罗。他学习所埋藏的法本，于隆粗宫拜会藏王，商谈有关兴佛事宜，细呈菩提萨大师的情况。藏王让他暂作隐藏，说

"自己与尚·聂桑喀作商议。"后，与尚·聂桑喀、桂·赤桑等信佛大臣商谈振兴佛法事宜，聂桑喀道："母舅大臣权重不喜佛，恐难成事。"桂则说："设法则能，吾将以计镇伏之。"最后君臣做出决断，桂·赤桑设计，将母舅大臣仲巴杰诱至墓穴，用磐石堵塞墓口，活活埋掉致死。尔后，派益希旺波前往迎请阿阇黎菩提萨，派朗仲那惹、聂达赞东色、章加热勒色三人去迎接。迎接人员在芒隅会见阿阇黎后，朗仲那惹和阿阇黎暂住芒隅，其他人回王宫向藏王禀报，诸尚隆（母舅家族大臣）进言："是否南方泥婆罗的恶咒师在作怪，尚待观察。"于是，藏王又派桑希、僧贡拉隆色和钦麦连三人去考察，因语言不通，让迦湿弥罗的阿南达作翻译，询问阿阇黎是位怎样的人物，最后确认为是位贤善大德，不该扰乱心意，遂请往王宫，由阿南达作翻译，于隆粗宫讲授十善、十八界、十二缘起等法四月。因此触怒藏地鬼神，出现洪漂旁塘宫、雷击红山[12]、人畜患瘟疫等现象，民众不悦，胡说这是信佛的结果，被迫将阿阇黎遣回泥婆罗。

此后过了一段时间，复派拔·萨囊去汉地求法，又派桑希等三十人再去迎请阿阇黎。当时，一位汉和尚说："经过六月零六天，有位圣者马鸣[13]的化身将来这里，"并画出了来人的像。藏人到汉地后，汉皇帝重赏他们，赐给和尚修习教谕，对属众亦赐礼品。桑希等返回后，藏王谓桑希"阿阇黎尚未来到，汝当往请"。于是，桑希往泥婆罗，请阿阇黎到扎玛的真桑殿。阿阇黎告诉藏王："如不制伏藏地凶恶鬼神，则难兴佛法，且藏王多短寿，为调伏鬼神，有位具有神通威力的阿阇黎，名叫白玛桑巴瓦[14]，请将他请来。"藏王在梦中也得到启示，即派拔·芒杰萨囊、僧贡拉隆二人带着那南·多杰杜迥、杰·杂那僧底、钦·释迦扎跋、章底·杂雅热其达、须布·贝吉僧格等五人去请。阿阇黎得知，前往芒隅贡塘与来人相见，后渐次制伏诸凶恶鬼神，来到黑波日山，与藏王会晤，又到墨竹普，制伏了藏地一切神鬼。此后，阿阇黎被请到桑耶，主持土地仪轨，并勘察地理地形，以欧丹达布黎寺（印度佛教古刹）为蓝本，设计出具有须弥山、十二洲、日月双星，周围由铁围山围绕的寺院样式，于火阴兔年奠基动工兴建（原注：藏王于铁阳马年五十六岁去世，故亦有桑耶寺于铁阳虎年奠基动土之说）。初建阿雅巴洛林殿，诸神形象均仿照藏人而造；元妃蔡邦氏·麻加美朵仲玛兴建了康松桑康林殿；王妃颇央氏·加毛宗兴建了乌察赛康林殿；王妃卓氏·绛曲曼兴建了格吉血玛林殿。土阴兔年，寺院竣工，阿阇黎菩提萨和白玛桑巴瓦主持了开光仪式，十三年举办了庆典。羊年，请来十二位说一切有部比丘，为考验藏地能否建立僧伽制度，以七人应式出家，此即"三老"：伯·曼殊室利、巴热达·热底达、占嘎·牟底迦，"三少"：昆·那根扎、巴果·毗卢遮那、藏·提宛扎；"一壮"：朗·迦达那，出家法名为益西旺布。有人说，当时主持出家仪式的亲教师是达那尸罗。实际上，由菩提萨为亲教师，首先剃度加赤色出家（原注：另有三百名大臣子弟出家），后成具足五通的大德，次度拔·萨囊、巴赤协·桑希达、巴果·毗卢遮那、安兰·加哇却央、昆·鲁旺布尚、麻阿杂拉·仁钦却、藏·勒珠出家，他们的法名是益西旺布·伯央等，称之为"应试七人"。这些人的法名末均有菩提萨的法名罕达热其达，以此观之，很明显是其弟子。至于阿阇黎的传承，桑耶寺壁画中绘有：舍利佛—罗睺罗—龙树—清辨—祥隐—智藏—亲教师菩提萨。

此后，莲花生白玛桑巴瓦大师将安肖沙漠变为草地，疏导大江入于河谷等，将银瓶抛向空中，取来乳色天水，以供藏王沐浴。但因受大臣离间，复被遣回。另外，印度阿阇黎毗摩罗牟扎、佛密、罕底迦跋、毗须达僧哈等，会同藏地译师"应试七人"、却吉囊哇、班底南喀、卓仁钦代、南巴牟多、释迦奥等作翻译，译出了许多佛典法本。又请来持密大师达摩格底于伏魔密殿传授瑜伽金刚界曼荼罗灌顶，由迦湿弥罗班智达孜那牟扎、达那尸罗等在净戒殿传授律戒，由汉和尚等在不动静虑殿带领净修禅定，在修辞梵殿讲授修辞学，在白哈库殿积放财宝，在大日如

来殿讲经说法等，全面弘兴佛教。龙年，住丹噶宫翻译声明学的导师伯则（祥积）、僧人鲁伊旺波（龙自在）等，在藏区译出许多正法，并用朱砂书写经名，审定卷函和偈颂数目，编出目录。

此后，阿阇黎菩提萨授记说："藏地不会出现外道，但佛教将分成两派，发生争论，届时，可请我弟子迦玛拉希拉[15]来辩论，会息灭邪论，显扬正法。"后来，阿阇黎被马踢伤而圆寂。

继委任伯央为轨范师讲经说法，益西旺布遁往洛扎净修，汉地和尚摩诃衍那门徒的势力兴盛起来。他们认为以身语之法行为善不能正觉成佛，应于无所作中而正觉，贪著断见，不作善行，藏人大多喜好是说而学和尚之宗。只有伯央、跋惹达那等少数人宗阿阇黎菩提萨之规，因此因见行不同而发生争论。对此，藏王吩咐"当依阿阇黎菩提萨的见行而行"，但这激怒了那些愚昧的法师，他们手持利刃，扬言要杀掉渐门派人。藏王心中不安，派人去召唤益西旺布，但连召两次未果，遂命第三次召唤如再违命将杀头。使者到达益西旺布所住的岩穴，这是一个需用十二寻[16]长的吊索才能抵达的洞窟。使者请益西旺布应召，若再违命有杀身之祸。益西旺布陈情说："求藏王别再召我，请不要忘了阿阇黎菩提萨的遗嘱。"这才提醒了藏王，遂派使者去迎请阿阇黎迦玛拉希拉。和尚（摩诃衍那）知道此事后，请来广本般若经等深奥显宗经典进行讲习，宣说不需法行而以睡眠可成佛的说教，著《静虑眠轮论》及阐述此论的《断诤静虑答复书》《再答书》二书，并著以这种理论为根据的《见之表相论》、用经教成立论点的《八十经根据论》等。他们见到《解深密经》与自己的见行相悖，甚至用脚将经文搓拢成一团。

当时，益西旺布上书藏王，阐明亲教师（寂护）的密意见解，藏王大悦，称赞他是"我的阿阇黎"。迦玛拉希拉来藏后，双方举行辩论，藏王坐在上面，和尚居右列，阿阇黎居左列，诸渐门派学人附居其后。藏王将花鬘付于阿阇黎和和尚，颁令说："双方开始辩论，负者须向胜者献上花鬘，并且不能留驻藏土。"

辩论开始，首先和尚（摩诃衍那）道："行善作恶，只能往赴善恶二趣，不能脱离轮回，且会成为成佛之障碍，此如黑白二云，都能障蔽虚空。而凡不作意，对任何不作思维，则可完全解脱于轮回。对任何不作意、不分别、不伺察，即是无缘想，故能顿入，同于第十地。"

迦玛拉希拉道："如尔所言，所谓全不所思，即断舍妙观察智[17]。清净智之根本为妙观察智，故舍此智，则舍出世间智[18]。若无妙观察智，则凡是瑜伽行者均住无分别，如果一切法都无念想、全不作意，则不能念想和作意一切修行体验觉受。如果心想我不念想法，则将是极念想作意。如果仅作无念想，那么昏厥或无知觉之时则应是证得无分别[19]。无清净妙观察智，则无入于无分别之方便，虽遮上了近似念想，但无清净妙观察智，何以能证诸法无自性[20]？这是因为唯有通达空性智慧，方能断舍障染。是故，只有以清净智慧才能远离颠倒相，这个正念是不可不念想的。无念和无作意，何能随念宿住而成一切智？如何能断舍烦恼？因此，以净慧抉择诸义的瑜伽行者，应通达一切三时内外皆无自性，息除分别，断舍一切恶见，只有开示此理，善巧智慧方便，而断除一切障染，才能获证一切佛法。"

接着，藏王要求所有徒众皆参与辩论。伯央道："按汉和尚观点，若存在顿入和渐修，则六度安立为不顺方，布施依摄受而设施，舍一切摄受，为最胜布施。如是类推至智慧度，佛世尊灭度后很长一段时间，不存在不同之见，后出现中观三派，彼此见地不同，出现顿门顿入派，以致不求不证而成如是，虽所入门不同，但成佛则一，证果亦同一。"益西旺布道："应察顿入和渐入两说，若渐入，则不存因，与我等看法不同；若顿入，则尔有何可作？如果一开始就成佛，则有何过失？是故，登山需步步攀登，不会一蹴而就，若证得初地亦难，则何奢谈证得一切智？以我渐门之规，以三慧修一切佛语，无误通晓其义，再修学十法行，

由此得忍位，无过患住于初地，渐次修习十地，待二资粮圆满，方能正觉。如尔之说，资粮未圆满，心未净治，连世间之所作亦未知，则何以知一切所知？若全无所作而眠，不吃饭食，饥饿而死，则岂能成佛？若不观察地形而迈步，则失足滑倒，如是何能通达正法？"

如是这般广说后，顿门派无言以对，只好将花鬘献给阿阇黎，承认失败。这时，觉麻麻等人心生悲哀，用石块捶击自身而死。于是，藏王下令："从今以后，见持龙树之规，行作十法行，修学般若波罗蜜多，不许宗顿门之法！"将和尚遣回汉地，把各种法本收集起来埋为伏藏。顿门和渐门系为汉语，是顿入派和渐入派之意。后来，汉和尚的四个汉人屠夫行刺阿阇黎迦玛拉希拉，使之肾脏受伤而亡，益西旺布绝食而示寂，赞普亦于六十九岁去世，相传他为文殊之化身。

赤松德赞之子牟尼赞普于水阳虎年执掌国政，他在桑耶寺建立四大供养制度，三次均藏地属民之贫富，在位一年零七月，十七岁时被其母后下毒杀害。嗣后，其年仅四岁的弟弟赤德赞即位，被称之为"萨那勒"，曾建噶穹加代寺，振兴佛法教规。

赤德赞生有五子，即赤德松赞热巴巾、藏玛、赤达玛乌东赞、拉杰伦珠和赤钦波。其中热巴巾传为金刚手之化身，十八岁执掌国政，曾建九层金顶楼房的乌江岛宫。他见先辈时期，由阿阇黎菩提萨、益西旺布、香·加年业桑、伦赤协·桑希、译师杂那提婆果洽、杰其周、婆罗门阿南达等所译教法术语，很多不为藏人通晓，且有不少用汉地、黎域、萨霍尔等地各种语言译出，给学法造成困难，于是命边远日下地方的亲教师孜那牟扎、苏然扎菩提、室连扎菩提、达那尸罗、菩提牟扎，藏地亲教师然达热其达、达磨达尸罗、善巧译师杂那赛那、咱雅热其达、曼珠室利瓦玛、惹德南扎尸等人，将大小乘中的所有印度术语译成藏语，并厘定一切名词，收编成目录。同时下令，今后无论何时，均不得违越此已定的教典名词，所有人必须学此术语翻译。将以前所译均用新的术语厘定，用法律形式作出译例三条：除说一切有部律仪外，不译其他律宗；不译密宗经典；对升斗大小、两钱等重量单位均按印度标准改正。此王对每一出家人，配给俗家庶民七人，敷头巾于坐垫，以示顶礼，一度进兵汉地得胜，树甥舅和盟碑于拉萨。（原注：建乌江岛吉祥无比增善寺，在此之前，由王臣建佛堂一百零八座）由于献国政于出家人，引起不信佛大臣的忿怒，他们密谋破坏善法戒律，将出家的王子藏玛流放到卓木[21]，离间说王妃昂茨玛与钵阐布贝吉云丹私通，杀害钵阐布，王妃自尽。赞普自己在三十六岁的铁阴鸡年，被拔加多热和觉若勒扎二人扭脖颈致死。

此后，赞普朗达磨乌东赞执政，任用独角鬼拔加多热为内阁大臣，侍臣那南、加察、赤松等大做违背善法的事，毁坏译师和班智达的译经场所，使未竟的译经半途而废，乌江岛寺也未能开光。赞普年长，魔更入心，迫害出家僧人，对不愿除去僧装者，发给了箭、钹鼓，强迫狩猎，凡不遵命者杀无赦。释迦牟尼佛像未能搬动，埋于沙土下，封闭寺门，抹成泥壁，上绘僧人饮酒图案。桑耶和小昭寺大门也被泥封，经典卷帙大多埋藏在拉萨的石岩下。

过了较长一段时间，叶尔巴拉日宁波山有位正在禅修的拉隆贝吉多杰，知道灭法事后，对赞普生起特殊悲愍，用炭灰涂黑所骑白马，身着外黑里白的大氅，挟着铁弓铁箭，来到拉萨。他见赞普正在甥舅和盟碑前念诵碑文，便顺着大昭寺和具喜塔来到赞普前，靠着膝盖暗拉铁弓，借上前礼拜，第一拜暗中拉开铁弓，第二拜搭箭上弦，第三拜放箭射中藏王胸部，并言道："我是雅协那波魔，要杀罪恶王，当做如是杀！"说毕逃走。这时，拉萨一片喧嚷："赞普被杀，速去捉拿！"只见一黑人在湖边洗马，反穿大氅成白色，口言"我是南图嘎波王神！"一路逃走，未能捉到。有人说他是妖仙森波那，有人说他是魔王智赛仲普，有人说追到坦莫名碑处，因天色已黑未能捕获。

拉隆贝吉多杰携带《对法集论》《毗奈耶具光经》和《百一羯摩》

三部经文往康区。那时，有的班智达被放逐，有的被逐出境，多数译师逃走，娘定埃增桑布、麻仁钦却等被派来的刽子手杀害，佛教遭到毁灭。

朗达磨死后，其元妃假装怀孕，在外觅得一婴儿，出示大众说她昨日所生。诸大臣说："昨天出生的小孩怎会长出牙齿来！"但因母命难违而立，故称之为"云丹"（妃立王）（原注：从藏王聂赤赞普到脱脱日年夏之间，历时六百六十年。再到松赞干布降生，又历时一百五十年。此后至绛之导师著《王统世系如意宝树史》，共历九百二十三年。再到火阳狗年写成《红史》之前，共历时一千七百九十四年。再到铁阳龙年一切智慧海计算，共经过一千八百九十六年）。云丹之子为赤德贡波，赤德贡波生子贡年。贡年生二子，即柔巴贡波和尼沃巴贡。柔巴贡波之子为赤德波，赤德波之子为沃波，沃波生有三子，即阿杂拉、贡波赞和贡波则；尼沃巴贡之子为贡觉，贡觉之子为察那益西坚赞。以上是元妃嗣系。

（朗达磨之）次妃于木阴牛年生下一子，恐元妃杀害或夺走。白天靠着阳光、夜间点灯守护，故称之为"沃松"（意为光护），登位后，六十三岁去世。其子贝考赞（原注：水阴牛年生），十三岁登基，三十一岁去世。贝考赞生有二子，即扎西则巴贝和赤吉代尼玛贡。扎西则巴贝曾执掌国政，生有三子，长子巴德、次子沃德、幼子吉德。赤吉代尼玛贡被放逐到阿里。他于布让建尼桑（持日）城堡，执掌政权。赤吉代尼玛贡生有三子，长子贝吉德桑巴贡占据芒隅，次子扎西德贡占据布让，幼子德祖贡占据象雄。德祖贡有二子，即柯热和松额。

那时，前后藏地区均无传授律戒和讲闻佛法之人，寺庙管家身着围裙，名为尊者罗汉，但守戒仅在夏三月守护四根本戒[22]，一旦解制则不遵守。密宗行者亦不通晓密续经义，而行淫乐等邪行。

第二节 后弘期

达磨灭教时，贾地方杰村人藏·饶赛、博东人肴·格迥、堆垅人马尔·释迦牟尼三人在吉祥曲卧日山禅修，一日见僧人狩猎，交谈之后，方知藏王灭教，遂驮着一驮《毗奈耶》律典，逃往阿里上部，后经葛逻禄[23]，到达霍尔地区，因语言不一，欲弘法而不能，又辗转到朵麦南部的毗若盐池以下的黄河谷地多杰扎岩[24]地方，在阿琼南宗丹斗协之分寺[25]静修，被黄河岸边的牧人看见，说于晚间聚会的众人。有位具有宿业善缘和胜解行的地上菩萨，名叫牟苏萨拔，前去查看，心生敬信，请求出家。藏·饶赛等将《毗奈耶》律典法本交给他，说先观此经，若生信仰，才可出家。牟苏萨拔读经后油然生信，落下泪来，遂由藏·饶赛为亲教师[26]，肴·格迥作轨范师[27]，传授了沙弥戒[28]，以二师之名赐法名格哇饶赛，后由于心智广大，被称之为"贡巴饶赛"。嗣后，他又请求授给比丘戒[29]，因不足五比丘数而未授，见以前的拉隆贝吉多杰等三比丘在隆塘，前去寻找，会见拉隆贝吉多杰，请求传戒，贝吉多杰道："我因杀害藏王而不能凑数，但可代为寻找。"遂找到汉和尚葛旺和基班二人派来传戒，待到沙弥戒满一周年，仍由先前二师分别任亲教师和轨范师，马尔释迦牟尼作屏教师[30]，二汉和尚比丘凑足五数，传授了近圆比丘戒。

贡巴饶赛受比丘戒五年后，前藏的勒巴兰巴·鲁梅崔臣喜饶、章·益西云丹、热西·崔臣迥尼、巴·崔臣罗哲、松巴·益西洛等五人，后藏的谷摩热喀瓦·洛敦多杰旺秋，雪果俄地方的仓宗·喜饶僧格、阿里巴·沃加昆仲二人，博东瓦·邬巴代噶等五人，共计十人来到安多，请求藏·饶赛授戒。藏·饶赛说自己年迈，不能收徒传法，可向喇勤波[31]求戒。他们于是向喇勤·贡巴饶赛请求授戒。贡巴饶赛道："自己受比丘戒仅五年，不能胜任亲教师。"藏·饶赛则说："特殊情况下可以例外。"于是，由喇勤波任亲教师,藏·饶赛和肴·格迥分别任羯磨师[32]和屏教师,马尔·释迦牟尼和汉和尚凑足比丘数,向他们授了具足戒。随后,喇勤吩咐道:"洛敦(多杰旺秋)能力大,当护持教法;鲁梅(崔臣喜饶)戒行严谨,当作亲教师;仓比丘(喜饶僧格)心智锐利,当作授法导师;章(益西云丹)知人善任,当管理寺庙住地。"

(卫藏十弟子受戒后),大部分人返回,鲁梅·崔臣喜饶仍留住地,依止仲·益西坚赞听受《毗奈耶经》讲授。当时,热西·崔臣迥尼之弟和巴·崔臣罗哲之弟来迎其兄,于隆塘地方相会,二弟弟对其兄长生起敬信,由洛敦·多杰旺秋作亲教师,两位兄长为轨范师,受出家戒。至今巴、热二支同为一系,即是这个因缘。受戒后,洛敦道:"汝二人暂住此地,我与这些商人结伴往卫藏,看在那里能否弘法,若能弘法,我则住彼地,尔等再来,如若不能,我亦返回此地。"说毕,与丹麻地方的商队结伴启程。商人们后欲在松昌地方经商,打算返回,洛敦劝道:"尔等别在那里经商,应往后藏,在后藏谷摩热喀地方有位叫洛乃祖那的人,尔之子应于此师尊前出家,然后让他到前藏弘法。"商人听从此说,送走儿子,经商获得利润。以此因缘,至今谷摩地方形成大集市,皆是洛敦之恩德。

第二年,鲁梅·崔臣喜饶向亲教师(喇勤)请求要返回卫藏,请明示供施地[33]。亲教师赐给他一顶本教徒的帽子,帽檐内盛剩余食物,并撒上一撮黄土,嘱他"戴上此帽,随念于我"。鲁梅别师返藏,诸师友均抵前藏。拉萨地方昔为贤哲大德法座传承地,而今成惩罚施刑的场所,故未能前往而去了桑耶。后来鲁梅以噶曲为弘法基地,巴·崔臣罗哲昆仲分别以乌察和乌则为弘法基地,热西·崔臣迥尼昆仲以格吉为弘法基地,章·益西云丹以桑康为弘法基地。此后,前藏五师商议该修自己的住地寺庙。于是,鲁梅建拉莫切杜寺,由此寺出四个传法系统;珠玛·崔臣迥尼[34]建索那塘钦寺,由此寺发展出塘钦学派;由尚·那南多杰旺秋建热察寺和加寺,由此寺发展出尚宗学派;由俄·绛曲迥尼建叶巴瓦让寺,并建下部的拉切巴寺，舍地方的当哇寺，曲水的那窝寺、布代洛贡寺、肴塘寺、拉索寺、扎玛塘寺、喀热索久寺等。后来，在后藏地方建裕地的衮噶拉瓦寺和察弥寺。在吉雪地区，由俄师和松巴·益西罗哲建玉卓康玛寺，从这里发展出俄措学派。兰·益西喜饶住持加萨岗寺和勒达拉康、察穹二寺，由这几座寺发展出的称"兰果"学派。松巴·益西罗哲于卓萨塘滩建麦如寺，后被毁无存，未发展出学派。热西上师建热西昌沃佛堂。巴·崔臣罗哲建蚌库寺，后还住持兰巴吉布寺。巴师之弟子玛拉散巴喜饶修建堆垅的察托寺，继而住持塔玛佛堂和曼扎寺，这些均称"巴宗"学派。巴师之弟建杰热察那地方的达仲佛堂，后又住持肖地方的恰康寺。热西上师住持噶蔡寺和夏寺，由此发展出的称之为"热宗"学派。热西上师之弟住持格吉寺，其弟子塔希加帕亦曾住持此寺，塔希加帕之弟子尚尊·喜饶帕建兰巴达者寺，由此传出者，统称"热西之弟传承学派"。章·益西云丹建恩兰吉莫寺，后又住持噶穹寺、聂塘扎那寺，于聂塘扎那寺路台上建章惹摩切寺，由此发展出的统称"下章宗"学派；而由恩兰吉莫寺发展出的"章宗"学派则称"上章宗"；由鲁贡寺发展出的，称之为"中章宗"。

后藏的洛教·多杰旺秋建坚贡寺，其弟子有二十四人。其中，加·释迦循奴在列多玛地方建拉塘寺，从此寺发展出章参地方的布多佛堂等，统称之为"加宗"。觉·喜饶多杰建敦莫日寺，上部堆地方寺院多由此发展而出。达洛·循奴宗哲建达洛佛堂，由此发展出的称之为"达宗"。由阿麦·须鸠玛住持昌寺和扎玛寺，由此发展出的称之为"须宗"。达尔·释迦云丹住持素波寺，由此发展出的称之为"达尔宗"。里·罗哲循奴建觉摩寺，由此发展出的称之为"里宗"。对下部玛地区的五寺，则称作"坚贡玛传派"。勒·绛曲坚赞建曲弥寺，由此发展出的称之为"勒宗"。切萨地方的噶·喜饶喇嘛建聂寺，多·益西迥尼建邦嘎拉隆寺，此二寺无大的发展，故除"勒宗"外，无其他传承的派系。朗尊强巴建宛普寺，后住持藏占寺，此后又发展出本塘、切合、枳贡、桂敦濯玛等寺，统称之为

"上下朗宗"。果瓦·益西雍仲住持哲拉康寺，其弟子杰尊·喜饶迥尼建夏鲁阿莫寺，曾往印度接受律仪传承，后由果瓦·益西雍仲住持夏鲁寺。果瓦·益西雍仲有"四柱六梁"弟子，由此发展出的称之为"夏鲁加果传派"。

吉·益西旺布建香地区的喀隆寺，继后又建杰热朗拉寺，并在二寺间道路台地建牟香地方的若杆寺，由杰热朗拉寺发展传承下来的，统称为"朗拉宗"；由纽地方邬隆寺发展出的，称之为"邬宗"。朗拉宗和邬宗合称为"下吉宗"。

朗拉上师住持赤地方的喀恰寺。后来，阿麦上师的弟子尚敦·茨帕住持加居寺。阿麦上师的弟子贡波·塔巴仁钦有四位弟子，其中，司敦·潘扎住持者地方的杰参寺和甲喀的达隆寺，由此发展出的，称之为"司宗"；杰尊嘎布住持昂尤寺，雍敦·杂噶热巴住持奥尔寺，后来这两寺归入阿莫寺学派，自己未发展出宗系；夏则上师修建夏则拉康寺，由此发展出的称为"贡宗"。以上司宗和贡宗，总称为"中吉宗"。阿麦上师从喀恰寺发展出萨地方的拉代惹寺，该寺曾出上部堆地方的温、巴、香三师。

赤敦·宗拔住持雄那拉寺，由此发展出的称之为"赤宗"；萨巴宗穹住持占穹寺，由此发展出的称之为"占穹宗"；加敦·阿雅提婆住持果如如那寺，由此发展出的称之为"加宗"；亲教师循奴释迦住持萨普寺，由此发展出的称之为"萨宗"。以上诸宗总称为"上部四察宗"，此即"上吉宗"。

阿麦上师之弟子邦曾管理赤地方的喀切寺，尚尊·索南札巴住持加居寺，对此二支亦称"中吉宗"。上吉宗学派的弟子循奴迥尼住持坚喀图寺，由此发展出的称之为"图宗"。

吉尊·贝吉益西住持多布衮噶热瓦寺，系由上吉宗发展而出。仓宗曾出"九察宗"，即上仓宗发展出"噶果"和"坚果"二系；中仓宗发展出

"尼萨"和"尼宁"二系；下仓宗发展出"五察宗"。阿麦仓尊住持孜地方的央温寺时，寺僧献孜拉康寺给他，他又将该寺交给近侍巴尊·罗哲云丹管理，巴尊任亲教师，由此发展出的称之为"巴宗"。巴尊之弟子肴曲昂住持杰尼宁寺，由此发展出的称之为"上巴宗"。肴托拜住持姜拉寺，达巴觉尊住持杰拜寺，此二寺发展出的，称之为"中巴宗"。而孜地方央温寺发展出的，则称之为"下巴宗"。

此后，僧众献年措寺给阿麦上师，阿麦上师又交给弟子热·罗哲桑布和康巴二人。热·罗哲桑布住持欧弥寺，康巴住持杰喀寺。对这两支分别称"热宗"和"康宗"，而总称为"年措传派"。又，达察献加曲喀布切寺给阿麦上师，阿麦将该寺交给弟子加·杰布茨桑，加·杰布茨桑又交给工布·益西迥尼，工布·益西迥尼管理弥地方的尼莫切寺和加曲（喀布切）寺，并建吉扎塘寺。对这些寺院的学法传承，统称"加曲传派"。后来，马尔秀地方的女施主纽莫献门卓寺给阿麦上师，阿麦将该寺交给弟子马尔巴·多杰益西，马尔巴又转交弟子乃保·扎巴坚赞。乃保·扎巴坚赞住持绒喀浦寺，后来阿麦久参建达察居塘寺，献寺于阿麦大师。马尔巴上师建占玛岗波寺，连同兰卓地方的达仓寺，共为四寺，称之为门卓母寺之"四子寺"。这些寺院统称为"门卓传派"。

又，阿麦上师将他住持的色地方的贡濯寺交给弟子尚巴·才朝巴。尚巴·才朝巴建色地方的扎雄寺，后住持赞莫顶寺，继住持央温寺，并将此后住持的热索察拉和达察喀波切二寺交给弟子坝格吞，坝格吞还住持绒地方的瓦多寺，后将该寺交给弟子哲尊岸布。这些寺院系统，称之为"多宗"。其所属各察宗聚会议事时，各寺只派来三位地位不高的僧人到会，问："你们的头领去了何处？"回言："死去了。"于是说："若尔，你们则成了孤儿。"以此缘由，这些小寺又称"孤儿宗"。

以上这一切，均称"下五仓宗"。仓宗的"九察宗"均出自阿莫俄林寺。

另外，阿夏果卧切之子阿夏·益西雍仲欲去康区受戒，他行至拉萨，

去大昭寺顶层佛堂，上楼时，见一木梯下角正面绘有吉祥怙主画像，当他下楼时，画像现出真身，手捧颅器，内盛人心和人血的混合物，怙主以人的肋骨作筷子，正在进食。他即虔诚祈祷，怙主道："我愿作汝之护法，一月之内轮转一次。"因此，阿夏所传之宗法力广大，盖源于此。阿夏·益西雍仲来到康区的扎寺，于喇勤·贡巴饶赛的弟子哲卧却拉上师座前请求赐戒，上师道："我施水食子，即可如愿。"上师无暇传戒便圆寂，仅以"我施水食子，即可如愿"语而得戒法传承，故人们称他为"水食子沙弥"。此师任堪布后住持那南哲达寺，后又住持奥由达地方的热夏寺和上面二寺之间达合地方的尼摩切寺。此师之弟子秀·聂南巴住持兰地方的哇索塘寺，后又次第住持科热地方的岗寺和娘若卜多寺、科热哇考寺，兰地方的哲雄寺等。秀·聂南巴的弟子索·楚臣喇嘛住持哇索塘寺，其弟子邦都增住持达合地方的班坚寺。邦都增的弟子努·仁钦扎住持库隆拉扎寺；另一弟子热夏那住持奥由萨岗寺。这些寺院传承，统称之为"阿宗"。

又有哲·循奴崔臣亦往康区受戒，抵康区后，于赤喀卡那寺大喇嘛之弟子雅思本敦尊前求戒，虽得应允，但未及传戒，上师便圆寂了。哲·循奴崔臣遂称自己已得近圆律仪，因亲教师生前曾说"该传"，故人称他为"该传近圆戒比丘"。后来，他住持达那普的恰仓寺，继又住持香地方的杰普寺。从恰仓寺发展出加地方的八处寺院，这些统称为"哲宗"。

如上，卫藏十弟子返回后，前藏的松巴·益西洛和后藏的阿里巴·沃加二昆仲没有发展出派系，出名的弟子有六人。但以上"阿宗"和"哲宗"不属于这六人的传系。

有人说："亲教师菩提萨埵（寂护）的弟子为巴·然达。由巴·然达传戒给拉隆·然觉央，拉隆·然觉央传喇勤·贡巴饶赛，喇勤·贡巴饶赛传雅贡·益西雍仲，雅贡·益西雍仲传仲·益西坚赞，仲·益西坚赞再传鲁梅等人。"

在一些遗训书中也说："由亲教师菩提萨，轨范师达那尸罗和孜那牟扎传戒于巴·然达。巴·然达传肴·格迥，肴·格迥传喇勤·贡巴饶赛，喇勤·贡巴饶赛传卓·曼殊室利，卓·曼殊室利传仲·益西坚赞，仲·益西坚赞再传鲁梅·喜饶。"柔惹上师亦说："对所谓卫藏十弟子于喇勤门徒仲师尊前受戒之说，应做考察。"又，有人认为肴·格迥等人属孜那牟扎的传系，有人又说是寂护的传系。这些说法均有待考证。

如上，卫藏地区灭法后，约七十年之久无佛法，后由卫藏十弟子才复兴了佛教。十弟子到前藏，见一老妪说："我六岁时见过出家人，"问她现在年龄，回说"七十有六"。也有人说卫藏无佛法时间长达一百零八年。

柔惹上师云："从十弟子到译师仁钦桑布[35]未出世之前，卫藏无讲听制度，故为像法期；此后，由藏王作施主，组织译师、班智达翻译佛经，为佛教中兴期；尔后，藏王未做施主，而由鄂译师[36]等人翻译佛典，为佛教后兴期。"对这种说法不能同意，因为承认有清净比丘律仪，与佛教像法期之说相矛盾，也不能成立无讲听制度的观点。班智达孜那牟扎向译师鲁伊坚赞（龙幢）、肴·格迥等人授戒，肴·格迥再授戒给喇勤，喇勤再授仲·益西坚赞，仲师又授鲁梅，鲁梅授素·多杰坚赞。素师有四徒，即兰·崔臣绛曲、噶曲瓦·崔臣迥尼、乃保·扎巴坚赞和增巴·喜饶鄂色。其中，乃保·扎巴坚赞的弟子为索·崔臣喇嘛；噶曲瓦·崔臣迥尼的弟子为年参·仁钦喇嘛；增巴·喜饶鄂色的弟子为果饮巴·益西喇嘛。此三师又传戒于加都增·旺秋楚臣。加都增又有弟子麻措·绛曲多杰、恰都增、吉波·崔臣帕巴、夏弥等。这些上师之间，均以讲说律经及其秘诀进行传承。同时，孜那牟扎向噶、觉、香三师[37]传讲阿毗达磨对法论藏，此后次第传承的有：南那·达瓦多杰、贝吉多杰、巴·加哇益西、觉朱·却格益西、赛宗循奴、噶弥·云丹雍仲、库敦·喜饶宗哲、热赤桑拔、加·加布楚勒、章底·达玛宁布及其弟子班、若二师等。这些上师之间，对法之讲闻从未中断。至于中兴和后兴期之说，亦不能同意。这是因为一度无佛法，故无中断处。所谓前弘和后弘期之划分，是针对朗达磨灭法，卫藏地区数十年间根本无佛教，因此才有前后弘之划分。智者藏那巴亦云："所谓教法后弘情况，是针对朗达磨灭法而言的。"

如上，佛教余烬从下部（安多）复燃后，再从（上部）阿里地区聚集广传播。赞普柯热[38]将国政付于其弟松额后，自己出家为僧，取法名益西沃（智光）。他对显宗法相乘虽然通晓，但对某些修密行者以淫乐为解脱的邪行是否是佛法，却心生疑窦。于是，他派遣仁钦桑布（宝贤）等二十一位青年去印度学习佛法。后来，只有仁钦桑布和勒贝喜饶二人学成归来，其余的人大都死去而未得佛法。仁钦桑布博通显密，请来班智达夏达嘎惹瓦玛、白玛嘎热古巴达、菩陀室利罕底、菩陀波罗、噶玛罗古巴达等师，共同翻译法相乘和密乘四续部[39]经典，特别是译出了瑜伽和密集方面的许多密典，从而确立了清净的密乘，并且请来班智达达玛波罗和扎杂波罗，向象雄巴·加贝喜饶传授律仪。后象雄巴到泥婆罗，向持律师哲达嘎求教《毗奈耶律经》的实践法，其弟子班觉、辛摩切哇·绛曲僧格等历代传承律仪，被称之为上部律规，弘传一时。

天喇嘛[40]在象雄地方修建了托顶寺，做了许多译师和班智达的檀越，其弟松额之子拉德亦请来班智达苏跋其达。拉德生有三子，即沃德、颇章希瓦沃和出家的绛曲沃（菩提光）。绛曲沃曾让那措·楚臣加瓦等五人带着黄金，以贾译师宗哲僧格为首领，去迎请最贤善的班智达来藏。当时，东印度善祥王之子在毗扎摩罗尸罗寺善修，梵名底温嘎热室利杂那
[原注：此即阿底峡尊者，尊者生于木阳马年，六十一岁（亦云六十六岁）来藏，七十三岁去世。其弟子仲敦巴为龙年生人，尊者去世后九年圆寂]。他得到度母授记，应请来藏。途中，贾译师宗哲僧格去世，遂由那措·楚臣加瓦作译师，来到阿里。初到大译师仁钦桑布的寝舍时，大译师未作顶礼，待班智达（阿底峡尊者）向大译师寝舍的诸密宗本尊一一礼赞后，大译师喜而起敬，与之畅谈切磋佛法，并顶礼求法，共同翻译

经卷。特别是对各部瑜伽译本，依据遍喜藏之释本，进行校正。从而密教的灌顶，经教及其讲修窍诀等，得到弘传。

此后，尊者次第来到前藏，向库、俄、仲三子[41]传授了许多教诫佛法，尤其向仲敦巴（原注：仲教巴的心传三弟子是：普穹瓦·循奴坚赞、博多瓦·仁钦萨、京俄哇·崔臣拔。普穹瓦未接受弟子依止。博多瓦集会弟子约二千八百人，任热振寺法台三年。有八大弟子，即后藏的热顶玛瓦和囊者勒巴二人；聂地方的聂哇曲拔和温巴拉杰二人，东地方的巴门布穹哇和若玛赛哇二人，乌多地方的香夏瓦·云丹嘉措和朗日塘巴·多杰僧格二人。香夏瓦和朗日塘巴并称为"日月二弟子"。朗日塘巴的弟子为夏吾岗巴、朗塘香和格西年；香夏瓦的弟子为切喀·益西多杰）传授了噶当派教法，使之弘扬光大（原注：倡建了热振寺）。

大译师仁钦桑布在阿里地区降伏了嘎嘉龙王，破除邪密不正之行。相传他后来修近传速成密法，逝往空行刹土。其弟子小译师扎觉喜饶译出胜乐、金刚亥母、因明学等法类典籍，亦往逝于空行。又有泥婆罗小译师嘎曲桑译出称之为《译事六法》的书籍，后去世于五台山。在阿底峡尊者座前，上述诸译师，以及释迦沃、肴杰·多杰旺秋、格维罗哲等，翻译并审订了许多教典。天喇嘛希瓦沃（寂光）也翻译了《胜乐经》和寂护的《量论》等著作。

在天喇嘛益西沃（智光）时期，泥婆罗的白玛如则迎请班智达弥底和察拉仁瓦两位尊者来藏，译师白玛如则不幸患胃绞痛病而亡，两位班智达因不懂藏语，流浪于卫藏。弥底曾在达那地方给人牧羊，后由甲色扎哇·索南坚赞请到曼隆地方，教授佛法。此后，他到康区，在丹隆塘地方，建立《俱舍论》讲坛，自己通晓藏语，亲自翻译出《四座》《文殊明智法门》和《胜观佛密义》等多部显密教典。后来，他到林曲的赛康寺，写成《口剑论》[42]。与弥底同来的班智达察拉仁瓦，则用"夺舍法"迁魂识入于绒巴·却吉桑布的躯体，绒巴·却吉桑布自此成为精通许多经教的大师。另外，领主沃德[43]亦曾迎请苏那雅室利来藏，其子则德请来迦湿弥罗的杂那室利，以琼波·却吉宗哲为译师，共同译出密续《金刚顶经》《修续论》《量决定论》及其他所著释论等。

此外，旃陀罗罗睺罗也应请来藏，与译师定埃增桑布一起译出《集量论》等论著。则德派遣鄂·洛丹[44]到迦湿弥逻，向彦潘桑布和噶丹杰布学习因明学《量论》，向婆罗门萨杂那和阁弥其麦等师学习弥勒法门，以昂德为施主，译出《量庄严论》等。赤·扎西旺秋、南喀赞亦为其翻译事业之施主。鄂·洛丹在迦湿弥罗住居十七年，回藏又住十七年，做班智达本察松巴、阿都拉达夏、苏麻底格底、阿摩拉旃陀罗、循奴本巴等人之翻译，译出许多经论典籍，在桑浦奈托寺等寺院讲经传法，弘传胜法般若学和《入行论》等，恩德至大。

巴察·尼玛扎亦在迦湿弥罗学经二十三年，请来班智达迦那迦瓦玛，翻译、讲授中观学经籍，出有"巴察四徒"等弟子。卓弥·释迦益西[45]曾请来班智达嘎雅达惹，以五百两黄金作供养，译出《喜金刚帐三布扎》、四部《热里密法》和《阿热里密法》等母续修法秘诀。桂·寇巴拉孜亦三赴印度，依止七十二位得道班智达求法学经，特别是依止希瓦桑布（静贤）和罗睺罗贤等师，译出《密集圣系法类》《金刚空行法》《四座》《摩诃摩雅密法》《喜金刚三续》等经籍。

吉觉·达维沃色曾翻译《时轮经》《颅骨佛经》《金刚甘露法》《胜乐经》等。洛扎地方的马尔巴·曲吉罗哲[46]亦三赴印度，依止上师那若巴、麦智巴、希瓦桑布、潘廷巴等，求学密集、胜乐、喜金刚、摩诃玛雅、四座等许多密续之秘诀，其修法传承弟子颇多，法裔兴旺。（原注：此师弟子有米拉日巴、热钦、茨昂俄、麦丛波、俄·却吉多杰等。其中，米拉日巴有八大门徒和达波·索南仁钦等弟子）另有桑噶·帕巴喜饶，依止迦湿弥罗的贡巴哇、底杂提婆、波罗赫跋扎等班智达，翻译了《瑜伽法类》《顶髻经》《金刚手善趣法门》《多闻天王》《入行论大疏》《胜乐法类》等。

年·达玛扎曾住居印度十二年，依止班智达玛底学法，请来班智达布尼雅室利，译出《入行论广释》《度母经》《护法供轨》等。切噶巴·科洛扎、邦雪·萨哇扎、宗噶木雅杂弥（原注：曾任金刚座之堪布）、桑杰扎等人，依止班智达阿跋雅迦拉拘巴达，翻译出《时轮三鬘法类》《能仁密意庄严论》《秘诀穗论》等。哲卧译师喜饶伯亦依止这位班智达，译出《教要月光》等。瓦日·仁钦扎请来班智达不空金刚，翻译出《不空绢索法门》《五护法法门》《尊胜摧魔金刚法类》《胜乐法类》《修习法百种》等。洛加·喜饶则亦译出《文殊真实名经》《度母法门》《入中论》等，其弟子玛麻觉·罗哲扎巴译出《胜乐经》和日隐上师传规的《度母法门》等。

另有卓·喜饶扎去迦湿弥罗，请来班智达达瓦贡布（月怙），翻译出《时轮支分广论》《金刚心要释》《金刚手上部释》等。哇热·妥巴嘎（闻喜）、麻宛·曲拔、茨译师等人，在印度依止洽那多杰，译出《大手印成就法》《密要法类》《道情三歌》《道情歌集》，以及麦智巴所传《胜乐法门》等。嘉·衮噶多杰依止泥婆罗的杭杜嘎布学经，请来班智达东尼当埃增，求授许多法门秘诀（原注：《亥母六论》等秘典）。惹·多杰扎（原注：相传法力颇大）依止泥婆罗的图杰钦布（原注：亦云麦杂林巴·巴若切杜），翻译出《黑敌阎曼德迦三法》《饮血金刚现生法类》等密典。其侄惹·却热请来班智达萨曼达室利，翻译出《时轮经》《亥母现生法类》《怙主现生法类》等密典。尚·喜饶喇嘛亦请来班智达阿肴迦巴杂，全面翻译出《黑敌阎曼德迦法类》。居·曼兰扎也依止班智达彦拉潘巴，译出《胜乐现生法》。夏玛·僧格加瓦依止班智达诺桑尚哇等人，译出《集量论本颂释》。羊卓地方的马心巴多巴·却吉旺秋也系统翻译了《胜乐续》之释文和修习法。嘉·却吉桑布住居印度十年，向多杰丹巴·巴奈迦朗嘎上师［原注：亦称牟盘·维贝喜宁（隐友）或若贝多杰（游戏金刚)]求教胜乐和红色阎摩敌诸法类,并将这些法本译成藏文。他于迦湿弥罗的释迦室利尊前受沙弥戒。

濯浦译师强巴伯亦首先迎请来称之为"牟扎佐格"的室利杂嘎达牟扎阿南达,翻译出《独髻胜乐法门》《心性休息法类》《教法舟楫》等;尔后,请来迦湿弥罗的班智达普陀室利杂那,译出《现观庄严论慧灯释》《入佛之道》《大悲观音修习百法》等;继又迎请来迦湿弥罗的释迦室利跋扎(通称喀切班钦),由嘉·却吉桑布译出《那若六法大疏》(原注:于赛定寺译出,昔称娘曲寺,后由班禅大师命名赛定寺),并由大师授此大疏的讲授秘诀。与班智达释迦室利跋扎同来的侍徒有班穹毗布底·旃陀罗(原注:白色班智达)、达那尸罗(原注:曾向萨迦班智达学习量论)、泥婆罗的森嘎室利、苏噶达尸罗等共计九人。其中班穹毗布底(原注:此师共来藏三次,于森波日山建立胜乐道场,向郭扎巴等人讲授六支加行法)和达那室罗长时间居住藏地,自己亦从事译经活动。强巴伯自己译出《毗奈耶经花鬘传承》,并得其讲说教语,并翻译了《金刚鬘》《胜乐经》等。在迦湿弥罗大班智达(释迦室利跋扎)座前,萨迦班智达受近圆比丘戒,与泥婆罗的森嘎室利一起学习声明学,向释迦室利跋扎和达那尸罗学习《释量论》,并将此论译成藏文,成为大智者(原注:萨班著《萨迦格言》和《三律仪论说》,后受贵由王之弟阔端王之请,六十三岁赴汉地,得供天师地位,享寿七十岁,于铁猪年圆寂),破除了诸不正邪法。又有绛曲伯和多杰伯二人师从大班智达(释迦室利跋扎)受近圆比丘戒,严格守持一座禁行,由此传承,出现过许多持大班智达师承教法者。大班智达自己在森波日山圆满作金刚鬘灌顶,使此灌顶大法得到弘传。

恰·扎迥亦往印度,译出《入佛道论》等。其侄恰·曲结贝去印度后,依止热温陀罗、然达热其达等许多得道者,翻译出《九顶髻续》并做了大量译校工作。雄·多杰坚赞曾往泥婆罗,请来班智达罗堪室利,翻译出

《诗镜论》《如意宝树》《龙喜歌舞记》《百赞集》等。其弟罗哲丹巴亦译出《红色阎摩敌续》,并致力于译校事业。雅隆巴·扎巴坚赞亦翻译出《不动金刚续》《修法海论》《事部摄论》等。

笔者之上师尼玛坚赞贝桑布曾于泥婆罗学修十四年,请来班智达阿南达,翻译出《山岳遍喜经》等约十三部经文。此外,还做了大量基础翻译和译校工作。另外,邦·罗哲丹巴还翻译了嘉·旺洛所著的《集量论释》和《时轮经合解心要光明论》等。

上述诸师均弘广传播了佛教正法,有关他们的详细情况,当从他们各自的传记中去了知。

第三节 来藏弘法的班智达

如是,来藏弘传佛教正法的班智达如下:

1. 堪布罕底热其达,藏语称"希瓦措"(寂护)

2. 白玛迥尼(莲花生)

3. 持密师达摩格日底(ཧཱུྂགཎི)

4. 毗摩罗牟扎,藏语称"智美喜宁"(无垢友)

5. 桑杰桑瓦(佛密)

6. 桑耶寺开光者罕底嘎跋,藏语称"希瓦宁布"(寂藏)

7. 毗休达森哈,藏语称南达僧格(清净狮子)

8. 嘎玛拉尸罗,藏语称"白玛昂茨"(莲花戒)

9. 印度阿阇黎古萨罗(ཀུ་ས་ར)

10. 婆罗门尸嘎罗(ཤི་ཀ་ར)

11. 波婆罗的尸罗曼珠（ཁྱལ་མཛུ）

12. 婆罗门阿南达（ལྡན）

13. 嘎勒耶牟扎，藏语称"格维喜宁"（善友）

14. 孜那牟扎，藏语称"杰维喜宁"（胜友）

15. 苏然扎菩提，藏语称"拉旺布绛曲"（天王菩提）

16. 尸连扎菩提，藏语称"崔臣旺布绛曲"（戒王菩提）

17. 达那尸罗（དན་ཤྲཱི）

18. 菩提牟扎（བོངི་མིད）

19. 牟尼哇玛，藏语称"图贝果洽"（佛铠）

20. 萨巴杂提婆，藏语称"衮钦拉"（遍知天）

21. 毗达耶噶拉扎跋，藏语称"柔杰沃色"（能明光）

22. 夏达嘎拉哇玛，藏语称"达杰果洽"（能信铠）

23. 白玛古巴达，藏语称"白玛贝巴"（莲隐）

24. 牟格达牟扎，藏语称"卓维喜宁"（解脱友）

25. 普陀室利罕底（འཁྲུ་ཤྲཱི）

26. 普陀波罗，藏语称"桑杰迥"（佛护）

27. 达摩波罗（དྷརྨ་པལ）

28. 钵扎杂尼波罗（པྲ་ཛྙ་པལ）

29. 苏跋其达，藏语称"勒巴松瓦"（善说）

30. 钵扎杂尼哇玛（པྲ་ཛྙ་ཝམ）

31. 底班嘎热室利杂尼那，藏名"玛麦杂益西"（燃灯智），尊称"觉卧杰"，即阿底峡尊者。

32. 阿底峡尊者之侄达那室利（དན་ཤྲཱི）

33. 弥底杂尼那格底，藏语称"占贝益西扎巴"（念智称），即弥底尊者。

34. 察拉仁瓦（ཚ་ལ་རིན་བ），与弥底同来藏者。

35. 苏那耶室利，藏语称"勒巴柔贝伯"（善智祥）

36. 迦湿弥罗的杂尼那室利（རྫ་ན་ཤྲཱི）

37. 旃陀罗罗睺罗（ཙནྡྲ་རཱ་ཧུ་ལ）

38. 惹底波罗，藏语称"丹迥"（坚护），亦称"本察松巴"（三般若师）。

39. 阿都勒耶达夏，藏语称"牟年科波"（མི་མགས་འཁོར་ལོ）

40. 苏玛底格底，藏语称"罗桑扎巴"（善慧称）

41. 阿玛惹旃陀罗（ཨ་མ་ར་ཙནྡྲ）

42. 托勒本巴（ཐིག་ལེ་བུམ་པ 译言"明点瓶"）

43. 循奴本巴（གཞོན་ནུ་བུམ་པ 译言"童瓶"）

44. 迦那嘎哇玛（ཀ་ན་ཀ་ཝརྨ）

45. 丹巴喜嘎（译言"印度大德"，原注：此师建定日朗科寺，圆寂于藏地）

46. 咱雅阿南达（ཛ་ཡཱ་ནནྡ）

47. 嘎雅达惹（原注：亦称"珍吉秀坚"，译言"云有力"）

48. 顿悦多杰（不空金刚）

49. 达瓦贡布（月怙）（原注：迦湿弥罗人）

50. 东尼定埃增多杰（空性定金刚）

51. 益西多杰（智金刚）

52. 喜饶桑瓦（智密）

53. 摩诃杂那（མ་ཧཱ་ཛ་ན）

54. 哇罗旃陀罗（ཝ་ལ་ཙནྡྲ）

55. 曼扎噶勒曲（མངྒ་ཀ་ལཱ）

56. 苏嘎达室利（སུ་ག་ཏ་ཤྲཱི）

57. 噶玛巴杂（ཀརྨ་བཛྲ）

58. 杂麻日（ཛ་མ་རི）

59. 毗卢遮那巴杂 (བི་རོ་ཙ་ན་བཛྲ)

60. 曼殊果喀 (མཉྫུ་གྷོ་)

61. 布日耶格底 (པར་ཡ་གི་ཏི)

62. 钵扎杂尼室利杂尼那 (པྲཛྙཱ་ཤྲཱི་ཛྙཱན)

63. 岗嘎达惹 (གངས་ཀྱི་རྫར)

64. 诺伯 (系藏语, 意"财隐")

65. 萨曼达室利 (ས་མནྟ་ཤྲཱི)

66. 尼噶楞伽提婆 (ནིཥྐ་ལངྐ་དེ་ཝ)

67. 杂嘎达牟扎阿南达 (ཛ་ག་ཏ་མུ་ཙ་ཨ་ནནྡ)

68. 普陀室利杂尼那 (བུདྡྷ་ཤྲཱི་ཛྙཱན)

69. 释迦室利跋陀罗 (ཤཱཀྱ་ཤྲཱི་བྷ་ཏྲ)

70. 毗布底旃陀罗 (བི་བྷཱུ་ཏི་ཙནྡྲ)

71. 达那尸罗 (དཱ་ན་ཤཱི་ལ)

72. 森嘎室利 (སིང་གྷ་ཤྲཱི)

73. 隆觉多杰 (系藏语, 意"受用金刚")

74. 然达室利 (རཏྣ་ཤྲཱི)

75. 泥婆罗的摩诃巴那 (མ་ཧཱ་པ་ན)

76. 泥婆罗的巴杂格底 (བཛྲ་ཀི་ཏི)

77. 泥婆罗的迦耶室利 (ཀ་ཡ་ཤྲཱི)

78. 泥婆罗的扎巴伯 (系藏语, 意"称祥")

79. 古摩罗 (ཀུ་མཱ་ར)

80. 坦嘉钦贝伯 (系藏语, 意"一切智祥")

81. 萨都格底 (སཱ་དྷུ་ཀི་ཏི)

82. 毗那耶室利 (བི་ན་ཡ་ཤྲཱི)

83. 尸罗室利 (ཤཱི་ལ་ཤྲཱི)

84. 森嘎摩室利 (སིང་གྷ་མ་ཤྲཱི)

85. 毗摩罗室利（ཕྱི་མ་ལ་ཤྲཱི）

86. 达班阿杂惹耶（དར་པཎ་ཨཱ་ཙཱརྻ）

87. 咱雅提婆（ཛ་ཡ་དེ་ཝ）

88. 勒肯玛嘎惹（ལ་ཁྲ་ཀར）

89. 然达室利（རཏྣ་ཤྲཱི）

90. 阿南达室利（ཨཱ་ནནྡ་ཤྲཱི）

91. 罗睺罗室利（རཱ་ཧུ་ལ་ཤྲཱི）

92. 喇嘛桑林巴（系藏语，意为"赤铜洲上师"）

93. 格底班智达（ཀི་རྟི་པཎྚི་ཏ）等

第四节　藏地译师名

早期的译师有：

1. 吞弥桑布扎（ཐོན་མི་སམྦྷོ་ཊ）

2. 达玛果喀（དྷརྨ་ཀོ་ཥ）

3. 多杰伯（金刚祥）

4. 占嘎·牟拉果喀（པ་ཎ་གྲུ་ལ་ཀོ་ཥ）

5. 聂·杂尼那古摩罗（གཉགས་ཛྙཱ་ན་ཀུ་མཱ་ར）

6. 巴·益西旺布（智王）

7. 安兰·加哇却央（佛胜音）

8. 拔·赤协桑希达（འབའ་ཁྲི་བཞེར་སང་ཤི་ཏ）

9. 章·加勒色（ཅང་རྒྱ་ལེགས་གསལ，善观）

10. 僧贡·拉隆色（སེང་གོང་ལྷ་ལུང་གཟིགས）

11. 巴·芒杰萨囊（སྦས་མང་རྗེ་གསལ་སྣང་）

12. 那南·多杰杜迥（伏魔金刚）

13. 杰·杂尼那僧底（ཇྙཱ་ན་སི་དྡྷི）

14. 钦·释迦扎跋（མཆིམས་ཤཱཀྱ་པྲ་བྷ）

15. 章底·咱雅热其达（བྲན་ཏི་ཛཱ་ཡ་རཀྵི་ཏ）

16. 须布·贝吉僧格（吉祥狮子）

17. 坝·曼殊室利（དབའ་མཉྫུ་ཤྲཱི）

18. 藏·德连扎热其达（ཙང་དེ་ཝེནྡྲ་རཀྵི་ཏ）

19. 占嘎·牟底嘎（བན་ཀ་མུ་ཏི་ཀ）

20. 巴果·毗卢遮那热其达（པ་གོར་བཻ་རོ་ཙ་ན་རཀྵི་ཏ）

21. 昆·那根扎热其达（འཁོན་ན་གེནྡྲ་རཀྵི་ཏ）

22. 麻·仁钦却（宝胜）

23. 后藏萨拉之子仁钦勒珠（宝善成）

24. 达摩诃洛嘎（དྷརྨཱ་ལོ་ཀ）

25. 占巴南喀（念虚空）

26. 扎迥仁钦德（罗汉宝军）

27. 南巴牟多巴（无分别）

28. 释迦沃（释迦光）

29. 杰·切周（犬龙师）

30. 娘·康巴果恰（康巴铠师）

31. 杂尼那提婆果喀（ཛྙཱ་ན་དེ་ཝ་གོ་ཙ）

32. 尚·加年聂桑（ཞང་རྒྱལ་གཉེན་ཉ་བཟང་）

33. 桂·曲珠（法成）

34. 东杂阿杂日耶（སྟོང་ཙན་ཨ་ཙརྱ）

35. 达玛达尸罗（དྷརྨ་ཤཱི་ལ）

36. 鲁伊坚赞（龙幢）

37. 伯则热其达（དཔལ་བརྩེགས་རཀྵི་ཏ）

38. 然达热其达（རཏྣ་རཀྵི་ཏ）

39. 益西德（智军）

40. 咱雅热其达（ཛཡ་རཀྵི་ཏ）

41. 曼殊室利哇玛（མཉྫུ་ཤྲཱི་ཝརྨ）

42. 热德南扎尸罗（རཏྣ་ཧཱུྃ་ཤཱི་ལ）

43. 桑觉（贤护）

44. 拉伊达瓦（天月）

45. 贝吉伦布（吉祥山）

46. 班觉（富乐）

47. 益西宁布（智藏）

48. 加哇喜饶（佛智）

49. 释迦喜宁（释迦友）

50. 格哇伯（善祥）

51. 勒吉德（善军）

52. 努·南喀宁布（虚空藏）

53. 益格巴·贡林麻（ཡི་གེ་པ་དགོན་པ་གླིང་པ）

54. 循奴尚瓦（童护）

55. 南喀迥（虚空护）

56. 仁钦桑布（宝贤）（原注：称之为黎明星）

57. 扎觉喜饶（名称满智）（原注：未舍肉体而往逝为空行）

58. 卓·僧嘎释迦沃（白狮释迦光）

59. 鄂·勒贝喜饶（善智）（原注：建桑浦乃托寺）

60. 天喇嘛希瓦沃（智光）（原注：阿里王）

61. 加·宗哲僧格（精进狮子）（原注：迎请阿底峡尊者者）

62. 那措·崔臣加瓦（戒胜）（原注：为迎请阿底峡尊者者）

63. 库·欧珠（成就师）

64. 却吉喜饶（法智）

65. 马塘·达巴喜饶（信智）

66. 麻·格维罗哲（善慧）

67. 噶若·崔臣迥尼（戒生）

68. 释迦罗哲（释迦慧）

69. 仲·杰维迥尼（佛生）（原注：系居士）

70. 琼波·却吉宗哲（法精进）

71. 达译师（སྒྲ་ལོ་ཙྭ་）

72. 嘎·却吉桑布（法贤）（原注：圆寂于五台山）

73. 协乌·巴杂提婆（ཤེའུ་བ་ཛྲ་དེ་ཝ་）

74. 热希喜年（极静友）

75. 鄂·洛丹喜饶（才智）

76. 桑嘎·帕巴喜饶（圣智）

77. 年·达玛扎（盛称）

78. 苏·噶哇多杰（喜金刚）

79. 吉姜·乌嘎（白头师）

80. 却吉云丹（法德）

81. 却吉仁钦（法宝）

82. 洛扎马尔巴·却吉罗哲（法慧）

83. 卓弥·释迦益西（释迦智）

84. 桂寇巴·拉孜（天生）

85. 吉觉·达维沃色（月光）

86. 洛加·喜饶则（智积）

87. 麻觉·罗哲扎（慧称）

88. 赛杂哇·索南坚赞（福幢）（原注：建曼隆寺）

89. 绒哇·却桑（即却吉桑布，法贤）

90. 肴杰·多杰旺秋（金刚自在）

91. 芒奥·绛曲喜饶（菩提智）

92. 杂弥·桑杰扎（佛称）（原注：曾往印度）

93. 库嘎巴·科洛扎（轮称）

94. 邦肖·萨哇扎（显称）

95. 定日·却扎（即却吉扎巴，法称）

96. 居·曼兰扎（愿称）

97. 巴察·尼玛扎（日称）

98. 哇日·仁钦扎（宝称）

99. 卓·喜饶扎（智称）

100. 惹·多杰扎（金刚称）

101. 者卧·喜饶伯（智祥）

102. 扎西坚赞（吉祥幢）

103. 瓦热·图巴噶（闻喜）

104. 麻宛·却拔（法燃）

105. 茨·尤格坚赞（宝幢）

106. 茨·旺额（根定）

107. 加·衮噶多杰（庆喜金刚）

108. 加·噶瓦扎（喜称）

109. 马多·却吉旺秋（法自在）

110. 却吉宁布（法藏）

111. 岗·却吉益西（法智）

112. 秋参·旺秋嘉措（自在海）

113. 崔臣云丹（戒德）

114. 切乌嘎巴·云丹贝（德祥）

115. 索南桑布（福贤）

116. 松巴·贝却多杰（胜祥金刚）

117. 尼玛多杰（日金刚）

118. 库·格年奈佐（鹦鹉居士）

119. 洛加·循奴拔（童燃）

120. 拉·益西坚赞（智幢）

121. 绛曲迥尼（菩提源）

122. 兰·却吉罗哲（法慧）

123. 觉珠·定埃增桑布（定贤）

124. 喜饶益西（智慧）

125. 柔巴循奴（明童）

126. 循楚（即循奴楚臣，童戒）

127. 库·多德拔（经燃）

128. 喜饶宗哲（智精进）

129. 雍仲沃（恒光）

130. 索南加哇（福胜）

131. 觉珠·喜饶喇嘛（智上师）

132. 觉珠·聂岸麦贝伯（无忧祥）

133. 拉钦·云丹拔（德燃）

134. 索南梅巴（福信）

135. 格楚琼扎（沙弥鹏称）

136. 崔臣则（戒积）

137. 拉尊巴（大德王僧）

138. 拉赞普·牟尼惹杂（ལྷ་བཙན་པོ་མུ་ནི་བཙན།）

139. 鄂·普陀波罗（རྔོག་སྤུ་ཏྲ་པཱ་ལ།）

140. 加洛杂哇（加译师）

200

141. 巴·多杰加布（金刚王）

142. 拉仁波切（天宝师）

143. 拉·却吉仁钦（法宝）

144. 居·崔臣沃色（戒光）

145. 格隆恰伊东坚（鸟面比丘）

146. 惹吉译师（རྦྱེད་ལོ་ཙཱ་བ）

147. 普布沃（橛光）

148. 巴察·崔加（即崔臣加瓦，戒胜）

149. 喜饶勒（智善）

150. 那措·达玛扎（盛称）

151. 马尔巴·罗哲桑布（慧贤）

152. 赛译师（སེ་ལོ་ཙཱ་བ）

153. 达瓦扎巴（月称）

154. 聂弥·益西曲（智法）

155. 却吉达瓦（法月）

156. 格隆喜饶加（智护比丘）

157. 那措·喜饶坚赞（智幢）

158. 阿夏·加嘎则（印度积）

159. 年·索南达（福盛）

160. 瓦日·曲扎（即曲吉扎巴，法称）

161. 旺波译师（དབང་པོ་ལོ་ཙཱ་བ）

162. 循奴喜饶（童智）

163. 噶·喜饶迥尼（智源）

164. 坚伯循奴（文殊童子）

165. 喜饶沃色（智光）

166. 杰·噶瓦伯（喜吉祥）

167. 益西迥尼（智源）

168. 释迦宗哲（释迦精进）

169. 惹·却热（法胜）

170. 洛尊穹·多杰坚赞（金刚幢）

171. 夏玛·格年僧加（即僧格加瓦，狮王居士）

172. 杰·扎西（吉祥师）

173. 恰合·扎迥（罗汉师）

174. 加·却桑（即却吉桑布，法贤）

175. 努·强贝伯（慈吉祥）（原注：传如太阳）

176. 萨迦班智达（原注：传如月亮，与图年巴并称"日月一双"）

177. 恰合·曲结伯（吉祥法王）

178. 加·喜饶沃（智光）

179. 尚·珠巴伯（成就祥）

180. 洛卧·喜饶仁钦（智宝）

181. 洛扎巴·达僧（即达吉僧格，盛狮子）

182. 牟年桑布（无等贤）

183. 雄·多杰坚赞（金刚幢）

184. 雄·罗哲丹巴（慧坚）

185. 康巴·罗哲加布（慧王）

186. 丹麻·崔僧（即崔臣僧格，戒狮子）

187. 热·循宗（即循奴宗哲，童精进）

188. 须杰·扎巴坚赞（称幢）

189. 尼玛坚赞贝桑布（日幢大师）

190. 邦·洛哲丹巴（慧坚）

191. 扎察巴·仁加（即仁钦加瓦，宝佛）

192. 勒贝罗哲（善慧）等。

这些译师所译教典法本,将在下面述及。凡在此未列入的具恩德的班智达和译师,有待搜集资料再作补遗。

注释:

[1] 杰桑五子:杰桑王的五个儿子。杰桑王,亦译般茶王,古印度释迦族一国王。

[2] 波斯匿王:古印度憍萨罗国国王,亦译胜军王、胜光王,都城舍卫城,故亦称舍卫国。相传波斯匿王与释迦牟尼同年同月同日生,即位后常从佛听法,被其臣下擯除,后病死于求救未生怨王途中。

[3] 坚影王:亦译影胜王,古印度摩揭陀国国王,与释迦牟尼同时代,曾皈依释迦牟尼受优婆塞戒。

[4] 赞塘果玉:即今西藏山南乃东县之泽当。

[5] 笃本:最原始的本教。初传于前藏,相传一儿童被厉鬼所迷,引往异地得神通传授而创此教,故亦称"附体本教"。

[6] 天王:原文为"天",其意费解。郭和卿先生译本作嘉萨南森代王之子代诺(郭氏译作"德洛朗"),似误。此处之"天"指从天界而来之王,故译为"天王",应指第一代藏王聂赤赞普。

[7] 《佛说大乘庄严宝王经》:全书四卷半又二品,印度佛学家姿那迷扎等人同西藏译师智军由梵译藏并校订。宋代天息灾由梵译汉。

[8] 达日年色:达日,虎山;年,盘羊;色,见。

[9] 松赞干布:意为正直严明、智慧深远之王。

[10] 觉卧像:释迦牟尼的报身身像。

[11] 菩提萨:指赤松德赞时期来藏弘法的静命堪布,亦译寂护,藏语作希瓦措。生于孟加拉,为萨霍尔王之子,后出家于那烂陀寺,师承智藏,为清辨的五传弟子,是中观自续派著名论师,著有《中观庄严论》《摄真实论》等。约743年应赤松德赞之请入藏传教,曾协助赞普倡建桑

耶寺，首次在西藏建立僧伽制度，主持翻译佛教典籍事宜，对藏传佛教有过重要影响。

[12] 红山：布达拉官所在之山。

[13] 马鸣：约公元1世纪西印度佛学大师，为龙树师弟弟子，精通四学及诸异教诗韵之学，著有《佛本生行传一百八赞》《医学八支大论》《入八支论》《八支集要自注》等。

[14] 白玛桑巴瓦：即莲花生大师，西印度乌仗那国人，于今孟加拉地方从巴尔巴哈蒂论师出家，师从佛密、室利僧哈等，精通显密，尤能密法。8世纪中叶入藏，协助藏王赤松德赞建桑耶寺，为宁玛派无上瑜伽密阿底瑜伽部的主要传出者，被后世宁玛派信徒尊为该派祖师。

[15] 迦玛拉希拉：即莲花戒，古印度佛学家，那烂陀寺学僧，寂护弟子。762年寂护去世后，应赤松德赞之请入吐蕃，参与汉印僧人顿渐之争。卒于780年。其佛学思想追随寂护的中观瑜伽行见，对藏传佛教显宗的发展有相当大的影响。

[16] 寻：亦作度，长度单位，两臂左右平伸后，两手中指之间的长度。

[17] 妙观察智：如来五智之一，即第六意识净除贪著等垢污而住，为西方阿弥陀佛之智德。

[18] 出世间智：佛家所说脱离轮回难而到达彼岸涅槃，即出世圣道所有的智慧。

[19] 无分别：即无寻思、虚妄之分别。指离一切相而证得诸法真实空性之智。

[20] 诸法无自性：指一切法皆依缘而生，无自能成立的实有本性。

[21] 卓木：即亚东，地处西藏南部，东接不丹，西邻印度锡金邦。

[22] 四根本戒：指戒杀生、盗窃、邪淫、妄语。

[23] 葛逻禄：蓝眼突厥，为突厥一支，地处中亚西亚。

[24] 多杰扎岩：地在今青海省尖扎县加让乡，地处黄河谷地。

[25] 阿琼南宗丹斗协之分寺：阿琼南宗，为安多四宗之一，风景秀丽，历史上以藏僧禅修闻名，地在今青海省尖扎县坎布拉林区。丹斗，地在今青海省化隆县金源乡，南临黄河，10世纪初形成丹斗寺，附近有其分寺，名央斗寺。阿琼南宗与丹斗相距不是很远，但不在一处。

[26] 亲教师：藏语作"堪布"，是传授出家戒或沙弥、比丘戒的主要上师。

[27] 轨范师：藏语作"洛本"，梵音作"阿阇黎"，出家授戒上师之一，是对信徒从法财上给予利益的善知识。

[28] 沙弥戒：出家男子所受的三十六戒。

[29] 比丘戒：亦称近圆戒、具足戒，共253条戒规。

[30] 屏教师：授戒五师之一。启迪盘诘受戒者有无碍难，通过对白羯磨，向僧伽告白的比丘戒师。

[31] 喇勤波：意为大喇嘛，是对贡巴饶赛的尊称，佛教史中通称"喇勤"。

[32] 羯磨师：主持并讲授羯磨仪轨的上师。

[33] 供施地：或作应供处、供施处，泛指举行布施、供奉、祭祀等宗教活动的对象，如僧众、佛寺、佛像等。这里主要指弘法的活动地区。

[34] 珠玛·崔臣迥尼：此师前文未出现，疑是热西·崔臣迥尼之误写。

[35] 仁钦桑布：译言宝贤（958—1055），西藏阿里古格人，为藏传佛教后弘初期大翻译家，曾翻译、校订显教经17部、论33部，密教怛特罗108部。历史上，密典翻译以他为界线，此前所译为归密，自他起所译为新密。

[36] 鄂译师：指鄂·勒巴喜饶，宋代著名翻译家，曾译《中观心论注》等，1073年建桑普寺。其侄鄂·洛丹喜饶（1095—1109），为其弟子，亦为著名译师，译出《量庄严论》等书。二人合称"鄂译师师徒"，以翻

译和讲授因明学著称。

[37] 噶、觉、香三师：指吐蕃赤松德赞时期的三大译师，即噶瓦·伯则（祥积）、焦若·鲁伊坚赞（龙幢）和香·益西德（智军）。

[38] 柯热：吐蕃达磨赞普之子奥松之后裔。奥松之子贝考赞被起义奴隶杀害后，其子赤德尼玛贡徙居阿里，形成阿里王系。赤德尼玛贡之子德祖衮占据象雄，其子即柯热和松额。但柯热和松额究竟谁出家为僧，史有异说。

[39] 密乘四续部：指事部、行部、瑜伽部和无上瑜伽部。无上瑜伽部又分摩诃瑜伽、阿努瑜伽和阿底瑜伽三部，为藏密的精华所在，故又有"密乘六续"之说。

[40] 天喇嘛：对王族出家人的尊称。指抛弃王位出家为僧的益西沃（智光）。

[41] 库、俄、仲三子：又称三同门弟子，为阿底峡尊者在西藏最主要的三位弟子，即库敦·宗哲雍仲、俄敦·勒巴喜饶、仲敦巴·杰维迥尼。其中，仲敦巴倡建热振寺，创立噶当派。

[42] 《口剑论》：或译《语门论》，11世纪印度学者弥底所著古典藏族语言学名著，书中涉及藏文语法、构词方面的规律以及一些梵文知识。弥底全名作弥底杂那格底。

[43] 沃德：即柯热（见注[38]）之长孙，六传至赞楚德，至亚泽为王，称亚泽王系。沃德之二弟为希瓦沃（寂光），三弟为天喇嘛绛曲沃（菩提光）。

[44] 鄂·洛丹：即鄂译师洛丹喜饶，见注[36]。

[45] 卓弥·释迦益西：疑为卓弥·释迦循奴之异写。卓弥·释迦循奴（？-1064），通称卓弥译师，受阿里国王扎西则派遣，曾往印度、尼泊尔等地学经，回藏后讲修密乘母续，译著新密典籍颇多。

[46] 马尔巴·曲吉罗哲：西藏噶举派创始人。1012年生于藏南洛扎

的普曲琪，初奉卓弥译师学习梵文，继往尼泊尔、印度多次，从那若巴等师学习喜金刚、密集、大手印等密法。返藏后收徒传法，其再传弟子塔波拉杰创塔波噶举派。他与弟子米拉日巴、再传弟子塔波拉杰，合称"马米塔三师"，在藏传佛教史上颇具地位。

第六章 藏地所译显宗经论

第一节　显宗经典

一、初转四谛法轮类经典

佛典总分经典和论典，经典包括在佛所转三法轮中。其中，初转四谛法轮中的四部律典有：

1.《律本事》（ལུང་གཞི།），也译《十七事》，3 270颂，109卷，伯则（祥积）译。

2.《律分别》（ལུང་རྣམ་འབྱེད།），也译《广戒经》，内分《比丘律分别》，共24 900颂、83卷，鲁伊坚赞（龙幢）译；《比丘尼律分别》，共28卷，由贝吉伦布（祥山）和伯则（祥积）译出。

3.《律杂事》（ཡང་དག་ཚིག），也译《杂事品》。该经共八门，有人认为只译了第六门以上。有些书中说，此经由许多译师分译，故缺译第39卷和第43卷。大译师伯觉（祥盛）亦云，此二卷最初是否译出，应作考察，需与音译本核对。《钦朴目录》云，《律杂事》共52卷；《丹噶目录》云，《律杂事》共本颂24 600偈、42卷。这些说法多有疑点，不可附和。完整的《杂事品》八门，由轨范师楚臣迥（戒护）根据译师伯觉的59卷本译本著其释论《杂事句解》，这应是最可信的。

4.《律上分》（ཡང་དག་ལུང），亦译《请问品》。该经全部请问品共53卷，未全本为12卷。

上述四经，《律本事》从出家事等到卧处事，共开示十七事；《比丘律分别》开示了253条比丘戒；《比丘尼律分别》开示了360条比丘尼戒；《律上分》则细说《律本事》和《律分别》，如同释本；而《律杂事》是对各律经不足部分之补充。

《比丘僧别解脱根本戒》700颂、2卷，《比丘尼别解脱戒》800颂、2卷。此二经由鲁伊坚赞（龙幢）译出。有人云，此二经由法商主所造，非为佛所说。有人云，此二经虽由佛说，但有四导师，即佛世尊、优婆离尊者、法商主和无垢友。一种教法有四位导师，这是一种很奇怪的说法。笔者之上师则认为四部律典和《出家戒经》应属于论典，也是一种说法。

以上律经类。

另，后世有许多随佛所说经典，现汇集小乘经典如下：

《圣正法念住经》卷帙缺，巴察·崔臣坚赞（戒幢）译。译师认为此为大乘经，但各大目录中称之为小乘经。

《梵网经》2卷；《梵网大经》1卷、40颂；《大集经》1卷；《梵志请问经》和《随顺非梵志请问经》1卷、50颂；《频婆娑罗王请问经》半卷；《空性经》90颂；《大空性经》半卷；《胜幢经》40颂。以上七经，由益西德（智军）等译出。

《胜妙幢经》40颂，《第五十三经》（མདོ་ཆེན་པོ་ལྔ་གསུམ་པ་）220颂。此二经由益西德（智军）译出。

《圣投石经》2卷，《圣正丈夫经》200颂。此二经由桑迥（贤护）和伯则（祥积）译出。

《难陀出家经》50颂，由章·底温陀罗译出。

《天请问经》37颂，《天请问经小品》117颂。此二经由益西德（智军）译出。

《月亮请问经》13颂，《居积经》，亦译《建立家屋经》，60颂。此二经由然达热其达译出。

《圣住处经》20颂，由伯则（祥积）等译出。

《圣有喜经》（དགའ་བ་ཅན་གྱི་མདོ་）200颂，《青年譬喻经》20颂，《多界经》200颂，《圣锡杖经》和《持锡杖遍行仪轨》二经共1卷，《犍槌经》10颂。由崔臣云丹（戒德）和仁钦桑布（宝贤）译出。

《犍槌时经》卷帙缺，由格维罗哲（善慧）译出。

《圣善知识奉事经》卷帙缺，《亲爱比丘经》卷帙缺，《正具戒律经》卷帙缺，《五堕罪善不善果观察法》。此四经由释迦罗哲（释迦慧）译出。

《最胜施设经》，《佛说解脱道中修习功德经》，由伯则（祥积）译出。在各大目录中，将该经列入经藏，但也有人认为是论藏典籍。

《寿终经》205颂，由格瓦贝（善祥）和伯则（祥积）合译。

《死后如何迁识请问请》，《无常经》15颂，由益西德（智军）译出。

《佛说十想经》8颂，《佛说十一想经》11颂（此经系佛世尊之遗嘱），《佛说善夜经》51颂半，《阁苑门经》，《佛说报父母恩经》300颂，《四谛经》，《法轮经》，《佛说法乘义决定经》70颂，《圣广义法门经》100颂，尾不全，《甚希有法六经》70颂。以上十经由益西德（智

军）译出。

《正示如来留影像利益功德法门经》60颂，由益西宁布（智藏）和伯则（祥积）合译。

《绕佛塔偈颂》70颂，《波斯匿王偈》100颂，《龙王鼓音偈》100颂，《独偈颂》，《四偈颂》，《出家经》，由仁钦桑布（宝贤）译出。

《法集要颂经》，亦译《因缘品》，共4卷，由仁钦却（宝胜）和伯则（祥积）合译。此经在往昔目录中列入论藏，但现多说为经藏。

《大善巧方便报佛恩经》7卷，《佛为首迦长者说业报差别经》（ལས་རྣམ་འབྱེད་ཅུང་ད）1卷，由益西德（智军）等译出。

《分别善恶报应经》270颂，《圣义成王子经》1卷，《佛说福力太子因缘经》280颂，由拉达瓦（天月）译出。

《佛说月光菩萨经》和《佛说吉祥军因缘经》二经，由喜饶勒（智善）和仁钦桑布（宝贤）合译。

《金色王经》（རྒྱལ་པོ་གསེར་མདོག་གི་སྟོང་རྒྱ་བཤུགས）17颂，《圣佛阿波陀那有智者经》（གདངས་རྒྱས་ཀྱི་གཏམ་པ་བརྗོད་པ་ཤེས་རབ་ལྡན་གྱི་མཆོག）15颂，由伯则（祥积）译出。

《佛说嗟袜曩法天子受三皈获免恶道经》（ཕག་མོའི་གཏམ་བགས་ད），直译《亥母传经》，100颂，由益西德（智军）译出。

《摩伽陀贤女阿波陀那》（མ་གདྷ་བཟང་མོའི་གཏམ་བརྗོད），直译《摩揭陀贤女传经》，由崔臣云丹（戒德）和仁钦桑布（宝贤）合译。

《富楼那等一百因缘经》（གང་པོ་ལ་སོགས་པའི་གཏམ་པ་བརྗོད་པ་བརྒྱ），又名《撰集百缘经》，22卷，由拉达瓦（月天）译出。

《百业经》（ལས་བརྒྱ）37卷，《贤愚因缘经》13卷，《佛说善恶因果经》，由桂·却珠（法成）据印度梵本和汉文本译出。

《佛说善恶业果经》，《月藏所问经中佛说入灭后教法住灭授记经》2卷，《牛角山授记经》1卷，《虎耳因缘经》2卷，由释迦沃（释迦光）译出。

214

《十二眼经》（此经与前面的《虎耳因缘经》，鲁梅·旺秋扎巴说非为经典），《长爪梵志请问经》37颂，《弥勒授记经》伯则（祥积）译本100颂，系为旧译，至今未得其译本。

《佛说福力太子因缘经》（བསོད་ནམས་ཀྱི་མདོ་）100颂，《福伞经》100颂，《补特伽罗经》100颂，《名想丈夫经》（ཁྱིམ་བདག་འདུ་ཤེས་ཀྱི་མདོ་）50颂，《赞叹经》（ཆེད་དུ་བརྗོད་པའི་མདོ་），《胜身女经》，《正法念处品》100颂（此经在《丹噶目录》中列入论典，想应以彼为是），《正法念处小品》，《佛说有情生死根本经》1卷，《世间彼岸修行经》2卷，《受持十善誓愿仪轨》100颂，《贤施经》2卷，《慈星经》，《入正信经》，《佛说修习功德经》，《发愿经》，《地经》，《教戒贪欲经》，《护国菩萨请问经》小品73颂，《业大分别经》2卷，《众集经》（ཡང་དག་པར་བསྡུས་པའི་མདོ་）（亦译《等集众集经》）222颂。（以上诸经均未录译师名，不少亦未详卷帙。）

上述经典中，《佛说报父母恩经》《贤愚因缘经》《佛说有情生死根本经》等，在大目录中列为大乘经典，但尚需考证。

二、中转无相法轮类经典

《大般若波罗蜜多经初会》，或译《般若波罗蜜多十万颂》，300卷，由娘·康巴果恰（康巴铠甲师）、毗卢遮那（大日）、杰·切周（犬龙师）、尚·益西德（智军）等被称之为"译经熟练六师"者译出。

《大般若波罗蜜多经第二会》，或译《般若波罗蜜多二万五千颂》83卷、100颂；《大般若波罗蜜多经第三会》，或译《般若波罗蜜多一万八千颂》60卷，由益西德（智军）等译出。

《大般若波罗蜜多经一万颂》33卷，《般若波罗蜜多经八千颂》，或译《佛说佛母出生三法藏般波罗蜜经》，24卷，由鄂大译师（鄂·勒巴喜饶，即善智）等译出。

《般若波罗蜜多摄要颂》，或译《佛说佛母宝德藏般若波罗蜜多经》，共1卷，由伯则（祥积）译出。

以上六种《般若波罗蜜多经》，总称为"佛母六经"。

《大般若波罗蜜多经第十六会》，或译《善勇猛所问般若波罗蜜多经》，2 160颂，共7卷又60颂，由益西德（智军）译出。

《佛说开觉自性般若波罗蜜多经》，或译《般若波罗蜜多经五百颂》，共500颂；《大般若波罗蜜多经第九会》，或译《金刚经》（对此二经用新语作了校正）；《大般若波罗蜜多经第十会》，或译《般若波罗蜜多经一百五十颂》，150颂；《佛说五十颂圣般若波罗蜜多经》，50颂；《帝释般若波罗蜜多心经》（གཙུག），31颂；《般若波罗蜜多二十五门大乘经》，25颂（用新语校正）；《佛说圣佛母般若波罗蜜多经》，或译《般若波罗蜜多心经》（ཤེས་རབ་སྙིང་པོ），25颂（有人谓此经28颂，但梵本为25颂）。以上由仁钦德（宝军）和班底·南喀（虚空师）等译出。

《佛说佛母小字般若波罗蜜多经》30颂，《一字般若波罗蜜多经》，《大般若波罗蜜多经第七会》，或译《般若波罗蜜多经七百颂》(未载译者)。

以上十一经，称之为"般若波罗蜜多十一佛子经"，或同前面的"佛母六经"，总称为"母子十七经"。

《圣八千颂般若波罗蜜多一百八名真实圆义陀罗尼经》30颂；《圣日藏般若波罗蜜多大乘经》；《圣月藏般若波罗蜜多大乘经》，或译《大方等大积月藏经》（ཟླ་བའི་སྙིང་པོའི་མདོ）；《圣般若波罗蜜多普贤大乘经》，《圣般若波罗蜜多金刚手大乘经》，《般若波罗蜜多金刚幢大乘经》。以上六经，亦属般若波罗蜜多经。因此，有人将这六经划入"般若十七母子经"。但这种划分，无论其义和数目均误。还有人认为还有新译的《般若摄要广品》，尚待考证。有人说尚有旧译的《般若波罗蜜多经四千颂》，但至今未得其译本。

三、末转抉择胜义法轮类经典

（一）华严部经典

《大方广佛华严经》开示了大方广佛及一切圣道菩萨不可思议之事

业、刹土、眷属、世间界之庄严，以及圆满周遍而无中边之方广深奥教义。从《大方广佛一切世自在庄严品》起，至第四十五品《华严品》，共计39 030颂、130卷又30颂。其中，由大译师毗卢遮那热其达校正《大方广如来品》14卷、《金刚幢回向品》13卷、《十地品》8卷、《普贤行愿品》16卷、《教示如来出生品》5卷、《出世间品》11卷、《华严品》30卷。尚缺《极广藏品》《妙音庄严品》《莲华庄严品》《极广经》等。

（二）宝积部经典

《大宝积经三律仪会第一》3卷，由益西德（智军）译出。

《大宝积经无边庄严会》（སྒྲུབ་མཆོག་ཡངས་པ་རྣམ་པར་རྒྱན་པ）4卷，由伯则（祥积）译出。

《大宝积经密迹金刚力士会第三》，直译《佛说如来不可思议经》，3 500颂、11卷又200颂，由益西德（智军）译出。

《大宝积经净居天子会第四》，直译《圣说梦大乘经》（རྨི་ལམ་བསྟན་པ）1 000颂；《大宝积经无量寿如来会第五》3卷；《大宝积经不动如来会第六》1 540颂、5卷又40颂；《大宝积经被甲庄严会第七》6卷；《大宝积经法界性无分别第八》2卷50颂；《大宝积经大乘十法会第九》500颂；《大宝积经文殊室利普门会第十》260颂。以上诸经由益西德（智军）译出。

《大宝积经出现光明会第十一》5卷，《大宝积经菩萨会第十二》20卷（用新语校正），由曲尼楚臣（法性戒）译出。

《大宝积经佛说入胎藏会第十四》2卷，《大宝积经佛为阿难说处胎会第十三》1卷，《大宝积经文殊室利授记会第十五》3卷140颂，由益西德（智军）译出。

《大宝积经菩萨见实会第十六》15卷，由益西德（智军）译出。

《大宝积经富楼那会第十七》6卷，《大宝积经护国菩萨会第十八》3卷100颂，由益西德（智军）译出。

《大宝积经郁伽长者会第十九》2卷150颂，《大宝积经无尽伏藏会第二十》2卷，《大宝积经授幻师跋陀记会第二十一》1卷130颂，《大宝积经大神变会第二十二》3卷，《大宝积经摩诃迦叶会第二十三》，或译《圣慈氏大狮子吼大乘经》4卷，《大宝积经优波离会第二十四》2卷，《大宝积经发胜志乐会第二十五》2卷，《大宝积经善臂菩萨会第二十六》2卷108颂，《大宝积经善顺菩萨会第二十七》1卷，《大宝积经勤授长者会第二十八》1卷，《大宝积经优陀延王会第二十九》200颂，《大宝积经妙慧童女会第三十》200颂，《大宝积经恒河上优婆夷会第三十一》80颂，《大宝积经无畏德菩萨会第三十二》1卷，《大宝积经无垢施菩萨应辩地第三十三》1卷150颂，《大宝积经功德宝花敷菩萨会第三十四》140颂，《大宝积经善德天子会第三十五》2卷。以上诸经，均由益西德（智军）译出。

《大宝积经善住意天子会第三十六》4卷，由鲁伊坚赞（龙幢）译出。

《大宝积经阿阇世王子会第三十七》，或译《圣狮子所问大乘经》(ཤེས་གོས་ཞུས།) 60颂，《大宝积经大乘方便会第三十八》4卷又13颂，《大宝积经贤护长者会第三十九》2卷。以上诸经由益西德（智军）译出。

《大宝积经净信童女会第四十》150颂，《大宝积经弥勒所问会第四十一》1卷又10颂，《大宝积经弥勒菩萨问八法会第四十二》1卷，《大宝积经普明菩萨会第四十三》，或译《圣迦叶请问品》(འོད་སྲུངས་ཀྱིས་ཞུས་པའི་ལེའུ) 3卷，《大宝积经宝梁聚会第四十四》2卷70颂，《大宝积经无尽慧菩萨会第四十五》200颂，《大宝积经文殊说般若会第四十六》，或译《般若波罗蜜多经七百颂》2卷又100颂。以上诸经，由益西德（智军）译出。

《大宝积经宝髻菩萨会第四十七》3卷，由曲尼楚臣（法性戒）译出。

《大宝积经胜鬘夫人会第四十八》2卷，《大宝积经广博仙人会第四十九》。此二经由益西德（智军）译出。

以上大宝积经四十九会全部译出。

(三) 大乘经部各经典

《贤劫经》26卷，由伯央（祥音）和伯则（祥积）合译。

《方广大庄严经》18卷（系用新语校正），或译《圣广大游戏大乘经》(རྒྱ་ཆེར་རོལ་པ)；《大庄严法门经》，或译《圣文殊室利游戏大乘经》，2卷又10颂；《佛说魔逆经》（用新语校正），或译《大乘经文殊室利神变品》，1卷94颂；《菩萨行境方便境界中示现神变大乘经》，或译《大萨遮尼乾子所说经》（《大藏经》中为《佛说庄严王陀罗尼咒经》），5卷。由益西德（智军）译出。

《圣世尊智方广经宝无边究竟大乘经》25卷，由益西宁布（智藏）和伯则（祥积）合译。

《佛说大乘入诸佛境界智光明庄严经》3卷又50颂，由益西德（智军）译出。

《佛说华手经》，或译《圣摄持善根大乘经》，共18卷，由勒吉德（善军）和益西德（智军）合译。

《僧伽吒经》（系用新语校正）4卷，《不思议光菩萨所说经》270颂，由益西德（智军）译出。

《佛说较量一切佛刹功德经》，《师子庄严王菩萨请问经》，或译《圣八曼荼罗法门大乘经》，60颂，由益西德（智军）译。

《解深密经》4卷又20颂（用新语校正）；《楞伽阿跋扎宝经》，桂·曲珠（法成）由梵译藏，共8卷。

《佛说象头精舍经》(གཡའ་རི)188颂；《妙法莲华》，或译《正法白莲华经》，13卷；《悲华经》，或译《圣悲白莲华大乘经》，15卷；《大悲经》，或译《大悲白莲华经》，6卷。此四部经由益西德（智军）译出。

《大涅槃二万五千品中天人等众请问品》，或译《大涅槃经》，共13卷，由拉达瓦（天月）译出。

《佛临涅槃记法住经》，或译《涅槃经小品》(བྱང་ལམ་འདས་པའི་མདོ་ཆུང་བ)，由仁钦桑布（宝贤）译出。

《佛临涅槃智大乘经》（འདའ་ཀ་ཡེ་ཤེས），共10颂，由汉文本译藏，列入《丹噶目录》。

《佛藏经》，共5卷，由汉文本译出。此经在三大目录中列入经藏，但有人对此有怀疑。

《大乘密严经》，只译完四卷。

《一切如来加持观众生宣说佛土庄严大乘经》，或译《佛说庄严王陀罗尼咒经》，共2卷，由鲁伊坚赞（龙幢）和益西德（智军）合译。

《佛说一切法功德庄严王经》6卷；《佛说阿弥陀经》，或译《圣极乐刹土庄严经》，130颂。此二经由益西德（智军）译出。

《佛说大乘庄严宝王经》（ཟ་མ་ཏོག་བཀོད་པ），或译《圣箧藏庄严大乘经》，4卷165颂；《大方广宝箧经》（དགོན་མཆོག་ཟ་བཀོད） 4卷。由仁钦措（宝护）译出。

《圣宝源大乘经》7卷，《圣宝边大乘经》210颂。此二经由益西德（智军）等译出。

《金光明最胜王经》广本8卷，由南巴弥多（不分别师）译出。

《金光明最胜王经》略本5卷，《金光明最尊胜大乘经》10卷。由桂·曲珠（法成）从汉文本译出。

《圣金经大乘经》，《圣如金沙大乘经》80颂。由益西德（智军）译出。

《月灯三昧经》，或全译为《圣一切法体性平等戏论三摩地王经》，15卷以前齐全，由曲尼楚臣（法性戒）译出。

《寂照神变三摩地经》3卷又10颂，《如幻三摩地大乘经》1卷150颂，《佛说如来智印经》2卷60颂。此三经又益西德（智军）译出。

《佛说首楞严三昧经》，或全译为《圣勇行三摩地经》，5卷；《般若三昧经》，或全译为《圣现在诸佛现前住立三摩地经》7卷。此二经由仁钦措（宝护）译出。

《集一切福德三昧经》4卷，由益西德（智军）等人译出。《金刚三摩地经》6卷，由汉文本译出。

《四童子三摩地经》3卷，由益西德（智军）等译。《圣最胜三摩地经》1卷（未载译者）。

《宝星陀罗尼经》8卷又30颂，《金刚场陀罗尼经》1卷270颂。此二经由益西德（智军）等人译出。

《圣无边门陀罗尼经》260颂，《六门陀罗尼经》18颂，《佛说入无边分别法门经》121颂，由伯则（祥积）译出。

《二偈陀罗尼》，《大乘起信善修经》2卷又19颂，由益西德（智军）等译出。

以上诸陀罗尼经，世亲论师将《六门陀罗尼经》解释为经藏，迦摩罗尸罗（莲花戒）大师将《佛说入无边分别法门经》解释为经藏。而《宝星陀罗尼经》和《金刚场陀罗尼经》等在各大目录中均列入经部。

《大哀经》，或译《如来大悲宣说陀罗尼自在王请问经》，7卷；《大集大虚空藏菩萨所问经》8卷；《神变王所问经》3卷；《弥勒菩萨所问本愿经》70颂；《圣辩慧所问大乘经》，或译《辩意长者子经》，1卷又10颂；《大乘教授大宝童女所问经》4卷又40颂；《海意菩萨所问净印法门经》10卷；《佛说海龙王经》7卷；《海龙王启问佛为说十善经》200颂；《海龙王所问经小品》10颂。以上诸经由益西德（智军）译出。

《观自在菩萨所问七法经》，由格维罗哲（善慧）译出。

《无热龙王所问经》4卷，由益西德（智军）和抄录者贡林麻等译出。

《圣大树紧那罗王所问大乘经》5卷，由贝吉伦布（祥山）和伯则（祥积）合译。

《圣梵天所问经》200颂，《圣梵施王所问经》1卷，此二经由益西德（智军）译出。

《胜思维梵天所问经》7卷，曲尼楚臣（法性戒）、哇须译师拉旺布松

瓦（天王护）和循奴松瓦（童护）等人合译。

《佛说须真天子经》（ཧྱའི་བུ་རབ་རྩལ་སེམས་ཀྱིས་ཞུས་པ།）3卷，《圣吉祥宝所问经》115颂。此二经由益西德（智军）等译出。

《佛说宝网经》1卷又60颂，由益西宁布(智藏)和伯则(祥积)译出。

《大乘宝月童子问法经》207颂，由格维贝（善祥）和拉伊达瓦（天月）合译。

《菩萨生地经》（བདེ་བྱེད་ཀྱིས་ཞུས་པ།）80颂，由益西德（智军）等译出。

《圣护国所问大乘经》73颂，《无垢光菩萨所问经》（ཡུལ་འཁོར་སྐྱོང་གིས་ཞུས་པ།）6卷，《有德女所问经》（བྲམ་ཟེ་མོ་དཔལ་ལྡན་མས་ཞུས་པ།）90颂，《佛说老女人经》115颂，由益西德（智军）译出。

《大乘百福相经》（འཛམ་དཔལ་གྱིས་ཞུས་པ།），或译《妙吉祥菩萨所问经》，90颂；《尼乾子问无我义经》，均由仁钦桑布（宝贤）译出。

《持世经》（འཛིག་རྟེན་འཛིན་གྱིས་ཡོངས་སུ་དྲིས་པ།），或译《圣持世发问经》。《大方等大集经第十二无尽意菩萨品》（བློ་གྲོས་མི་ཟད་པས་བསྟན་པ།）7卷，《维摩诘所问经》（དྲི་མེད་པར་གྲགས་པས་བསྟན་པ།）6卷，此二经由曲尼楚臣（法性戒）译出。

《大乘四法经》（འཛམ་དཔལ་གྱིས་བསྟན་པ།），或译《圣文殊所说大乘经》，14颂半；《佛说布施功德经》30颂；《宝授菩萨菩提行经》220颂；《圣布施波罗蜜多大乘经》2卷；《佛说五波罗蜜多大乘经》，或译《大般若波罗蜜多经第十一分至第十五分》，6卷；《佛说菩提分大乘经》92颂。以上诸经由益西德（智军）译出。

《清净毗尼方广经》（ཀུན་རྫོབ་དང་དོན་དམ་པའི་བདེན་པ་བསྟན་པ།）2卷，或译《佛说世俗胜义二谛经》，由曲尼楚臣(法性戒)等译。

《佛说诸法本无经》3卷，仁钦措（宝护）译。

《大方广入如来智慧不思议经》3卷又20颂，益西德（智军）译。

《圣说出生佛力变现神变大乘经》1卷50颂；《大方广佛华严经佛不思议法品第三十三》，或译《圣佛不思议法说示经》；《圣燃灯佛授记经》

210颂，由格瓦伯（善祥）和鲁伊坚赞（龙幢）合译。

《圣梵吉祥授记大乘法》40颂，格瓦伯（善祥）和拉达瓦（天月）合译。

《乐璎珞庄严方便品经》2卷，或译《转变女身授记大乘法》（བུད་མེད་འགྱུར་ལུང་བསྟན་པ）；《佛说月上女经》2卷。此二经由益西德（智军）译。

《圣吉祥大天女授记经》100颂，《差摩婆帝授记经》（བདེ་ལྡན་མ་ལུང་བསྟན་པ）70颂，《圣胜意大乘经》11颂。《圣观音大乘经》1卷60颂，《佛说文殊师利巡行经》140颂，此二经由益西德（智军）译出。

《甘露经》70颂，《圣弥勒发趣大乘经》2卷，《佛说内藏百宝经》（འཇིག་རྟེན་དང་རྗེས་སུ་མཐུན་པར་འཇུག་པ）119颂。此二经由益西德（智军）译出。

《信力印法门经》（དད་པའི་སྟོབས་བསྐྱེད་པ་ལ་འཇུག་པའི་ཕྱག་རྒྱ）5卷70颂，《入定不定印经》1卷，《佛说施灯功德经》1卷，此诸经亦由益西德（智军）译出。

《圣法印大乘经》80颂，《圣那伽罗婆兰毗迦大乘经》（གྲོང་ཁྱེར་གྱི་འདའ་བའི་མདོ）100颂，由鲁伊旺布（龙尊王）和拉达瓦（天月）合译。

《食养清净大乘经》38颂，《佛说象腋经》1卷60颂，《圣大音经》64颂，由格瓦伯（善祥）和拉达瓦（天月）合译。

《大方广狮子吼经》1卷，巴杰·益西宁布（智藏）译。

《佛说大乘稻秆经》226颂，益西德（智军）译。

《圣缘起大乘经》13颂，《缘起经》30颂、由南喀（虚空师）译。此经有人虽称之为小乘经典，但世亲论师在其释论中认为，此经开示了八识以及非能明、非色等义理，故应是共通大乘经典。

《央掘魔罗经》（སོར་མོའི་ཕྲེང་བ་ལ་ཕན་པ），或译《圣利指鬘大乘经》，共7卷，由曲尼楚臣（法性戒）和汉族译师董阿杂拉合译。

《阿阇世王忏悔罪障经》5卷，仁钦措（宝护）译。

《佛说德护长者经》（དཔལ་སྦས་ཀྱི་མདོ）1卷60颂，《佛说净业障经》1卷40颂，《圣断除业障大乘经》（ལས་ཀྱི་སྒྲིབ་པ་རྒྱུན་གཅོད་པ）230颂，此诸经由益西德

(智军）译出。

《佛藏经》（ སངས་རྒྱས་ཀྱི་སྡེ་སྣོད་ཚུལ་ཁྲིམས་འཆལ་བར་གཅོད་པ་），或译为《断除犯破佛藏戒罪经》，7卷，伯吉伦布（祥山）译。

《佛说胜军王所问经》160颂，《大法鼓经》5卷，由伯吉伦布（祥山）和伯则（祥积）译。

《大乘三十三天品经》3卷；《坚固增上意乐品大乘经》4卷；《正法摄集经》，又名《诸法要集经》（ ཆོས་བསྡུད་）7卷；《大乘方广总持经》（ རྒྱ་ཆེར་འགག་པ་ཐམས་ཅད་བསྡུས་）1卷60颂。此诸经由益西德（智军）译出。

《诸佛要集经》（ སངས་རྒྱས་བགྲོ་）3卷，《如来集赞大乘经》3卷75颂，由伯央（祥音）和伯则（祥积）译出。

《集一切法要经》（ ཆོས་ཀུན་བགྲོ་），《大集大乘经中如来吉祥三摩耶经》3卷，由伯则（祥积）译出。

《佛说除盖障菩萨所问经》，或译《圣宝云大乘经》（ དཀོན་མཆོག་སྤྲིན་）8卷，由仁钦措（宝护）和曲尼楚臣（法性戒）合译。

《大方等无想经》，直译《圣大云大乘经》（ སྤྲིན་ཆེན་པོ་）10卷，《圣大云经中十方菩萨集会海嬉戏妙筵品经》3卷220颂，《大云经风轮品》1卷，《大云经风轮品中大云品》2卷半70颂，《大方等大云经请雨品第六十四连同仪轨》，此诸经由益西德（智军）译。

《大云经小品》120颂，此经是否是121颂待查；《大佛顶如来密因修证了义诸菩萨万行首楞严经》，鲁梅·旺秋扎认为此经是否是佛经可疑；《大佛顶九品中抄出魔品》，由汉文译出，共2卷，此经在三种旧目录中列为佛部。（以上诸经缺录译者）

《大乘大集地藏十轮经》13卷，由南巴密多巴（无分别师）译出。

《佛说广博严净不退转轮经》6卷，由益西德（智军）等人译出。

《圣三摩地轮大乘经》，《佛说回向轮经》2卷，由南巴密多巴（无分别师）从汉文译出。

《正法王大乘经》1卷100颂，此经与《圣三摩地轮大乘经》在三种旧目录中列为佛部。

《正法理趣经》1卷，《圣法蕴经》150颂，《第一法胜经》（དོན་དམ་པའི་ཆོས་ཀྱི་རྣམ་པར་རྒྱལ་བ།）280颂，《法义分别大乘经》92颂，此四经由益西德（智军）译出。

《菩萨别解脱四法成就大乘经》2卷100颂，由释迦罗哲（释迦慧）和格维罗哲（善慧）合译。

《佛说四法大乘经》13颂，益西德（智军）译。

《四法经》10颂，《不舍四法经》，《大乘四法经》260颂，《三法经》由拉伊达瓦（天月）和伯则（祥积）合译。

《大乘法海经》80颂，《法幢大乘经》，《梵网经卢舍那佛说菩萨心地戒品第十卷》（ཆོས་ཀྱི་རྒྱ།）（由汉文译出），《大乘大方等日藏经》13卷，由桑迥（贤护）和伯则（祥积）合译。

《大方广如来藏经》1卷10颂，益西德（智军）译。

《无字宝箧经》100颂，《虚空孕菩萨经》1卷175颂，《圣理趣调伏虚空色忍辱大乘经》11卷（由汉文本译出），《佛说大方广善巧方便经》、《五千四百五十三佛名神咒除障灭罪经》8卷，《圣大解脱方广忏悔灭罪成佛庄严大乘经》2卷112颂（由汉文本译出），《大证圆通经中称名功德、序品》。（以上诸经未录译者）

《佛说称扬诸佛功德经》（མེ་ཏོག་གི་ཚོགས།）3卷，曲尼楚臣(法性戒）译。

《百拜忏悔经》，《圣不可思议王经》75颂，《佛说灭十方冥经》150颂，由藏·提温罗悉达和鲁伊坚赞（龙幢）合译。

《圣虚空藏菩萨陀罗尼经》(འདས་རྒྱས་བདུན།）105颂，《八吉祥经》（འདས་རྒྱས་བརྒྱད་པ།）91颂，《佛说十二佛名神咒较量功德除障灭罪经》（འདས་རྒྱས་གཉིས་པ།）77颂，《佛说大乘大方佛冠经》（འདས་རྒྱས་ཀྱི་དབུ་རྒྱན།）200颂，由仁钦措（宝护）和提温罗悉达合译。

《佛说佛地经》（སངས་རྒྱས་ཀྱི་ས）200颂，由益西德（智军）根据四种疏释本新译。

《圣者不舍正觉大乘经》120颂，《八佛名号经》(དགྱིལ་འཁོར་བརྒྱད་པའི་མདོ་སྡེ)70颂，此二经由益西德（智军）译出。

《佛说八部佛名经》（བཀྭ་ཤིས་བརྒྱད་པ）51颂，《随念佛法僧三宝经》(དཀོན་མཆོག་གསུམ་རྗེས་སུ་དྲན་པ)，《三学经》、《圣三身大乘经》、《圣三蕴大乘经》530颂，由益西德（智军）译出。

《忏悔菩提堕罪经》，此经出自《优婆离尊者启问经》。《七佛往昔宏愿经广品》800颂，《药师琉璃光如来昔愿功德经》2卷，此二经由益西德（智军）译出。

《三皈依经》30颂，由伯则（祥积）译出。

《佛说大乘流转诸有经》70颂，由益西德（智军）译出。

《大涅槃经》56卷，此经由汉文本译出。《谟底王巴那侠得梁品》以上全。《山中阿难尊者经》《调伏难陀龙王及近难陀龙王经》《大迦叶经》《日经》《大吉祥经》《大集会经》《慈氏经》《慈氏修行经》《五学功德经》《转法轮经》《本生经序品》《杨柳宫经》，以上诸经由班智达阿南达室利与上师尼玛坚赞贝桑布（日幢）新译，与以往所译是否有重复，或究竟属大、小乘中的何乘经典等，尚待考查。

（四）回向、发愿、颂赞类经典

《密意大宝鬘经中所出广大回向愿王》130颂，由班觉（祥富）和伯则（祥积）合译。

《广大回向愿王陀罗尼》1卷200颂，结尾略缺，《圆满想念大回向颂》50颂，《善护一切众生回向颂》40颂，《普贤行愿王经》97颂，《弥勒愿文》30颂，《胜行愿文》23颂，由益西德（智军）译出。

《金光明经忏悔品中所出愿文》《金臂王明灯愿文》《大千摧破佛母经中所出愿文》《大孔雀佛母明咒王经中所出愿文和真言》《入毗舍离

城福乐吉祥颂》《天神启问福乐吉祥颂》《成就福乐吉祥颂》（共九颂）、《大游戏经中所出佛为商主嘎衮和贤善所说吉祥颂》《佛为性贤长者所说三宝吉祥颂》，由益西德（智军）译出。

《大法华经所出帝释赞佛吉祥颂》《孪生天王赞佛吉祥颂》《兜率天王赞佛吉祥颂》《天王所问吉祥颂》《七世佛吉祥颂》《三宝及佛十二事业吉祥颂》，由益西德（智军）译出。

有人将《普贤行愿王经》等说为小乘，是说不当，因此类愿文出自大乘经典和陀罗尼，故应属大乘，不可与其所出大乘经典分列。又，《圣富楼那（གང་ཤཱ）所问大乘经》《圣洛托（ཀློག་སྐྱོན）所问大乘经》《宝蕴经》《十地经》等均属宝积部，不能列入杂经部。

凡旧译经典未列入现在的《甘珠尔》部。

（五）未能译出的35种经典

《如来藏经》4卷、《三宝藏经》4卷、《虚空藏三摩地经》6卷、《吉祥音所问经》1卷200颂、《诸佛所行境广大清净经》1卷、《一切法功德庄严王经》400颂、《辩才庄严经》《智藏经》《如来三摩地经》《虚空藏启问经》1卷半、《菩萨所行境广大清净经》1卷、《大吉祥经》3卷、《如来吉祥圆满经》3卷、《金刚藏启问经》《月胜藏启问经》《波斯匿王所问经》《极喜所问经》《牝虎之女所问经》《佛说十般若波罗蜜多经》《佛说画像经》《无量经》《供献曼陀罗功德经》《菩萨授记经》《梵天授记经》《大宝经》5卷、《如来经教品律戒不疑经》1卷、《广智经略本》1卷、《佛说净善功德经》80颂、《药师经略本》200颂、《般若波罗蜜多经摄颂》《生智经》《生力经》《摄智经》《善巧如来回向颂》160颂、《佛说诸法性体不动中显现一切差别经》90颂。以上35（原文为36）经未能觅得。

对于《双成经》（ཟུང་གི་མདོ）和《无我所问经》（བདག་མེད་པ་ཞུས་པ）等经，鲁梅上师认为不是经部的经典。但此说不能同意，因有人曾认为"《无我所问经》为仁钦桑布（宝贤）所后译，《双成经》在大藏经目录中列为经典"故。在《旁塘目录》中说，《薪烬养护经》（མེ་འགགས་འཚོ་བའི་མདོ）、《马首金刚天地庄严经》（རྟ་མགྲིན་གནམ་ས་བརྒྱན་པའི་མདོ）译自黎域。此外，尚有381部经未能觅得，有57或59部译经如《帝释天请问经》（ཀོཽ་ཤི）、《智贤母经小品》（བློ་བཟང་མོའི་མདོ་ཆུང）、《宝树庄严经》（ཤིང་ཤིང་གི་མདོ）等，萨迦班智达和鲁梅等师认为似是经典。这些均需进一步考证。

第二节　显宗论典

第一部分　诠释个别佛经密意论典

一、诠释初转法轮类经典之论典

《律本事广释》，由轨范师格勒喜宁（妙友）著，译本11卷。

《律分别释》，轨范师杜维拉（调伏天）著，15卷，由鲁伊坚赞（龙幢）译。

《律上分阿笈摩无上分别问经释》，持经部师格维喜宁（善友）著，译本不全。

《律杂事八门以上全释》，或译《阿笈摩杂事注》，轨范师崔臣姜（戒护）著，10卷，格维罗哲（善慧）译。

《别解脱戒释》，轨范师恰巴喜宁（胜友）所著《律摄略论》15卷，由毗卢遮那、加维喜宁（佛智）和释迦喜宁（释迦友）合译。

《别解脱经本释》（སོ་སོར་ཐར་པའི་གཞུང་འགྲེལ）27卷，相传圣勇尊者（马鸣）著，由鲁伊坚赞（龙幢）译。

《别解脱经广释律集论》，轨范师智麦喜宁（无垢友）著，传为50卷，鲁伊坚赞（龙幢）译。

《律蕴释论》《别解脱经释备忘录》《别解脱经释》7卷、传由达那尸罗大师所著《别解脱经文句备忘录》2卷，由鲁伊坚赞（龙幢）译。

《别解脱经释生悦论》（此论未录入《丹珠尔》论藏中）、《别解脱经广释》120卷（此论至今未寻得）、《比丘尼别解脱经释》2卷、《比丘尼别解脱经释》、轨范师云丹沃（功德光）所著《律经根本颂》9卷和《百一羯摩论》3 600颂12卷，均由鲁伊坚赞（龙幢）译。

《律经释论》（མངོན་པ་གྲེལ་པ་ཉིད་ཀྱི་རྣམ་བཤད），云丹沃（功德光）著，崔臣迥尼（戒生）译。

《律经广释》70卷，却吉喜宁（法友）著，鲁伊坚赞（龙幢）译。

《律经略释》，传由轨范师云丹沃（功德光）著，但值得怀疑。

《律经释》，轨范师喜饶杰（能智）著。

阿罗汉萨嘎拉（ས་གཱ）所著《毗奈耶花鬘贯珠》6卷，由强贝伯（慈吉祥）译。

轨范持经师格维喜宁（善友）所著《毗奈耶问品》100颂及其释论5卷64颂，此二论由伯则（祥积）译。

阿罗汉却吉仓本（法商王）所著《律赞》及其释论轨范师杜维拉（调伏天）所著《律赞释》，此二论鲁伊坚赞（龙幢）译。

轨范师释迦沃（释迦光）所著《沙弥三百颂》300颂及其自释《沙弥颂具光释》8卷，此二论由旺布松瓦（天王护）译。

轨范师调伏天所著《利益弟子沙弥颂》《沙弥五十颂》，由益西德（智军）译出。

嘎玛拉尸罗（莲花戒）所著《沙弥五十颂释八义论》《沙弥应作事》，宗巴尤希（世友）所著《异部宗轮论》，轨范师调伏天所著《异部略说》65颂，轨范师跋杰所著《异部分别解说》70余颂，由那措译。

轨范师莲花生大师所著《沙弥最初年岁问》，由加哇喜饶（佛智）

译；《比丘最初年岁问》，由那措译师译。

持经藏师格维喜宁(善友)所著《沙弥学处经》，由循奴却（童胜）译。

班智达苏那耶室利所著《邬波索迦八戒根本释》（དགེ་བསྙེན་གྱི་སྡོམ་པ་བརྒྱད་པའི་ཚིག་འགྲེལ），由达玛扎（盛称）译。

《序分及补特伽罗摄颂》，迦湿弥罗的毗摩罗室利跋扎著，循奴却（童胜）译。

《法集要颂释》，轨范师喜饶果恰（智铠）著，释迦罗哲（释迦慧）译。

轨范师世亲所著《颂义略要论本释》，由益西宁布（智藏）和伯则（祥积）合译。

轨范师龙树所著《法要释》，或译《法界心要释》，由伯则（祥积）译。

《世间施设论》7卷、《因施设论》7卷、《业施设论》5卷，此诸经由益西德（智军）译。

以上诸论著，分别说一切有部认为是佛经，在诸大目录中亦列入佛经类，但经部学者认为是论典，故在此列入论典。

轨范师世亲所著《对法俱舍颂》2卷及其自释本30卷，由伯则（祥积）译。其释论《对法俱舍颂释明义解》60卷，轨范师王子扎贝喜宁（称友）著，伯则（祥积）译。

轨范师岗哇伯（满增）所著《对法俱舍论释义随相论》60卷，巴察译师译。

泥婆罗的希尼拉（寂止天）所著《对法俱舍论要用义合经疏》，由喜饶沃色（智光）译。

轨范师堆桑（聚贤）所著《对法俱舍颂释合经义论》15卷，轨范师陈那所著《对法俱舍论释要明灯》，由坚贝循奴（文殊童子）译。

以上为五十部小乘论典。尚有轨范师罕底索玛所著《对法俱舍论释》14卷、《对法俱舍方便摄要》10卷、《入对法论》2卷50颂、《入对法论广释》5卷，轨范师菩提萨埵所著《比丘戒律五十颂》，轨范师世亲所著

《诸经论义理分别庄严轮论》若干卷等需寻找。

二、诠释中转法轮类经典之论典

(一) 般若经之释论

《佛母般若波罗蜜多经十万颂广释》78卷,一部分未译出。《旁塘目录》中记述此经释由赞普赤松德赞主持完成翻译,但在其前的两部目录中则说是印人完成,称之为"嘉迦玛",即由丹恰遮赛完成。另外,《般若十万颂释》《般若二万五千颂释》《般若一万八千颂释》(译出27卷)等经释论典,不少人认为是丹恰遮赛所作,但实际上是世亲论师所著,这是因为《牟尼密意庄严论》中所引文句,与《般若二万五千颂释》相同,在释论首页亦写有"主张摧破此论释"之句故。

迦湿弥罗的达玛室利所著《般若十万颂疏释》,《随顺三种般若佛母显示八义疏》,由弥底班智达著并自译。

《般若二万颂八品摄义释》,轨范师狮子贤著,崔臣加瓦(戒胜)译。

圣解脱军著《般若二万颂具慧释》,喜饶译;解脱军所著《般若二万颂释论》,由卓桑嘎释迦光译。

轨范师扇底波所著《般若二万颂释》,桂译师译。

轨范师狮子贤所著《般若八千颂现观庄严光明释》8 000颂,由鄂译师译。

轨范师扇底波所著《般若八千颂释最胜心要论》,由释迦罗哲(释迦慧)译。

轨范师晋美迥尼贝巴(无畏生隐)所著《般若八千颂释要月光论》,由喜饶伯(智祥)译。

轨范师陈那所著《般若八千颂摄义》及其广释轨范师官却邦(宝民)所著《般若八千颂摄义广释》,此二论典由鄂译师译。

具祥王杂嘎达拉尼巴所著《般若八千颂释随顺要旨论》,由噶若·崔臣迥尼贝瓦(戒生隐)译。

轨范师无垢友所著《般若七百颂释》7卷，轨范师莲花戒所著《般若七百释》6卷，由南喀姜（虚空护）译。

此类论典尚需找寻的有：轨范师益西喜宁（智友）所著《般若七百颂释》100颂，另有《般若七百颂释要》2卷、《一百五十密理释》1卷等。

轨范师狮子贤所著《集薄伽梵功德宝颂释易知录》，由释迦沃（释迦光）译。

轨范师桑杰益西（佛智）所著《般若摄颂难义释》6卷，由伯则（祥积）译。

迦湿弥罗的达玛室利（法吉祥）所著《般若摄颂启藏钥》，传由巴热译师译。

轨范师无垢友所著《般若摄颂要义略释》，由作者无垢友和罗汉仁钦德（宝军）合译，此论著未列入丹珠尔中。

(二) 能断金刚般若经类之释论

《能断金刚般若释》，莲花戒著，5卷，益西德（智军）译。

此类经论，尚有功德光论师所著《能断金刚般若释》2卷、《能断金刚般若解说》2卷50颂、《能断金刚般若解说颂》37颂等，未曾寻得。

轨范师益西喜宁(智友)所著《般若心经释》《般若心经释义明灯》《般若心经广释》，轨范师莲花戒所著《般若心经释》，由帕巴喜饶(圣智）译。

轨范师莲花生《般若心经释》，轨范师龙树所著《般若心经修习法》，由兰穹和达译师合译，此论似属密宗。

《般若心经十义显明释》，轨范师无垢友所著《般若心经广释》，由班第南喀（虚空师）和益西宁布（智藏）合译。

此外，尚有《金刚经释》（རྡོ་རྗེ་གཅོད་པའི་འགྲེལ་པ།），由汉文本译出，共5卷，未觅得译本。

(三) 现观庄严类释论

《般若波罗蜜多教言现观庄严论》2卷，鄂译师等译。

《现观庄严论释》，轨范师狮子贤著，其释论《显明词义论》5卷，由伯则（祥积）和洛丹喜饶（慧智）合译。《钦浦目录》和《旁塘目录》中说有《现观庄严论广释》6卷，是说是否有误或另有异本，尚待考证。

《现观庄严论释善明词义论》，中观师法友著，却吉喜饶（法智）译。

《现观庄严释略义》，直译《西方门扉论》（ནུབ་ཀྱི་སྒོ་འབྱེད་གསལ），喜饶迥尼罗哲（智生慧）著，鄂译师译。

赛林巴·却吉扎巴（金洲师法称）所著《般若经论现观庄严释显明难解疏》，仁钦桑布（宝贤）译。

迦湿弥罗的循奴伯（童祥）所著《般若经论现观庄严释略义》，扎西坚赞（吉祥幢）译。

《现观庄严论释》，然达格底著，拉钦·云丹拔（德燃）译。有人云此论释是《现观庄严释略义》之释本，是说有误。

班智达普陀室利杂那所著《般若经论现观庄严释慧灯鬘》，强贝伯（慈吉祥）译。有人云《般若宝灯论》和《二万五千般若释略论》为藏人所著。

阿底峡尊者所著《般若波罗蜜多略义明灯》，由那措译师译。

伯岗巴罗所著《般若略义九颂论》及其广释二论典，由仁钦桑布（宝贤）译。

（四）中观类释论

《中观根本智论颂》，或译《中观根本般若论》，1卷140颂，轨范师龙树著，鲁伊坚赞（龙幢）译。彼轨范师（龙树）所著《六十正理论颂》62颂，由尼玛扎（日称）译；《七十空性论》74颂，由循奴却（童胜）等译；《回诤论》70颂，由伯则（祥积）和库·多德拔（经燃）合译；《细研磨论》，或译《广破入微论》，由扎觉喜饶（名称满智）译；《中观根本无畏释》7卷和《回诤论自释》1卷100颂、《七十空性释》280颂、《细研磨论释》等，由多德拔（经燃）译。

《中观根本释》，轨范师桑杰姜（佛护）著，共10卷，由鲁伊坚赞（龙幢）译。

《中观根本明句释》，轨范师月称著，巴察译师译。

轨范师清辨所著《中观根本般若灯释》20卷，由鲁伊坚赞（龙幢）译。

《般若灯论广释》，宗巴·观音禁著，80卷，由鲁伊坚赞（龙幢）译。

《七十空性论释》，班智达彦潘桑布(利他贤)著，循奴却（童胜）译。

《六十正理论释》，月称著，智军译。

圣天所著《中观四百论》及其释论轨范师月称所著《中观四百论释》，此二论典由巴察译师译。

圣天所著《智慧心要集》及其释论轨范师菩提贤所著《智慧心要集释》，此二论典由却吉喜饶（法智）译。

圣天所著《中观掌珍论》（དབུམ་ལག་པའི་ཚིག）15颂及其释论20颂，此二论典由班觉宁布（富藏）和伯则（祥积）译。

圣天所著《成就破妄如理因论》，祥积译。

《大乘二十颂论》，释迦光译。

《中观百字论根本释》，由循奴喜饶（童智）和扎觉喜饶（名称满智）合译。

《中观缘起心要颂根本释》54颂，《转有轮颂》（སྲིད་པ་འཁོར）及其释论，班智达强巴贡布（慈怙）所著《转有轮颂释》，由达瓦循奴(月童)自译。

《无生宝藏论》，巴察译师译。

《分别觉与未觉品类论》，扎觉喜饶（名称满智）译。

轨范师月称所著《中观五蕴品类论》，那措译师译。

《入中论根本颂》，那措和巴察译。其释论《入中论根本颂释》巴察译师译，其释论班智达咱雅阿南达所著《入中论根本颂释注解》，由衮噶扎（庆喜称）译。而班智达咱雅阿南达所著《思择锤颂》（ཐག་གི་ཐོབ），由多德拔（经燃）译。

轨范师清辨所著《中观心要略义》80颂，其释论《中观心要略义释思择焰》《中观摄义》等，那措译师译。

《中观宝灯论》，由贾·宗哲僧格（精进狮子）和那措译师合译。

轨范师那波巴（黑尊者）所著《中观缘起论》《灭妄本释》，由那措译师译。

轨范师遮达日所著《入二谛论》及其释论轨范师达摩嘎惹玛底所著《入二谛论难义释》，此二论典由贾·宗哲僧格（精进狮子）译。

轨范师益西宁布（智藏）所著《二谛论》27颂，其自释1卷以及其释论轨范师希瓦措（寂护）所著《二谛论释解脱》3卷，轨范师寂护所著《中观庄严颂》100颂及其释论2卷，此五部论典由益西德（智军）译。

《中观庄严颂释》之释论莲花戒所著《中观庄严颂释详解》5卷，由益西德（智军）译。

轨范师莲花戒所著《中观光明论》9卷，《成一切法无自性论》1卷半，由伯则（祥积）译。

《显真实性品类论》2卷，轨范师伯贝（祥隐）所著《入真实性颂》30颂，其释论200颂，《入中观智论》，由桂译师译。

轨范师鲁伊喜宁（龙友）所著《入三身论》156颂，其释论轨范师益西达瓦（智月）所著《入三身论释》150颂，此二论典由智军译。

轨范师桑杰沃（能明光）所著《中观宗要品类论》半卷，由祥积译。

轨范师中观狮子所著《异见分别论》，由却吉喜饶（法智）译。

轨范师阿佳嘎拉拘巴达所著《能仁密意庄严论》，由萨哇扎（显称）和邦·洛丹（智坚）合译。

(五) 入菩萨行类释论

《入菩萨行论》，希瓦拉（寂天）著，鄂译师译。三大目录中说此论典有600颂2卷，但通称有1 000颂。

《入菩萨行九品颂》，有人说此论典系罗哲牟萨巴（无尽慧）所著，并多言此与《九品颂》不同。但笔者认为，此论典除《忏罪品》是否单列和新旧译本之差别外，实际上是同一部著作。

《入菩萨行论广释》，轨范师喜饶迥尼罗哲（智生慧）著，达玛扎（盛称）译。

轨范师格维拉（善天）所著《入菩萨行释》，由格维罗哲（善慧）译。

轨范师那波巴（黑尊者）所著《入菩萨行难义释》，由却吉喜饶（法智）译。

轨范师毗卢遮那热其达所著《入菩萨行详解》《入菩萨行智慧品释难》（三种中之一种），由鄂译师译。

毗布底旃陀罗所著《入菩萨行旨意明解》，由他自己译为藏文。

轨范师赛林巴（金洲师）所著《入菩萨行摄义》，由那措译师译。

上述论著，属于般若类的论著39种，属于中观两派（应成派和自续派）的论著62种，属于入菩萨行类的论著10种，共计111种。尚有《空性回诤论》1卷、《空行十二门根本释》2卷尚未找到。

三、诠释末转法轮类经典之论典

（一）各种经部典籍密意之释论

《十地经序分解说》1卷，释迦洛（释迦慧）著。

《十地经释》，轨范师世亲著，14卷60颂，由益西德（智军）和伯则（祥积）合译。其释论由轨范师尼玛珠（日成）所著《十地经释注解》12卷，由伯则（祥积）译。

《佛地经释》，轨范师昂楚桑布（性贤）著，2卷40颂。轨范师坚伯扎巴（祥称）所著《三摩地王经释名称鬘》，那措译师译。其中之《佛随念经释》，世亲论师著；《三宝随念经释》，无著论师著，释迦光译。

《伽耶果日山经释》，世亲论师著，130颂，益西德（智军）译。

《伽耶果日山经韵文间杂注》，轨范师释迦洛（释迦慧）著，2卷100

颂；《入无分别陀罗尼释》，轨范师莲花戒著，2卷；世亲论师所著《一伽陀解》《六门陀罗尼注》31颂、《四法经注》24颂；其释论轨范师益西金（智施）所著《四法经注解说》1卷，由益西德（智军）译。

《二伽陀注》，轨范师泽阁（妙贤）著，200颂。《普贤行愿王经四注》，陈那著，1卷半；坚桑布（庄严贤）著，1卷半；释迦友著，2卷200颂，共2部，皆由伯则（祥积）译。而轨范师龙树所著，则由洛丹喜饶（具慧智）译。

《菩提忏悔经释》，轨范师则达日著；《忏悔经释》，燃灯智著，由那措译师译。

《忏悔经注释》，轨范师龙树著，其另一译本传由鲁吾（龙主）著。

《无尽意所说经释》，世亲论师著，20卷；《宝积经迦叶品广释》，轨范师洛丹（安慧）著，6卷；轨范师龙树所著《稻秆经摄颂根本释》4卷。此诸经由伯则（祥积）译。

《稻秆经广释》，轨范师莲花戒著，1卷半。《初分缘起分别经解》，世亲论师著，4卷；其释论轨范师云丹罗哲（功德慧）著，11卷。此二论典由南喀（虚空师）译。

《涅槃智经释》，分别有轨范师扎杂萨牟扎和轨范师寂天所著两种，均由帕巴喜饶（圣智）译。

无著论师所著《解深密经略释》220颂，由益西德（智军）译。

《解深密经广释》约有40卷，有人称此论著为龙树所著，其实不然。持龙树说的理由是认为"应阅拥有自在权力的主宰绛曲祖楚所著之《正量教言》"。但此论著用的是藏人写论的口吻，并引用了《集论》《量决定论》等中的教言。故由此可知，这是一位藏人学者之著述，可能由鲁伊坚赞（龙幢）写成。

《解深密经广释》，由汉族亲教师圆泽（）著，74卷，桂译师却珠（法成）由汉文本译出。

《妙法莲华经释》，僧伽林之轨范师萨伊杂勒（地亲）著，由汉文本译出，共20卷。

《楞伽经释》，轨范师益西伯桑布（智祥贤）著。汉地亲教师益西多杰（智金刚）所著《如来藏庄严论》，由汉文本译出。

以上为经部释论38部。

此类释论尚有以下论典有待找寻：

《解深密经大疏》60卷；《解深密经弥勒品略解》，轨范师益西宁布（智藏）著，2卷70颂；《解深密经略释》1卷；《三摩地王经甚深法性释》2卷；《十地经摄义》50颂；《妙法莲华经摄义》100颂；《宝云经释》；《佛随念经释》1部；《妙法莲华经释》，世亲著；《佛地经句义略论》80颂；《胜义法门释》7卷；《普贤行愿王经释》，功德光著，500颂；由汉文本所译《解深密经大疏》9卷；由汉文本所译《楞伽经广释》40卷；由汉文本所译《楞伽经释》760颂；《楞伽经疏释》，班智达惹他里罗译，3卷；《法广母解说》4卷；《解深密经广释》，汉族轨范师佐萨（圆明）著，75卷，此论典应考证与圆译所著《解深密经广释》是否是同一部著作。

(二) 瑜伽行唯识宗论典

薄伽梵弥勒所著《大乘经庄严论本颂》3卷，其释论轨范师世亲所著《经庄严论释》1卷270颂，世亲释本之释论居士宗巴俄卧尼麦巴（无自性师）所著《经庄严论释合解》12卷，此三论典由伯则（祥积）译。

《经庄严论初二颂解说》，轨范师彦拉潘巴（利他）著，循奴却（童胜）译。

迦湿弥罗的杂那室利所著《庄严经摄义》，由却吉宗哲（法精进）译。

《经庄严论大疏》，传由轨范师安慧著，共60卷，杰扎西(吉祥师)译。

《究竟一乘宝性论》及其释论无著论师所著《究竟一乘宝性论释》，此二论典由洛丹喜饶（具慧智）译。

《辩中边论颂》70颂，其释论世亲论师所著《辩中边论释》2卷40颂，世亲释本之释论安慧论师所著《辩中边论释注解》11卷200颂，此三论典由益西杰（智王）等译。

《辨法法性论》，由那措译师和素·噶瓦多杰（喜金刚）合译。

《辨法法性颂》，由夏玛·僧加（狮王）译。

世亲论师所著《辨法法性论释》，由鄂译师译。

圣无著所著"五部地论"，共130卷。其中《瑜伽师地论本地分中十五地诸论》26卷，《瑜伽师地论本地分之一声闻地》18卷，《本地分中之菩萨地》20卷150颂，《瑜伽师地中之地品次第》，《瑜伽师地中之摄异门分》38卷125颂，《瑜伽师地中之摄事分》19卷19颂，《瑜伽师地中之摄抉择分》1卷250颂，以上诸论典由益西德（智军）等合译。

《地品赞释》译出7卷，未译完。

功德光所著《菩萨地释》亦未译完。

轨范师海云所著《菩萨地释》20卷，先前于吐蕃噶、觉二译师时期旧译，后由那措译师重译。

《菩萨地戒品释》5卷，轨范师加维舍（王子）著本及功德光论师著本等，由益西德（智军）等译。

"二摄颂"之一《摄大乘论》3卷270颂，其释论宗巴·俄卧尼麦巴（无自性）居士所著《摄大乘论合解》10卷30颂，此二论典由益西德（智军）译。

《摄大乘论初殊胜处密意分别注解》14卷，《旁塘目录》中称世亲论师著；《摄大乘论释》由轨范师诺吉杂勒（宝亲）著，那措译师译。宝亲和世亲乃是翻译上的差别，笔者认为应是世亲著。

"二摄颂"中属于共通乘的《阿毗达磨集论》5卷（有人说为6卷，实则5卷），其释论轨范师加维舍（王子）所著《阿毗达磨集论释》11卷，《入对法集论释心要集》6卷50颂，此诸论由益西德（智军）译。

《对法集论释》，无著论师著，扎巴坚赞（名称幢）和尼玛坚赞（日幢）合译。

轨范师世亲所著《五蕴论》132颂，其释论安慧论师所著《五蕴论品类分别解》4卷，功德光论师所著《五蕴论解说》2卷100颂，轨范师萨伊杂勒（地亲）所著《五蕴论解》5卷，世亲论师所著《唯识二十颂》及其自释130颂，其释论调伏天论师所著《唯识二十颂释详解》2卷半，世亲论师所著《唯识三十颂》，其释论安慧论师所著《唯识三十颂释》2卷100颂，其释论调伏天论师所著《唯识三十颂释详解》5卷70颂。以上十部论典由益西德（智军）译出。

世亲论师所著《释轨经部百章论》（རྣམ་པར་བཤད་པའི་རིགས་པ་མཛོད་སྟེའི་ཚུལ་བྱ་བརྒྱ་དང་བཅས་པ）1卷，由拉旺布尚哇（天王护）和贤贝果恰（妙祥铠）合译。其释论《释轨经部百章论疏》10卷，其释论云丹罗哲（功德慧）论师所著《轨论疏解颂》4 100颂，此二论典则由拉旺布尚哇（天王护）译。关于《轨论疏解颂》，在以往三种目录中称有15卷4 500颂，也有人说《释轨经部百章论疏》为6卷，这些应作考证。

轨范师世亲所著《成业品类论》（或译《大乘业论》）1卷，其释论轨范师罗桑昂楚（善慧性）所著《大乘业论释》4卷，此二论典由拉旺布尚哇(天王护）和伯则（祥积）合译。

世亲论师所著《决定显示三自性论》，桂译师译。

世亲论师所著《大乘百法明门论》，却吉仁钦（法宝）译。

轨范师仁钦迥尼希瓦（宝生寂）所著《唯识庄严本颂及释文》二论典由释迦光译。

此处尚有《五十颂宝性论本释》（ལྦ་བཅུའི་ཆུད་བླ་མར་འགྲེལ），或译《五十颂最上要义论根本释》应属中观类论典。本类论典尚缺《律摄论》2卷、《辟支佛地解》若干卷和《五蕴论》5卷51颂，此三部著作需找寻。

（三）发菩提心、修学菩萨行次第类论典

轨范师龙树所著《大乘宝要义论》（མདོ་ཀུན་ལས་བཏུས་པ་རིན་པོ་ཆེའི་གཏེར），或译《集经论》，共5卷，益西德（智军）译。其释论轨范师扇底波所著《经教之量宝光庄严论》（ལུང་གི་ཚད་མ་རིན་པོ་ཆེའོད་ཟེར་བའི་རྒྱན）那措译师译。

《集经论广义》7卷，巴察译师和多德拔（经燃）合译。

阿底峡尊者所著《集经论摄义》，贾·宗哲僧格（精进狮子）译；《集经论摄义要诀》那措译师译。

寂天论师所著《集学论偈品颂》《集学论》（བསླབ་པ་ཀུན་ལས་བཏུས་པ）14卷，由洛丹喜饶（具慧智）和喜饶迥尼（智源）译。

《如来心要百字仪轨》，寂天论师所著《忏罪仪轨》，阿底峡尊者所著《忏悔仪轨》，轨范师赛林巴(金洲师)所著《集学现观论》，由那措译师译。

轨范师毗卢遮那热其达所著《学处花穗论》，由僧格坚赞(狮幢)等译。

龙树论师所著《发菩提心仪轨》47颂，益西德（智军）译。

轨范师菩提贤所著《发菩提心及受戒仪轨》，达玛扎（盛称）译。

轨范师则达日所著《发菩提心及立誓仪轨》(སེམས་བསྐྱེད་དང་ཡི་དམ་བླང་བའི་ཆོག)，鄂译师译。

阿底峡尊者所著《发菩提心及受持律仪仪轨》，由格维罗哲（善慧）和那措合译。

轨范师则达日所著《初业地净治论》，却吉喜饶（法智）译。

阿底峡尊者所著《菩萨行要略教授指示录》，轨范师晋美迥尼贝巴(无畏生隐)所著《发菩提心及受持律仪仪轨》，由恰扎迥（罗汉师）译；彼师所著《菩提正道》225颂，由恰扎迥（罗汉师）和尼玛坚赞（日幢）合译。

轨范师旃陀罗阁弥（皎月）所著《菩萨律仪二十颂》，其释论轨范师寂护所著《菩萨律仪二十颂释》2卷，轨范师菩提贤所著《菩萨律仪二十颂释难》，由绛曲喜饶（菩提智）译。

月称论师所著《三皈依七十颂》，由仁钦桑布（宝贤）译。

241

轨范师毗摩罗牟扎（净友）所著《皈依六支论》，由杂那译师译。

阿底峡尊者所著《皈依七颂》，由格维罗哲（善慧）译。

迦湿弥罗的释迦室利跋扎所著《入正法行七支论》，由达那尸罗自译。

轨范师圣勇（马鸣）所著《六波罗蜜摄颂》2卷，由毗卢遮那热其达译。

毗布底旃陀罗所著《三律仪光鬘》，由作者自译。

轨范师罗睺罗贤所著《所行境清净经略义》，或译《境界清净经略义》，由强贝伯（慈吉祥）译。

室利杂嘎达牟扎阿南达所著《法行四支论》（ཆོས་སྤྱོད་ཡན་ལག་བཞི་པ），强贝伯（慈吉祥）译。

阿底峡尊者所著《菩提道灯论》，由格维罗哲（善慧）译。其论之释难即《菩提道灯论难义释》，由那措译师译。

《菩萨行摄义灯论》《中观要诀录》（དབུ་མའི་མན་ངག）、《心要决定略义》和《教示入初业菩萨道论》，此四论典由那措译师译。

《大乘道修习法略录》《大乘道修习法极略要义》和《自行次第摄略》等，由格维罗哲（善慧）译。

《十不善业道开示录》和《业分别论》，此二论典由那措译师译。

《三摩地资粮品》，释迦罗哲（释迦慧）译。

《佛法心要摄略》，崔臣迥尼（戒生）译。

《菩萨如意珠鬘》《出世间七支仪轨》《讯诵日课及念经前行仪轨》《波罗蜜多泥像制作仪轨》《上师所作仪轨》等18部论著皆由阿底峡尊者造。

班智达然达格底所著《善树论》，迦湿弥罗的释迦室利所著《妙道论》，强贝伯（慈吉祥）译。

迦湿弥罗的释迦室利所著《菩提道次第摄论》，由恰曲结伯（法王祥）译。

《读经方法》由达那尸罗自译。

迦湿弥罗的桑杰伯（佛祥）所著《入佛道论》1 100颂，由恰·扎迥（罗汉师）译，亦有濯洛译师之译本。

迦湿弥罗的释迦室利所著《清净见行颂》2颂,迦湿弥罗的普陀室利所著《净治心宝道果颂》2颂,此二论颂由强贝伯(慈吉祥)译。

以上共57部论著。本类论典尚缺龙树论师所著《修德利益颂》100颂、圣天论师所著《百偈颂》、轨范师日光所著《见分别论》150颂,这些亦需找寻。

(四)杂谈类论著

轨范师龙树之《为王所说宝鬘论》2卷,鲁伊坚赞(龙幢)和巴察译师合译。其释论轨范师弥盘喜宁(不败友)所著《为王所说宝鬘论释》4卷,伯则(祥积)译。

轨范师龙树之《如意摩尼宝梦说》,扎觉喜饶(名称满智)译。

《布施说》,《超出生有说》,或译《转有说》,亦由扎觉喜饶(名称满智)译。

轨范师世亲之《七功德说》和《律戒说》,此二说由仁钦桑布(宝贤)译。《律戒说》之释论轨范师萨哇扎(明称)所著《戒说释》,世亲论师之《资粮说》,由仁钦桑布(宝贤)译。

轨范师马鸣之《断离八无暇说》和圣勇论师之《善喻如宝箧说》,此二说由释迦光译。

圣勇论师之《示善道说》和轨范师玛底孜扎之《离四颠倒说》,此二说由仁钦桑布(宝贤)译。

《净时说》由释迦光译。

轨范师萨措金(地护)之《寂静说》,由格维罗哲(善慧)译;《恭敬说法及听正法说》,由释迦光译。

章松达瓦(月仙)之《法集要说》(ཆོས་ཏུ་བརྫོད་པའི་ཤ་གཏོགས), 由那措译师译。

诗人噶维旺布(喜王)之《无常要义说》,由扎觉喜饶(名称满智)译。

轨范师尼麦多杰(无二金刚)之《成智时说》。

以上共19种。

（五）书翰类论著

轨范师龙树之《寄亲友书》100颂，其释论轨范师罗哲钦波（大慧）所著《寄亲友书解说》4卷50颂，轨范师旃陀罗阁弥（皎月）之《寄弟子书》200颂，此三部著作由伯则（祥积）译。《寄弟子书》之释难轨范师毗卢遮那热其达所著《寄弟子书难义释》100颂，那措译师译。

轨范师喜饶迥尼罗哲（智生慧）所著《寄弟子书解说》，轨范师却丹热觉央（法满音）所著《十善业道开示录》，此二著作由却吉喜饶（法智）译。

轨范师玛底孜扎之《寄迦腻色迦王书》100颂，由麻·仁钦却（宝胜）译。

至尊坚热色（观自在）之《致比丘极明童子书》12颂，由伯则（祥积）译。

轨范师莲花（疑即莲花生）之《启智书》，由桂译师译。

轨范师则达日之《净治心宝书》和《大德贡巴哇致上师书》，此二书由却吉喜饶（法智）译。

婆罗门萨杂那的《寄子书》，由却吉旺秋（法自在）译。

阿底峡尊者之《寄里热雅拔那王无垢书》，由那措译师译。

轨范师达央（马鸣）之《消除忧苦开示录》和《开示十不善业道说》，此二著作由释迦光译。

却丹热觉央（法满音）之《正法念住颂》100颂，由拉旺布尚哇（天王护）译。

世亲论师之《开示缘念五欲过失说》，仁钦桑布（宝贤）译。

轨范师扇底波之《三乘建立论》，却吉喜饶（法智）译。

以上共18种著作。内《开示十不善业道说》和《消除忧苦开示录》以下著作，当知属于诸训诫类。

（六）修习次第及禅定杂著类

圣无著论所著《禅定灯论》，轨范师龙树所著《修习次第》，由释迦光译。

轨范师益西宁布（智藏）所著《瑜伽修习道》1卷；莲花戒论师所著《三种修习次第》每种各1卷和《入瑜伽修习颂》30颂，此4部著作由益西德（智军）译。

吉祥迦玛波罗所著《修般若波罗蜜多窍诀》，陈那论师所著《入修瑜伽论》，仁钦桑布（宝贤）译。

轨范师格维果恰（善铠）所著《修不净观方便》，有旧译法本。轨范师那波夏（黑足）所著《修身遍处观次第》（ལུས་ཡོངས་སུ་དཔྱད་པའི་རིམ་རིམ），由却吉喜饶（法智）译。

轨范师益西扎（智称）所著《修波罗蜜多次第秘诀》，仁钦桑布（宝贤）译。

轨范师罗哲钦波（大智）所著《随念佛入念经无上修习次第》，却吉喜饶（法智）译。

轨范师却吉旺布（法自在）所著《入瑜伽修习指示录》，仁钦桑布（宝贤）译。

轨范师益西达瓦（智月）所著《入瑜伽修习略义》，益西德（智军）译。

轨范师仁钦迥尼希瓦（宝生寂）所著《修波罗密多秘要四瑜伽地论》，定埃增桑布（禅定贤）译。彼师所著《修波罗蜜多秘诀》，由桂译师译。

轨范师马鸣所著《世俗菩提心修习示要》和《胜义菩提心修习秘要莲聚论》，此二论著由仁钦桑布（宝贤）译。

轨范师菩提贤所著《瑜伽实相论》（རྣལ་འབྱོར་ཀྱི་མཚན་ཉིད་བདེན་པ），《禅定资粮品》，轨范师那波巴（黑尊师）所著《禅定资粮品》等，由却吉喜饶（法智）译。

《禅定七支》，轨范师阿哇都底巴所著《禅定六法安立论》及其释论轨范师达那尸罗所著《禅定六法安立论释》，此二论著由仁钦桑布（宝

贤）译。

《三摩地不顺分安立论》，由南巴牟多巴（无分别师）译。

《除遣瑜伽分别障说》，桑杰桑哇（佛密）著，为译旧译本。

阿底峡尊者所著《一念秘诀指示录》，那措译师译。

《中观秘要宝箧启盖录》，宗哲僧格（精进狮子）译。

轨范师喜饶塔巴（智解脱）所著《中观秘要释》，那措译师译。

阿底峡尊者之上师阿哇都底巴所著《集经论摄义秘要》，轨范师莲花戒所著《向梵妙音洛萨摩开示八苦分别录》，轨范师旃陀罗哈日巴所著《中观宝鬘论》，由定埃增桑布（禅定贤）译。

《四无量广释》，由轨范师桑杰桑哇（佛密）著；轨范师益西扎巴（智称）所著《修波罗蜜多秘要》，由仁钦桑布（宝贤）译。彼师还著有《入真实性摄一切佛语略论》。

另有吉尊噶若所著《集经瑜伽行静虑修习次第》，轨范师妙祥友《修菩提心十二义论》68颂，《六随念论》（此论末尾不全）。

以上共39部著作。此部分尚缺轨范师巴杂格底所著《修行次第》1卷，轨范师加维沃（佛光）所著《修菩提心论》100颂，轨范师格维果恰（善铠）所著《修行门开示录》67颂，轨范师却吉罗哲（法慧）所著《修习次第》30颂，轨范师毗底达玛达惹所著由汉文译出的《禅定书》3卷，轨范师格维果恰（善铠）所著《入真实性静虑论》。这些需找寻。

（七）菩萨行本生类著作

轨范师巴卧（圣勇，即马鸣之别名）所著《佛本生传》[即《三十四本生传》（སྐྱེས་རབས་སོ་བཞི།）13卷]，坚贝果恰（妙祥铠）译。其释论柔吉金巴曲扎（理施法称）所著《佛本生传释》，释迦罗哲（释迦慧）译。

班智达僧格夏正所著《佛本生传》，崔臣迥尼（戒生）译。

轨范师诗人格维旺布（善自在）所著《本生如意宝树》，雄·多杰坚赞（金刚幢）译。

轨范师旃陀罗阁弥（皎月）所著《顶宝童子本生传·世间遍喜舞》，由扎巴坚赞（称幢）译。

吉祥噶维拉（欢喜天）所著《乘云菩萨本生传·诸龙遍喜舞》，雄·多杰坚赞（金刚幢）译。

马鸣论师所著《菩萨本生正法犍槌音》，由强贝伯（慈吉祥）译；彼师所著《佛所行赞》（སངས་རྒྱས་ཀྱི་སྤྱོད་པ་སྐྱོན་པའི་སྙན་དངགས་ཆེན་པོ་）由康巴比丘罗哲加布（慧王）译。

此类著作共以上8部。

（八）各种传记类著作

《金色师传》（གསེར་མདོག་གི་རྟོགས་བརྗོད་པ་），或译《金色因缘》，由仁钦桑布（宝贤）译。

轨范师桑哇金（密施）所著《七童女传》，《阿罗汉喜友传》，释迦光译。

《古那罗眼传》，仁钦桑布（宝贤）译。

《罗汉僧盛之授记》（དག་བཅོམ་པ་དགེ་འདུན་འཕེལ་གྱི་ལུང་བསྟན་པ་），或译《罗汉僧盛记剪录》，共100颂，《黎域佛教悬记》《阿育法王降龙品》，释迦光译。

《譬喻鬘中所出佛喻鬘》，由崔臣云丹（戒德）或仁钦桑布（宝贤）合译。

《大能仁仙迦罗伽开示征兆录》（ཐུབ་པ་ཆེན་པོ་དྲང་སྲོང་གར་གའི་སྐྱེས་མ་བསྟན་པའི་གཟུགས་ལགས་），轨范师跋哇根达萨耶所著《迎请罗汉尊者颂》200颂，由益西德（智军）译。

以上本生及传记类著作，虽多列入经部，但这些应属论典，故在此录入论典目录。

（九）各种赞颂类著作

轨范师妥宗珠杰所著《殊胜赞》（或译《释迦牟尼赞》），轨范师代杰达波（作乐主）所著《胜天赞》，此二著作由仁钦却（宝胜）和伯则

（祥积）译。此二著之释论，轨范师喜饶果恰（智铠）所著《殊胜赞释》及《胜天赞释》，由仁钦桑布（宝贤）译。

《一切智大自在尊赞》，妥宗珠杰著，仁钦桑布（宝贤）译。

迦湿弥罗王室利哈日夏提婆所著《正等觉佛晨光赞》和《八大圣地佛塔礼赞》，此二著作由库嘎巴·云丹伯（德祥）译。

轨范师玛底孜扎所著《三宝赞》及其释论，即轨范师加贝色（王子）所著《三宝赞释》，此二著作由伯吉伦布（吉祥山）译。

轨范师世亲所著《三宝赞》，轨范师马鸣所著《生起智勇净信赞》（又名《一百五十颂赞》）连同序分等共十三品150颂，及其释论轨范师噶杰年巴（作乐雅音）所著《生起智勇净信赞释》12卷，由释迦罗哲（释迦慧）译。

《一百五十颂及韵文相间赞》，轨范师陈那著，索南桑布（福贤）译。

轨范师玛底孜扎所著《佛薄伽梵实堪颂赞》2卷，由噶觉译师和仁钦桑布（宝贤）合译。

《三宝吉祥颂》，由伯则（祥积）译。

《佛薄伽梵名称赞》《增一赞》《三十五佛赞·名号宝饰》（或译《三十五佛名称赞》），塔益拉（无边天）居士所著《八句赞颂》及《八佛赞》，轨范师马鸣所著《犍槌赞》，由松巴译师译。

《佛灌顶赞》，仁钦桑布（宝贤）译。

《薄伽梵赞·吉祥金刚持悦音》60颂，其释论轨范师寂护所著《薄伽梵赞广释》112颂，此二著作由伯则（祥积）译。

《五如来赞》及《七如来赞》，此二著作由仁钦桑布（宝贤）译。

《八如来赞》，轨范师寂护著，喀切班钦（即迦湿弥罗的大班智达释迦室利）所著《千佛赞·贤劫庄严鬘》。（未录译者）轨范师龙树所著赞颂类著作有：《法界赞》《超凡赞》（དཔེ་མེད་པར་བསྟོད་པ།）25颂、《出世间赞》22颂、《心金刚赞》7颂、《胜义赞》10颂、《三身赞》3颂，这些由那措译师译；《三身赞自释》，由仁钦桑布（宝贤）译；《集咸海经中所出有情欢悦赞》，由那措译师译；《般若波罗蜜多无分别赞》，由鄂译师译；《不可思议赞》50颂、《超一切赞颂赞》18颂、《无上赞》《至尊圣妙吉祥胜义赞》《圣妙吉祥慈悲赞》《八大圣地梵塔赞》《佛十二事业赞》《礼拜赞》《出离地狱赞》等，由巴察译师译。以上共19部。

另有《财源天女赞佛赞》，由尼玛坚赞（日幢）译。

《一切如来赞》、轨范师贡却邦（宝民）所著《佛薄伽梵释迦牟尼赞》和《薄伽梵无量功德赞》40颂、其释论轨范师陈那所著《薄伽梵无量功德赞释》30颂、《薄伽梵无量功德赞摄义》10颂等，由仁钦却（宝胜）和伯则（祥积）译。

轨范师法称所著《佛涅槃赞》（未录译者）。轨范师旃陀罗阁弥（皎月）所著《忏悔赞》，其释论轨范师桑杰希瓦（佛寂）所著《忏悔赞释》，此二著作由仁钦桑布（宝贤）译。

轨范师陈那所著《妙吉祥赞正净轮》，轨范师牟约僧格（不动狮子）所著《红花童子赞》，由那措译师译。

轨范师旃陀罗阁弥（皎月）所著《具加持力歪颈文殊赞》，洛丹喜饶（具慧智）和却吉旺秋（法自在）合译。

轨范师多杰参恰（金刚武器）所著《贤善智德赞及其功德》，班智达加维年桑布（贤善佛音）所著《如来、文殊、观音、度母等四尊赞》，由尼玛尼赞（日幢）译。

轨范师旃陀罗阁弥（皎月）所著《文殊赞》，年·达玛扎（盛称）译。

轨范师坚伯喜宁（妙祥友）所著《文殊赞》，洛加·循奴拔（童燃）译。

《锐利文殊赞》《八女礼赞语自在菩萨文》《十六童子礼赞文殊菩萨文》，妥勒本巴（明点瓶）所著《语自在主仆五尊赞》，诗人室利巴杂提婆所著《世间自在观音百赞》等，由雄·多杰坚赞（金刚幢）译。

轨范师一切智友所著《救度佛母赞·持花鬟》，由巴察和恰译师合译。

对此著作,由达瓦循奴(月童)改为七言颂文并自译。而一切智友论师所著《哀声祈祷文》,则由强贝伯(慈吉祥)译。

轨范师旃陀罗阁弥(皎月)所著不同本的《救度佛母赞·持花鬘》,由云丹伯(德祥)和强贝伯(慈吉祥)合译。

轨范师玛底孜扎所著《度母赞·成就一切义赞颂王》(未录译者)。

以上各种赞颂类著作共77种。此外,尚有轨范师玛底孜扎所著《佛薄伽梵赞·生起信仰智勇》26品3卷;轨范师罗睺罗贤所著《般若波罗蜜多赞》40颂和《密处赞》1卷、其释论《密处赞释》3卷以及《诸持金刚刚师赞颂观自在菩萨文》等,这些著作有待寻觅。

(十)祈愿、吉祥颂类著作

轨范师利他音贡巴哇(གཞན་པ་བཞིའི་དབུས་དགོན་པ་བ)所作《七十偈陀愿文》82颂,伯吉伦布(吉祥山)译。

轨范师龙树所作《生发菩提愿文》《圣文殊愿》,由尼玛坚赞(日幢)译。其中,《圣文殊愿》未列入丹珠尔论藏。

轨范师旃陀罗阁弥(皎月)所著《祈愿文》和《散文体愿文》,由尼玛坚赞(日幢)译。

《布施随行愿》(སྦྱིན་པའི་རྗེས་སུ་སྒྲོག་ལམ) 100颂、轨范师龙树所作《祈愿文》一种、吉祥燃灯智所作《种姓愿》。(未录译者)

轨范师马鸣所作《回向文摄略》(བསྔོ་བ་བསྡུས་པ),由达那尸罗独自译出。

轨范师囊杰达瓦(光月)所作《三身及三宝吉祥颂》《五部如来吉祥颂》《圣救度母所说八吉祥颂》,由丹麻·崔臣僧格(戒狮子)译。

轨范师龙树所作《三宝及十二事业吉祥颂》及彼师所作《吉祥多名颂》(བཀྲ་ཤིས་མཚན་མང),此二颂本由益西德(智军)译。

另有《三宝善乐偈颂》《三尊吉祥颂》(རིགས་གསུམ་གྱི་བཀྲ་ཤིས) 二种、轨范师毗摩罗牟扎所作《祈愿二句文》(སྨོན་ལམ་ཚིག་གཉིས་པ),此文未列入丹珠尔论藏)。

如上，此类著述共17种。有些出自《宝鬘论》和《入行论》中的祈愿和吉祥颂文，亦属此类著述，故未另列。

以上诠释末转法轮类经论共计329种。

第二部分　诠释佛经总密意论典

一、陈那所著论典

《集量论》（ཚད་མའི་མདོ་ཀུན་ལས་བཏུས），僧格坚赞(狮幢）译。其自释本《集量论释》，由马尔吞·达巴喜饶（信智）译。

《观所缘缘论》（དམིགས་པ་བརྟག་པ），或译《无相思尘论》8颂，其自释《观所缘缘论释》32颂，由伯则（祥积）译。

《因明入正理论》，拉·却吉仁钦（法宝）译。

《观三时论》，那措译师译。

《宗法九句》（ཕྱོགས་ཆོས་དགུའི་འཁོར་ལོ），或译《九法轮品》，由却吉囊哇（法光）译，但有疑。

二、法称所著论典

《释量论》（ཚད་མ་རྣམ་འགྲེལ），格维罗哲（喜慧）、鄂译师和衮噶坚赞（庆喜幢）合译。

《定量论》（ཚད་མ་རྣམ་ངེས），或译《量抉择论》《量决定论》，由鄂译师译。

《理滴论》（རིགས་ཐིགས），或译《正理滴论》，1卷，鄂译师译。

《因滴论》（གཏན་ཚིགས་ཐིགས་པ）200颂，伯则（祥积）译。

《关系论》（འབྲེལ་པ་བརྟག་པ），或译《观相属论》，班第南喀（虚空僧）和定埃增桑布（定贤）译。

《悟他论》（རྒྱུད་གཞན་གྲུབ་པ）100颂，伯则（祥积）译。

《诤理论》（རྩོད་པའི་རིགས་པ），格维罗哲（善慧）和雄译师合译。

三、其他轨范师所著论典

《释量论初品自释》3 500颂；《释量论后三品释》，轨范师拉旺洛

（天王慧）著。此二著由格维罗哲（善慧）译。包括《释量论初品自释》，共称之为"一万二千颂量论"。

轨范师释迦洛（释迦慧）诠释《释量论初品自释》和拉旺洛的《释量论后三品释》二书的《释量论大疏》，由格维罗哲（善慧）译。

轨范师喜饶迥尼贝哇（智生隐）所著《释量论后三品释量释庄严论》60卷，鄂译师译。

上书之释论《量释庄严论解说》，轨范师加哇坚（具胜）著，60卷，绛曲喜饶（善提智）译。

《量释庄严论初品解说清净论》，轨范师杂玛日著；《量释庄严论第二、三品释》，轨范师尼玛贝巴（日隐）著；《释量论注解》，婆罗门德杰噶瓦（能乐喜）著。这几部均是对《释量论》的疏释，但略不全。

《定量论疏释》，轨范师曲却（法胜）著，共12 463颂，由鄂译师译。

迦湿弥罗的杂室利所著《定量论疏》，由却吉宗哲（法精进）译。

《理滴论广释》，轨范师曲却（法胜）著，5卷，由却吉囊哇（法光）和洛丹喜饶（具慧智）合译。

轨范师调伏天所著《理滴论释利益弟子论》3卷，由益西德(智军)译。

轨范师莲花戒所著《理滴论前品摄义》100颂，轨范师杜哇拉（调伏天）所著《理滴论广释》12卷。此二著作由伯则（祥积）译。

婆罗门阿遮察扎所著《因滴论广释》《关系论自译》，轨范师杜哇拉（调伏天）所著《关系论广释》，由班第南喀（虚空僧）译。

《悟他论释说》，轨范师调伏天著，1卷155颂，伯则（祥积）译。

《诤理论释》，轨范师调伏天著其二部，轨范师寂护所著《诤理论释》，由桑嘎和卓·僧嘎（白狮）译。

《观所缘缘论释说》1卷，伯则（祥积）译。

轨范师法胜所著《大观量论》和《小观量论》二著，由鄂译师译。

婆罗门德杰噶瓦（能乐喜）所著《观相属随顺论》，或译《关系随顺论》，由素·噶瓦多杰（喜金刚）译。

轨范师格瓦松哇（善护）所著《成立外境颂》，或译《成就外义颂》，1卷，伯则（祥积）译。

《成就一切智颂》250颂（未录著译者）。

轨范师法胜所著《成立刹那灭论》《遣余论》（གཞན་སེལ་གྲུབ་པ），或译《观破他论》。此二著作由鄂译师译。

《成立刹那灭论释》，婆罗门牟斗本巴（珍珠瓶）著，扎觉喜饶（名称满智）译。此婆罗门之《遣余论》和《成立相属关系论》二书，由鄂译师译。

轨范师法胜所著《成立彼世间论》150颂（无译者）。轨范师扇底波所著《内周遍论》（或译《内遍满》，ནང་ཁྱབ་པ）和杂那室利所著《成立因果论》，此二论著由释迦沃（释迦光）译。

轨范师旃陀罗阁弥（皎月）所著《成立正理灯论》，由毗卢遮那译。

轨范师则达日（ཇི་དར）所著《孺童所入量三十颂》，伯却多杰（祥胜金刚）译，《法及有法抉择论》《开示因真实性论》，由释迦沃（释迦光）译。

班智达孜那牟扎所著《理滴论摄义》，由益西德（智军）译。

轨范师格瓦松哇（善护）所著《观闻论》（ཐོས་པ་བཀག་པ）1卷、《遣余论》《成立自在灭坏论》（དབང་ཕྱུག་འཇིག་པ་གྲུབ་པ）69颂，婆罗门仁钦多杰（宝金刚）所著《正理结合论》（རིགས་པའི་བྱོར་པ），由定埃增桑布（定贤）译。

轨范师扇底波所著《成立唯识论》（རྣམ་རིག་གྲུབ་པ），由释迦沃（释迦光）和喜饶则（智积）译。

轨范师寂护所著《量真实性摄论》，由天喇嘛希瓦沃（寂光）译。其释论轨范师莲花戒所著《量真实性摄论一万八千颂释》，由扎觉喜饶（名称满智）译。

班智达加旺洛所著《集量论释九千颂》，由邦·洛丹（安慧）译。此部著作未列入丹珠尔论藏。

以上诠释佛经总密意论典共61种。此类论著尚缺:《观业果相属论》2卷、《观业果相属论释》3卷、《理滴论前品摄略》105颂、《成就一切智颂》50颂、《成无我义颂》71颂、《成立彼世间论释》1卷、《成就观如来颂》21颂、《破无总别论》21颂、《破总别论》42颂、《观中观》22颂。这些均为诠释佛经总密意论典,需寻觅。

第三部分 其他类论著

一、声明学论著

这类著作旨在阐明句义,主要有:

轨范师旃陀罗阁弥(皎月)所著《旃陀罗声明记论经》(ཡང་དག་སྒྲོན་པའི་གཞུང་བཤད)、《变形字缘二十颂本释》《字经》,以及此经之释论轨范师曲江(法护)所著《字经释》,这些均由尼玛坚赞(日幢)译。

班智达萨巴哇玛所著《声明论迦罗波经》,或译《迦罗波声明记论经》,其释论轨范师卓嘎僧格(难行狮子)所著《迦罗波经释》,此二著作由扎巴坚赞(名称幢)译。

《字名结合门本释》(སྦྱར་བའི་སྒོར་འཇུག་གི)、《回转法摄要本释》(ཟློག་པ་བསྡུས་པ་ཚང་འགྱུར)、轨范师苏跋恰格底所著《入一切说声论本释》(未录译者)。轨范师狮子贤所著《词格品类》,由雄敦上师译。其释论《词格品类释要》,轨范师章嘎达巴著,邦·洛丹(安慧)译。

弥底杂那格底所著《语门如剑论》,或译《口剑论》和《语门论》,由作者自译。

声明学分支类著作,则有班智达其麦僧格(长生狮子)所著《词藻学长生宝藏》及其释论班智达惹觉达瓦(满月)所著《词藻学长生宝藏释如意牛》(未全译),此二著作由扎巴坚赞(名称幢)译。

诗词学论著有班智达尤巴坚(持杖师)所著《诗镜论》(སྙན་ངག་གི་མེ་ལོང),

由雄敦上师译。

声律学论著则有仁钦迥尼希瓦（宝生寂）所著《声律学·宝生论》，由惹萨·循奴宗哲（童精进）和扎巴坚赞（名称幢）合译。

以上声明学著作共19种。许多人认为这些著述是诠释佛经密意的，但笔者不以为然。

二、世俗道德类论著

轨范师龙树所著《百智论》，或译《般若百论》，由伯则（祥积）译；《智树论》和《养生篇》（ཀྱི་བོ་གནས་པའི་ཤིགས་བཅས），由益西德（智军）译。

轨范师尼玛贝巴（日隐）所著《世法偈句宝藏》，由伯吉伦布（祥山）译。

婆罗门却舍（胜爱）所著《世理百偈》，由却吉喜饶（法智）译。

诗人顿悦恰（不空现）所著《无垢问答宝鬘》和《遮那迦世法轮》，此二著由仁钦桑布（宝贤）译；而《摩苏热恰世法论》由释迦罗哲（释迦慧）译。

此类著作共以上8种。

三、医方明论著

轨范师龙树所著《配方百法》，或译《百方篇》，由尼玛坚赞（日幢）译；彼所著《医疗养生经》和轨范师马鸣所著《医疗八支摄要》，由仁钦桑布（宝贤）译；马鸣论师之《医疗八支摄要自释》，释迦罗哲（释迦慧）译；其广释《医疗八支摄要自释详解句义月光》，由迦湿弥罗的达瓦噶哇（月喜）著，仁钦桑布（宝贤）译。

轨范师达瓦噶哇（月喜）所著《医疗八支等中之药名品类》及塘拉拔所著《药名解诂》（སྨན་མིང་བརྡ་སྤྲོད་རྣམས），由尼玛坚赞（日幢）译。

以上此类著作7种。

四、工巧明论著

阿底布仙人所著《正等觉佛所说身形性相释说》，或译《画像形相论》，阿底布仙人所著《造像度量论》，或译《身量相》(སྐུ་གཟུགས་ཀྱི་མཚན་ཉིད)，此二著作由扎巴坚赞（名称幢）译。另有贝吉德（吉祥军）比丘所著《绘八十大成就者身像法》，共为3种。

五、星算学等类论著

轨范师龙树所著《缘起经真实性》，桂译师译。

舍利子之《八种星算占卜术》和《寂天星占术》，此二著由尼玛坚赞（日幢）译。

《星曜和合之果测算法》，由扎觉喜饶（名称满智）译。

《星曜算果大全》《大自在星算缘起征兆八法》《战胜外道经论星占术》，由洛卧译师译。

以上此类著作共8种。

另有《造香法》本颂和注释两种，火施仙人所著《观察人相海论》，由扎巴坚赞（名称幢）译；《水银炼制术》，大轨范师跋黎巴著，邬坚巴·仁钦贝（宝祥）译；《变金术论略》（尾部不全）；轨范师色桑（妙色）所著《欲爱论》。

上面从世俗道德类论著以下算起，零散著作共32种。而所有显宗论典合计，凡519种。

第七章 藏地所译密宗经论

第一节 密宗经典

一、事部经续

（一）妙吉祥续

《妙吉祥根本续》，或译《文殊室利根本仪轨经》，释迦罗哲（释迦慧）译。

《独勇成就密续王经》，或译《成就一勇者成就法》（དཔའ་བོ་གཅིག་གྲུབ），格维罗哲（善慧）和崔臣加瓦（戒王）合译。

《妙吉祥亲说陀罗尼》20颂，鲁伊旺布（龙尊王）译。

《妙吉祥咒诅陀罗尼》《妙吉祥智慧增长陀罗尼》5颂、《妙吉祥一

字真言仪轨》《妙吉祥所作三昧耶誓言陀罗尼》《佛说锐利文殊赞》。(均未列著、译者)

以上此类著作共8种。尚缺《一百零八妙吉祥名称经》40颂、《妙吉祥生起智慧经》《曼殊阁喀》（མཇུ་ཤྲི་）、《哇格夏惹语自在王》（ཝཱ་གི་ཤ་ར་）、《妙吉祥息除诸苦经》《八天女所作妙吉祥赞》（此与《八童女所作赞》是否为同一赞，待查）等。这些尚未觅得。

（二）观世音续

《观自在根本续·莲花网》，居·崔臣沃色（戒光）译。

《注释续不空绢索大分别王经》（བགད་པའི་རྒྱུད་དོན་ཡོངས་ལེགས་པའི་ཚོགས་ཆེན་པོ）26卷（未译全）、《不空绢索心要经》130颂，仁钦扎（宝称）译。

《不空绢索心要陀罗尼》《不空绢索六波罗蜜多圆满陀罗尼》（汉文经名作《不空绢索神变真言经真言品》），由洛丹喜饶（具慧智）译。

《不空绢索十地陀罗尼》（汉文经名《不空绢索神变真言经十地真言品》）、《千手千眼观世间菩萨广大圆满无碍大悲心陀罗尼经》《观自在如意轮心要陀罗尼》（汉文经名《如意轮陀罗尼经》）240颂，由曲珠（法成）从汉文本译出。

《十一面观音陀罗尼》（汉文经名《佛说十一面观音神咒经》），54颂，《十一面观音心咒》（汉文经名《十一面神咒心经》），由曲珠（法成）译自汉文本。

《莲冠续》，或译《莲花冠本续》和《密续莲冠经》，由噶·却吉桑布（法贤）译。

《世自在仪轨》，或译《观自在仪轨》，巴日译师译。

《六字明咒》（汉文经名《佛说圣六字大明王陀罗尼经》），19颂，《观自在菩萨说普贤陀罗尼经》52颂半，益西德（智军）译。

《青项陀罗尼》（ཞིའ་ཀྲུལ་པའི་གཟུངས）40颂、《马头观世音菩萨大咒》（རྟ་མགྲིན་པའི་གཟུངས）30颂、《佛说宝带陀罗尼经》（མེ་ཁ་ལའི་གཟུངས）225颂、《佛说观

自在菩萨母陀罗尼经》36颂,由益希德(智军)译。

《圣大慈悲不退陀罗尼》《观自在菩萨陀罗尼》《观自在菩萨心咒》《狮子吼本续》,由桂译师译。

《观自在狮子吼陀罗尼》,由噶·喜饶迥尼(智生)译。

《狮子吼本愿陀罗尼》,喜饶则(智积)译。

以上此类著述共24种。尚缺《观世音菩萨转如意轮陀罗尼》105颂,《哈罗哈罗仪轨》《观世音菩萨不可思议功德经》《观世音菩萨侍眷等陀罗尼》等,这些需找寻。

(三)金刚手续

此类续典,根本续有:

《金刚地下续二十五品》,由衮噶坚赞贝桑布(庆喜幢)译。

《金刚地下续十三品》,帕巴喜饶(圣智)译。

《金刚地下续七品》,鸟面比丘译。

《金刚三域行仪轨》,热吉译师译。

《金刚手陀罗尼及其仪轨》,加·宗哲僧格(精进狮子)译。

《降伏部多续》,汉文经名《佛说金刚手菩萨降伏一切部多大教王经》,却吉喜饶(法智)译。

《调伏三世间续》,仁钦桑布(宝贤)译。

《金刚高举续》,却吉旺秋(法自在)译。

《金刚乐威续》,喜饶迥尼(智生)译。

《金刚心要降火舌续》,达玛扎(法称)译。

《威猛金刚本续》《威猛金刚后续》《威猛金刚再后续》,均由却吉宗哲(法精进)译。

此外,尚有《金刚手一百零八名称陀罗尼》《摧破金刚根本续》(汉文经名《佛说坏相金刚陀罗尼经》)35颂。

金刚手续典的注释续有:

《大金刚妙高山楼阁陀罗尼》700颂、《无能胜金刚火迷暗陀罗尼》70颂、《十金刚手心要》23颂，此诸经由益西德（智军）译。

《金刚摧碎陀罗尼》《金刚喙陀罗尼》2卷、《金刚雷喙陀罗尼》、两种《铁喙陀罗尼》《黑色铁喙陀罗尼》《无禾秸仪轨大全》等，由释迦宗哲（释迦精进）译。

《金刚手胜慧大密续》15卷，伯则（祥积）译。

另有《妙善成就续》7卷、《妙臂所问经》1卷50颂。

以上共计29种。

（四）不动金刚续

《不动金刚大密续》《不动金刚猛勇仪轨》，由兰·达玛罗哲（盛慧）译。

《不动金刚生起一切悉地仪轨》，由却吉旺秋（法自在）译。

《不动金刚陀罗尼》，却吉桑布（法贤）译。

《不动金刚秘密仪轨第五品》，以上共5种。

此外，《大力明王陀罗尼》（汉文经名《佛说出生一切如来法眼遍照大力明王经》）、《能怖金刚陀罗尼》，由顿悦多杰（不空金刚）译。另有《甘露军荼利心要》（བདུད་རྩིས་བབ་བྷུར་བྱེད་པའི་）40颂、《痣积忿怒金刚陀罗尼》《消除障碍陀罗尼》10颂。

此类经续尚缺《仙人诅龙陀罗尼》《阎曼德迦仪轨七品》《六面明王仪轨》。其中后两种似为《怖畏金刚仪轨七品》和《六面明王续》。另外，《马头明王陀罗尼》，即《马头观世音菩萨大咒》，此二经并不相异。

（五）明母续中之度母续

《度母生起诸业续》，却吉旺布（法贤）译。

《救度母一百零八名称经》（汉文经名《赞扬圣德多罗菩萨一百八名经》），200颂，尼玛坚赞（日幢）译。

《救度母誓愿陀罗尼》《救度母解救八种畏怖续》《度母解救八畏陀罗尼》10颂、《救度母古汝古里仪轨》（似即《大瑜伽仪轨》），那措译师译。

《五主尊大咒中之大千摧伏陀罗尼》（གཟུངས་བླ་ལྔའི་སྟོང་ཆེན་རབ་འཇོམས）2卷、《大孔雀王陀罗尼》700颂、《大随求母陀罗尼》（སོ་སོར་འབྲང་མ）440颂、《清凉园陀罗尼》280颂，这些均由益西德（智军）译。

（六）顶髻类续

《无量光佛所说死主持杖顶髻尊胜陀罗尼》《净治一切恶趣顶髻尊胜陀罗尼》(汉文经名《最胜佛顶陀罗尼经》）120颂，由益西德（智军）译。

《一切如来顶髻尊胜陀罗尼》《顶髻尊胜陀罗尼及仪轨》220颂，由巴日译师译。

《顶髻尊胜陀罗尼仪轨第一品》，尼玛坚赞（日幢）译。

《顶髻白伞盖陀罗尼》120颂、《顶髻白伞盖最胜成就陀罗尼》，由素·噶维多杰（喜金刚）译。

《顶髻白伞盖两尊境界陀罗尼略轨》，由罗摩诃杂那自译。

《顶髻无垢陀罗尼》255颂，益西德（智军）译。

《摩里支天陀罗尼》（འོད་ཟེར་ཅན་གྱི་གཟུངས）（汉文经名《佛说大摩里支菩萨经》，直译《具光母陀罗尼》），共22颂，巴日译师译。

《摩里支天仪轨》《摩里支一万二千续中所出摩里支天仪轨》700颂、《山居叶衣佛母陀罗尼》（རི་ཁྲོད་ལོ་མ་ཅན，汉文经名《钵兰那赊缚哩大陀罗尼经》）20颂、《金刚连环续仪轨》，由却吉旺秋（法自在）译。

《准提佛母陀罗尼》（汉文经名《佛说七俱胝佛母准提大明陀罗尼》）、《消毒佛母陀罗尼》（汉文经名《圣自在菩萨化身襄麌哩曳童女消伏毒害陀罗尼经》）22颂半、《具宝陀罗尼》（汉文经名《佛说如童宝总持王经》）37颂，由益西德（智军）译。

《圣有称女陀罗尼》《明咒王母最胜陀罗尼》145颂，由益西德（智军）译。

《明咒王母最胜度母陀罗尼》140颂、《八天女陀罗尼》33颂，益西

德（智军）译。

《最胜母陀罗尼》81颂、《明咒王母大孔雀心中心要陀罗尼》《具音天女赞》《大吉祥天女授记经》（汉文经名《大吉祥天女十二契一百八名无垢大乘经》）。

《大吉祥母经》11颂、《佛说大吉祥天女十二名号经》8颂，此二经由益西德（智军）译。

此类经续，尚有《顶髻续中所出最胜慈悲陀罗尼》《一切佛母山居叶衣佛母二十四尊总陀罗尼》等需找寻。

（七）一切续部之续

《一切曼荼罗仪轨秘密总续》《上静虑分次第》(བསམ་གཏན་ཕྱི་མའི་རིམ་པར་ཕྱེ་བ)110颂、《开光集要续》，由卓·喜饶扎（智称）译。其中，《开光集要续》属瑜伽续。

《摩尼宝饰无量宫》（ནོར་བུ་རྒྱན་པའི་གཞལ་མེད་ཁང་）2卷，由伯吉伦布（吉祥山）和伯则（祥积）合译。

《常生鼓音陀罗尼》《无量寿佛心中心陀罗尼》《色究竟天无量寿陀罗尼》《极乐世界无量寿陀罗尼》《无量寿心要陀罗尼》，由尼玛扎（日称）译。

《释迦牟尼心咒》《毗卢遮那心要陀罗尼》《胜者上师陀罗尼》《不动佛陀罗尼》《具乐心要陀罗尼》《佛之心要陀罗尼》38颂、《佛之心要法品类》55颂、《诸佛集会陀罗尼经》（སངས་རྒྱས་ཐམས་ཅད་ཀྱི་ཡན་ལག་དང་ལྡན་པ）35颂（有人说此经中写有十二佛和七佛两种，但经中已说明）、《无量光佛陀罗尼》《随念无量光佛陀罗尼》《随念月光名称陀罗尼》《随念如来总心要陀罗尼》《随念珍宝佛顶髻名号陀罗尼》《圣无垢陀罗尼》87颂，由益希德（智军）译。

《佛说圣最胜陀罗尼》75颂、《八大菩萨曼荼罗经》70颂，此二经亦由益西德（智军）译。

《佛薄伽梵一百八名陀罗尼》及其圣眷《圣观自在菩萨一百八名经》《弥勒一百八名陀罗尼经》《圣虚空藏菩萨一百八名陀罗尼经》《佛说普贤菩萨陀罗尼经》《圣金刚手一百八名陀罗尼经》《圣文殊师利法王子一百八名陀罗尼经》《圣除一切障一百八名陀罗尼真言》《圣地藏菩萨一百八名陀罗尼真言》等共计2卷，另有《一切如来正法秘密箧印心陀罗尼》《圣观自在菩萨一百八名经》40颂、《弥勒菩萨誓愿陀罗尼》，由却吉喜饶（法智）译。

《水尊王一百八名陀罗尼》40颂、《药叉王本生品》，由热·多杰扎（金刚称）译。

《圣吉祥阎婆罗陀罗尼》（གནོད་འཛིན་དཔལ་གྱི་གཟུངས）、《具悲水尊王能乐陀罗尼》（ཆུ་དབང་སྙིང་རྗེ་ཅན་པར་བྱེད་ཀྱི་གཟུངས）10颂（未录译者）。

（八）各种短小陀罗尼

《诵读成就佛母明王》，或译《讽经手指成就陀罗尼》（བཀླགས་པས་འགྲུབ་པའི་གཟུངས），《能美身容陀罗尼》43颂，由益西德（智军）译。

《菩提心要万象庄严陀罗尼》250颂、《建一塔能变俱胝塔功德陀罗尼》250颂、《秘密舍利宝箧陀罗尼》40颂、《入毗舍离城经》100颂、《八现大明咒》（此经译自黎域，《旁塘目录》中作为正净密咒收录，但尚需考证）。《妙门陀罗尼》110颂、《法幢陀罗尼》，此二经由益西德（智军）译。

《具金陀罗尼》50颂、《大悲最胜陀罗尼》50颂、《妙花积陀罗尼》55颂、《大陀罗尼》57颂、《幢顶妙臂庄严陀罗尼》40颂、《大地王陀罗尼》37颂半、《大杖陀罗尼》（又名《大寒林圣难奴手陀罗尼经》）40颂、《旃檀支陀罗尼》39颂、《顶宝陀罗尼》48颂，以上诸经由益西德（智军）译。

《回转尊胜陀罗尼》37颂、《容光夺目陀罗尼》17颂、《他难胜宝鬘陀罗尼》36颂、《他难胜无畏施陀罗尼》34颂，由益西德（智军）译。

《决定无疑陀罗尼》,《他难胜大明母一切无畏施陀罗尼》《灌顶陀罗尼》33颂,此二经由益西德(智军)译。

《能净一切眼病陀罗尼》32颂、《消除灾障陀罗尼》21颂,由益西德(智军)译。

《飞行大明咒》45颂,益西德(智军)译。此经亦称《念诵陀罗尼》。

《消除一切灾障陀罗尼》《供养云陀罗尼》16颂、《功德赞无量陀罗尼》15颂、《一切法母陀罗尼》9颂、《回遮具力陀罗尼》13颂、《容光不失陀罗尼》《明咒王妃大息母陀罗尼》14颂,由益西德(智军)译。

《消除一切疾病陀罗尼》13颂、《消除瘟疫陀罗尼》12颂、《消除瘟疫善治眼疾陀罗尼》8颂、《能息痘疹陀罗尼》10颂、《能除痔漏陀罗尼》22颂,由益西德(智军)译。

《摧伏野人陀罗尼》15颂、《能多子陀罗尼》13颂,益西德(智军)译。

《千转陀罗尼观世音菩萨心咒》7颂、《智灯陀罗尼》20颂、《圣无垢净光大陀罗尼经》87颂,贝吉伦布(吉祥山)译。

《究竟成就一切智宝塔陀罗尼》《缘起详细仪轨》40颂、《缘起陀罗尼》《缘起心要陀罗尼》《摩尼琢磨陀罗尼》《顶髻焰陀罗尼》《施咒加持药物陀罗尼》、两种《绕行陀罗尼》、两种《清净施物陀罗尼》《持闻陀罗尼》、三种《生起智慧陀罗尼》,由鲁伊旺布(龙尊王)译。

两种《领悟一百首卢迦》、三种《领悟千首卢迦陀罗尼》《不忘陀罗尼》《礼拜陀罗尼》《获得百衣陀罗尼》《莲目陀罗尼》《净治一切恶趣陀罗尼》《治瘤陀罗尼》《消积食不化病陀罗尼》《能息一切瞋恨陀罗尼》《消除罪恶陀罗尼》《能息忿怒陀罗尼》《息怒陀罗尼》《严词陀罗尼》《护自身陀罗尼》《合意陀罗尼》《妙音陀罗尼》《成就一切义陀罗尼》《成就业陀罗尼》《能消除一切毒陀罗尼》《解脱束缚陀罗尼》《令魔畏惧陀罗尼》《消治疮伤陀罗尼》《消火伤痛陀罗尼》《除胆病陀罗尼》《消除痰病陀罗尼》《治愈妇女病陀罗尼》《瘟疫虫害不侵陀罗尼》《获得最胜陀罗尼》。

《圣般若波罗蜜多十万颂陀罗尼》《圣般若波罗蜜多二万五千颂陀罗尼》《圣般若八千颂等陀罗尼》《六波罗蜜多心要陀罗尼》《执持六波罗蜜多陀罗尼》《证得十波罗蜜多陀罗尼》《证得四无量陀罗尼》《执持十万般若波罗蜜多陀罗尼》《大方广华严心要能持陀罗尼》《圣执持三摩地王经陀罗尼》《执持大随求母陀罗尼》《一切楞伽经全读陀罗尼》。

上面《圣般若波罗蜜多十万颂陀罗尼》等诸陀罗尼出自显宗经典，虽非真正密续，但属陀罗尼，故载入以往的十万密续中，其他许多短小陀罗尼亦同此情况。

《大云陀罗尼》《大云诸龙心要陀罗尼》，由益西德（智军）译。

《具威龙王所问经》30颂、《阿底峡尊者所迎请能生悉地毗那夜迦续》《毗那夜伽续心要》16颂、《佛说宝贤陀罗尼经》15颂，由鲁伊旺布（龙尊王）译。

《佛说宝贤陀罗尼仪轨》，巴日译师译。

《诸星母经》60颂、《诸星母陀罗尼经》《佛说大乘圣吉祥持世陀罗尼经》（ནོར་གྱི་རྒྱུན་གྱི་གཟུངས་）86颂（或译《财源母陀罗尼》）、《佛说大乘圣吉祥持世陀罗尼经仪轨》、前后两种《观察舞者孔雀最胜陀罗尼》，由热希喜宁（极寂友）译。

《吉祥大黑天续》，普布沃（橛光）译。

《大黑天陀罗尼》6颂半、《大黑天母陀罗尼》13颂、《大黑天陀罗尼经》13颂、《大黑天能解一切瘟疫陀罗尼》，由益西德（智军）译。

《大黑天母赞》《大黑天母一百八名陀罗尼》《起尸七尊陀罗尼》89颂，益西德（智军）译。

《佛说妙色陀罗尼经》（སྔགས་པའི་གཟུངས་）、《智慧流星心咒》《生起甘露陀罗尼》《佛说救面燃饿鬼陀罗尼神咒》20颂、《佛说救拔焰口饿鬼陀罗尼经》《闭多鬼水施陀罗尼》（或译《对细喉饿鬼水施陀罗尼》），益

西德（智军）译。

《口涎鼻涕身垢大小便等施诸饿鬼陀罗尼》，巴日译师译。

《一切法行秘诀现证续》，由沙弥琼扎（鹏称）译。对此密续虽有争议，但有人同意那措译师的观点，认为是正宗续典。

此类密续，尚缺《十方诸佛随念陀罗尼》（亦称《胜金刚安乐陀罗尼》）、《邬摩提婆女陀罗尼》《修光明陀罗尼》《大悲自性陀罗尼》1卷、《普光明咒王毒陀罗尼》40颂、《金刚手八密名及密咒绕转陀罗尼》21颂、《宝贤心要陀罗尼》10颂、《般若波罗蜜多母一百八名陀罗尼》30颂、《如来一百八名陀罗尼》30颂、《财源母一百八名陀罗尼》20颂等。这些需找寻。

有人认为，将《金光明宝顶》《宝灯》《夜贤》《大集经》《金刚藏》《日藏》《梵志》及《随顺非梵志》等经录入密典是错误的，因在显密不混分列的目录中，这些经均列入显宗经典中。《般若波罗蜜多心经》和《正理一百五十颂》二经亦属此类情形。但龙树菩萨所著《成就法》中涉及《般若波罗蜜多心经》，在讲说密典时诠释《正理一百五十颂》，故此二经录入密典，不无不可。

二、行部经续

《毗卢遮那现证菩提根本续及后续等》6卷150续，伯则（祥积）译。

《金刚手灌顶续》12卷，益西德（智军）译。

《忿怒阎摩敌内现尊胜根本续》《忿怒阎摩敌内现尊胜后续》《忿怒阎摩敌内现尊胜再后续》，共3部。柔惹（རིགས་རྗེ་）上师认为，所谓这三部著作由藏人论师所著的说法不真实，这是因为在一些可靠的疏释本中曾多次引用过这三种著作的语句，故值得考证。

《誓言三尊王密续》，崔臣嘉哇（戒胜）译。

以上诸续典具有事、行二部特点，故仁钦桑布（宝贤）在其《破斥邪密论》（སྔགས་ལོག་སུན་འབྱིན་）中称之为"二续密典"。

三、瑜伽部经续

《吉祥摄真实根本续及其后续》9卷，仁钦桑布（宝贤）译。

《金刚顶注释续》，循奴楚臣（童戒）译。

《尊胜三世间续》2卷、《净治恶趣续》2卷，由加哇措（胜护）和仁钦却（宝胜）译。

《净治续仪轨合集》，恰·曲结伯（法王祥）译。

《祥胜第一续及其四节补空》（དཔལ་མཆོག་དང་པོའི་རྒྱུད་དུམ་བུ་བཞི་ཁོང་བསབ་པ་དང་བཅས་པ），由仁钦桑布（宝贤）和天喇嘛希瓦沃（寂光）合译。关于此经的翻译情况，希瓦沃（寂光）曾作颂曰："仁钦桑布大译师，所译祥胜第一续，未得蓝本未译处，由我觅书作补译。"

《金刚心要庄严续》（稍不全）、《身语意秘密庄严续》《秘密摩尼明点续》，这些由衮噶坚赞（庆喜幢）译。

《明智最胜密续》（རིག་པ་མཆོག་གི་རྒྱུད་གསང་བ་གཅིག་པ）和两种《妙吉祥幻网续》。

此类经续尚缺《怙主普照续》，需找寻。

四、大瑜伽部经续

（一）方便续

1. 密集类经续

《密集根本续》17品，仁钦桑布（宝贤）和曲结伯（法王祥）合译。

《密集后续》18品，仁钦桑布（宝贤）译。

《密集金刚鬘注释续》，天喇嘛希瓦沃（寂光）译。

《密集密意示教》，仁钦桑布（宝贤）译。

《密集智金刚集》，库·欧珠（成就师）和崔臣加哇（戒胜）合译。

《四天女所问经》，弥底尊者自译。

《金刚心要庄严续》，拉·益西坚赞（智幢）译。

《吉祥密集无二平等性尊胜注释续》，却吉罗哲（法慧）译。关于此注释续，恰·曲结伯（法王祥）等译师说掺杂有藏地论师的观点，但在那

若巴大师的《无二尊胜经教广释》和仁钦桑布译师的《破斥邪密论》中多有引证,故可能另有一部篇幅较短的正宗《无二尊胜续》,有人称此为加颇瓦隆巴所著。还有人认为,此注释续由弥底尊者自译,故为纯正密典。这些说法均有待考证。

《一切秘密续》,由仁钦桑布(宝贤)译。对此续,轨范师扇底波释为瑜伽部经续,但也有人认为是无上瑜伽部续典。

2. 阎摩敌类经续

《阎摩敌黑敌续》(དགྲ་ནག་གི་རྒྱུད),崔臣加哇(戒胜)、达玛扎(盛称)和惹·多杰扎(金刚称)译。

《黑色阎摩敌成就一切事业六面童子续》《吉祥能怖金刚续七品》,多杰扎(金刚称)译。

《觉规能怖金刚续三品》《觉规能怖金刚续一品》(连同前面的七品共为三种)、《红色阎摩敌续》,由扎巴坚赞(称幢)和雄·洛丹(安慧)译。

《不动金刚大瑜伽续》,扎巴坚赞(称幢)译。

《毗卢遮那幻网续》,仁钦桑布(宝贤)译。

《金刚手调伏威猛三天根本续》和《金刚手调伏威猛三天后续》,由噶·却吉桑布(法贤)译。此二续被轨范师杂哇日巴释为大瑜伽部经续。

《金刚手开示秘密续》,达玛楚臣(盛戒)译。

《具杖金刚手续》,此续被龙树等师释为大瑜伽部续典。

《火舌金刚手续》,或译《金刚手猛焰密续》,由沙弥琼扎(鹏称)译。有人认为,对此续有释论释为大瑜伽部续典,非为藏人所造,这种说法不真实。

《部主世间依怙续》,扎巴坚赞(称幢)译。对此续,其释论中称是大瑜伽部续典,故作为事部续典有误。

《独髻阎摩敌续品类》,强贝伯(慈吉祥)译。

《怙主现生续》,却热(法深)译。

《怙主能生悉地续》，柯洛扎（轮称）译。

（二）智慧续

1. 喜金刚类经续

《喜金刚根本续第二品》《喜金刚注释续非共空行母金刚帐》《诸续注释续共同吉祥桑布扎后续》，此诸续由释迦益西（释迦智）译。

2. 胜乐类经续

《胜乐金刚根本续》，仁钦桑布（宝贤）译。

《胜乐金刚阿毗达那注释续》，仁钦桑布（宝贤）和却吉宗哲（法精进）译。

《金刚空行法》和《瑜伽母现行法》共两种，由桂译师译。

《空行海论》，达摩云丹（法德）译。

《生起律仪续》，曼兰扎（愿称）和洛丹（安慧）译。

《胜乐饮血现生续》，钦·云丹拔（德燃）译。

《胜乐等虚空续》，由益西德（智军）自译。

《胜乐名称等虚空小续》，绛曲喜饶（菩提智）译。

《金刚亥母现生根本续》和《金刚亥母现生后续》共两种，由吉觉·达维沃色（月光）译。

《金刚亥母现生注释续》，库·欧珠（成就师）译。

《四瑜伽母合续》，云丹拔（德燃）译。

《三俱胝中所出发髻上竖大幻化母续》，达摩云丹（法德）译。

胜乐惹里续（བདེ་མཆོག་ར་ལིའི་རྒྱུད）有：《吉祥秘密金刚续》《秘密能断续》《秘密不可思议续》《等虚空续》《大虚空续》《空行母幻网律仪》《宝鬘续》《大三昧耶续》《大威力续》《智慧秘密续》《智慧鬘续》《智慧焰续》《月鬘续》《宝焰续》《智慧王续》《空行秘密续》《秘密火燃续》《秘密甘露续》《尸林庄严续》《金刚王续》《智慧意乐续》《贪欲王续》《空行律仪》《空行秘密续》《大威德摧坏续》《火鬘续》

《金刚成就续》《幻网律仪续》《大力智慧王续》和《尸林庄严殊胜续》。这些通称"惹里三十二续",但难免有重复者。因这些经续是嘎雅达热向卓弥和聂译师二人所说,故所谓系藏人所造之说不确。

3. 大手印明点类经续

《大手印明点》,由干·却吉益西(法智)和秋参扎迥(秋参罗汉)译。

《同分心要瑜伽母续》《智慧明点》《真实性明灯》等,由伯·喜饶桑哇(吉祥智密)自译。

《一切佛身语意秘密藏》,由格维罗哲(善慧)译。对此续典,有人认为属瑜伽部经续,其根据是扇底波大师释为瑜伽续。但笔者不同意这种观点,因《金刚帐》中有云:"《秘密藏》与《金刚甘露》中,所出《胜乐轮帐》及其他,圆满经续等皆被称为瑜伽行者所奉诸大续。"

《莹洁无尘续》《金刚阿热里续》《日肯阿热里续》等诸续,由释迦益西(释迦智)译。

以上这些大手印明点等类经续,有人认为属喜金刚同分续。

《吉祥佛等合根本续》和《吉祥佛等合后续》共两种,由拉仁波切(天宝)译。

《吉祥佛等合再后续》,由弥底上师自译。

《四金刚座根本续》《四金刚座注释续》《曼陀罗艾巴续》《四座羯磨和合品》《摩诃摩衍续》等诸经续,由桂译师译。

《金刚甘露续》和《佛颅续》,此二种由吉觉译师译。

此外尚有泥婆罗的室利格底自译的《啊噜迦游戏续》,有人列入智慧续。但此续非正宗续典,故删。

《吉祥月密明点续》,仁钦桑布(宝贤)译。

《救度母观示悉地续》,麻班·却拔(法燃)译。此续未入"十万续部"中。

《度母二十一礼赞》27颂,尼玛贝巴(日隐)上师称此为大瑜伽部经续。

《吉祥真实性极不住续》382颂、《一切如来秘密无二续》《一切如来俱生不可思议续》。此诸续传由瑜伽化缘师扎杂室利杂那格底自译，但需考证。

(三) 方便智慧无二续

《清净诠念妙吉祥名号及其功德续》1卷，仁钦桑布（宝贤）译。

《时轮根本续灌顶略示品》，卓·喜饶扎（智称）译。

《时轮摄要续》，热·邦惹（法深）译。此续有十四种译本。

《时轮后续心要》，达玛扎（盛称）译。

《灌顶品》，卓译师译。

《差遣役使续分品》，吉觉译师译。

另有《役使续号叫游戏品》《金刚歌舞》和《忆持上师功德》，有人认为这三种非为正宗续典。

以上共400种经续，缺两种。关于旧译续典，大译师仁钦桑布（宝贤）、天喇嘛益西沃（智光）、颇章·希瓦沃（寂光）和桂、库巴、拉孜等译师多认为是非正宗密典，但笔者精通译事之上师"具尼玛（太阳）名号者"和柔热等师却认为，从桑耶寺曾获得有关梵本，并在泥婆罗亦曾见到《金刚橛根本续分品》的梵文蓝本，故应是纯正续典。笔者认为，如果心之罪业自性恶劣，则将合理误为不合理，何况对这些置疑之法本。是故，有"等合而置无善恶""若说正法为非法，或说非法为正法，业果报应则相同""任一法相分有无，不知未见以四因，分说之口由魔开，谤法罪过佛典禁"等之说法，所以应按如是说教等舍置之。而诸具智慧者当据依法不依人等"四依"和性、相、理"三察法"加以考证分析。

第二节 密宗论典

一、各部续典释论

（一）事部续典释论

《事部静虑后续释》，佛密著，3卷，伯则（祥积）译。

《妙臂所向续摄义》，轨范师佛密著，5卷；《妙臂所问续所说句义备忘录》；轨范师绛曲却（菩提胜）所著《妙善成就方便略论》；轨范师伦久吉贝若巴（俱生游戏）所著《顶髻无垢陀罗尼释》，由康巴·崔臣则（戒积）译。

《念诵无垢陀罗尼及建塔仪轨》，轨范师寂护所著《无垢供养仪轨大全》，轨范师须让嘎哇玛所著两种《顶髻白伞盖陀罗尼释及陀罗尼念诵仪轨》，由帕巴喜饶（圣智）译。

《白伞盖赞》，轨范师旃陀罗阁弥所著《白伞盖修习法》，亦由帕巴喜饶（圣智）译。

《护轮法》《幻轮束缚法》《回遮死厄法》《回遮魔障法》《摧伏敌军法》《悉地修法》《解救畏惧法》《防雹法》《医疗疾病法》《供施食子法》《陀罗尼修习法》，由摩诃杂那自译。

《陀罗尼仪轨》，帕巴喜饶（圣智）译。

《供施食子仪轨大全》，仁钦桑布（宝贤）译。

轨范师多杰南波（利金刚）所著《白伞盖护摩仪轨》、多杰丹巴（金刚座）所著《白伞盖法直解》，巴日译师译。

轨范师格日哇达所著《白伞盖仪轨次第》和《顶髻白伞盖赞》，轨范师扇底波所著《随求母轮绘画法》，《大随求母明智仪轨》，尼玛坚赞（日幢）译。

轨范师则达日所著《护法五尊共修法》，《各天女修习五法》，《绘轮仪轨五天女赞》，苏玛底格底所著《五护法仪轨》，另有《石女修有法》等。以上诸经先由巴日译师译，后由尼玛坚赞（日幢）重译。

轨范师扇底波所著《五护法仪轨》，由扎西坚赞（吉祥幢）和曲结伯（法王祥）译。

《大随求母修习法》，轨范师益西宁布（智藏）所著《无边门修法陀罗尼释颂》和其广释本，此二论著由益西德（智军）等译。

轨范师寂护所著广、中、略三种《七如来供养仪轨》，应属显宗经部论典。

轨范师苏跋嘎惹所著《独勇金刚修法释》，达那尸罗自译。

班智达玛底所著《白文殊修习法》和《随顺生起次第赞》，此二论著由年·达玛扎（盛称）译。

轨范师阿旺扎巴（语自在称）所著《白文殊金鬘赞》《语自在赞》，尼玛坚赞（日幢）译。

《圣妙吉祥殊胜赞》，轨范师阿南达室利牟扎著，却吉喜饶（法智）译。

班智达达瓦迥尼贝哇（胜护）所著《文殊智慧轮修习法》，强贝伯（慈吉祥）译。

香达嘎热所著《文殊五字真言修习法》，轨范师弥潘喜宁（胜友）所著《文殊五字真言修法》，由曲结贝（法王祥）译。

另有《文殊五字真言供养仪轨》。

事部观世音类论著有：

轨范师玛麦杂益西（燃灯智）所著《一面二手观音立像修习法》，释迦罗哲（释迦慧）译。

吉祥比丘尼所著《大悲十一面观音菩萨修习法》，仁钦桑布（宝贤）译。

《世间自在赞》《观世间菩萨赞》《观自在菩萨赞》《大悲观音赞》，此四种著作亦由吉祥比丘尼著。

《不空绢索曼荼罗十七尊无垢光赞》《大悲观音赞并劝请文》，皓月

居士著，桂译师译。

《观世音菩萨赞》，杂拉巴支巴著，尼玛坚赞（日幢）译。

《广财龙王所作观世间自在赞》，绛本译。

艾惹巴底所著《不空绢索五尊赞》，巴日译师译。

《宝洲大悲观音五尊赞》，轨范师马鸣著。

《观世音主仆赞》《观世间自在如意灭罪赞》，达那尸罗自译。

《不空绢索五尊赞》，此著及《观世音主仆赞》和《观世间自在如意灭罪赞》，共3种，均由轨范师旃陀罗阁弥（皎月）著。

《圣观世音菩萨赞》《大悲赞》，衮金（普施）居士著。

轨范师月称所著《悲声祈祷世间自在具加持文》，萨伯（地祥）所著《狮子吼赞》，尼玛坚赞（日幢）译。

轨范师龙树所著《千手千眼观世音菩萨修习法》，仁钦桑布（宝贤）译。

旃陀罗阁弥（皎月）所著《狮子吼修法》，嘉·却桑（法贤）译。

阿底峡尊者所著《世间自在修习法》，轨范师龙树所著《大悲观音修法如意珠》，加哇却央（佛胜音）译。

《一面二手观音修习法》，共2种，弥潘喜宁（胜友）著，强贝伯（慈吉祥）译，此二著未列入丹珠尔论典。

班智达阿孜达牟扎古巴达所著《善逝大宝教法舟航》，强贝伯（慈吉祥）译。

随顺观世音法门的忿怒金刚论著有：

轨范师旃陀罗阁弥（皎月）所著《马首金刚修法》、轨范师扎跋嘎惹所著《一切密续无上心要马首金刚修法》，此二著作由尼玛坚赞（日幢）译。

《七百品中所出马首金刚修法》，强贝伯（慈吉祥）译。

阿底峡尊者所著《六臂莲花马首金刚修法》和《四臂莲花马首金刚修法》，共两种。

事部金刚手类论著，多称之为显宗，主要有：

轨范师龙树所著《陀罗尼释阐明真实性明灯》《速获悉地青塔仪轨》《消除损害甘露》《金刚扫拭羯磨集》《七支修法》，均由加·宗哲僧格（精进狮子）译。

轨范师阿旺扎巴（语自在称）所著《大佛塔九神修法》《独勇金刚修法》《陀罗尼修习法》《诸轮教授秘诀》《供食子仪轨》《大部主修习法》《释义明灯》《修习次第论》《宝瓶修法仪轨》《真实性明灯修习诀要》《羯磨集摄要》《金翅鸟王修习法》，均由宗哲僧格（精进狮子）译。

轨范师毗日耶旃陀罗所著《金刚手赞》和传由毗日耶旃陀罗所著《金刚手依经规取受修法》等三种。

轨范师龙树所著《金刚手赞》6颂。

轨范师阿旺扎巴（语自在称）所著《金刚手赞》。

阿底峡尊者所著《金刚手赞》，宗哲僧格（精进狮子）译。

还有一些支分《金刚手赞》，是否是梵本，值得怀疑。

轨范师苏跛嘎惹所著《金刚手修习法》。

轨范师当尼定埃增（空性定）所著《金刚手修习法》，巴日译师译。

轨范师阿旺扎巴（语自在称）所著《白衣金刚手修习法》，仁钦桑布（宝贤）译。

轨范师桑杰桑哇(佛密)所著《金刚手坛轨摄要》，伯则（祥积）译。

《金刚手修法》，坚伯果恰（祥铠）译。

轨范师噶玛巴杂所著《青衣金刚手陀罗尼释》和《明咒缘念仪轨》，此二种由那措译师译。

轨范师宁则多杰（日金刚）所著《青衣金刚手修习法如意珠》，由室利古摩热迦罗自译。

另有轨范师益西伯（智祥）的《金刚心要秘诀》，轨范师龙树所著《金刚手威猛五尊坛轨》《羯磨集八支》等。

随顺金刚手之摧破金刚类论著有：

轨范师巴哇日巴所著《摧破金刚陀罗尼释宝鬘》《曼荼罗仪轨宝光》《忿怒金刚诛杀事业论》《摧破金刚威猛修习法》，婆罗门巴热玛底所著《摧破金刚护摩法》，轨范师阿莫巴那达所著《威猛摧破金刚修习法》，此六部著作由噶·却吉桑布（法贤）译。

轨范师菩提萨埵所著《摧破金刚法释》，由伯则（祥积）译。

轨范师毗摩罗牟扎所著《摧破金刚法义解》和《摧破金刚法广释》，轨范师德维牛茍（乐苗）所著《摧破金刚陀罗尼密义解说》，轨范师白玛（莲花）所著《摧破金刚法释金刚灯》，轨范师多杰果恰（金刚铠）所著《摧破金刚法释》，由仁钦桑布（宝贤）译。

多杰果恰（金刚铠）所著《沐浴仪轨解》《十八羯摩边秘诀》，弥底上师所著《摧破金刚法释》和《摧破金刚陀罗尼秘诀》，由弥底上师自译。

轨范师须热嘎玛巴杂所著《摧破金刚六坛仪轨宝钥》，轨范师绛曲宁布（菩提藏）所著《沐浴仪轨》，轨范师旃陀罗阁弥（皎月）所著《摧破金刚修心法摄要》，婆罗门咱雅哇玛所著《摧破金刚坛轨》，婆罗门岗嘎达惹所著《摧破金刚修习法》，由热西希宁（极寂友）译。

婆罗门波尼巴杂所著《摧破金刚修习法》《摧破金刚赞》《摧破金刚施食仪轨》《摧破金刚息灭护摩法》《摧破金刚宝瓶仪轨》《摧破金刚四业修法仪轨》，班智达杂那室利之《修摧破金刚护摩法》《摧破金刚轮仪轨》等，由热西希宁（极寂友）译。

轨范师循奴德（童军）所著《摧破金刚修法详轨》，轨范师桑杰桑哇（佛密）所著《摧破金刚法宝明释》《独勇修习法》《摧破金刚食子法》等，这些由坚伯果洽（祥铠）和索南梅巴（福胜解）译。

轨范师益西多杰（智金刚）所著《摧破金刚修习法》《沐浴仪轨和曼陀罗仪轨》，传由轨范师玛麦杂桑布（燃灯智祥）、白玛（莲花）、益西多杰（智金刚）等人所著《摧破金刚修习百法》和《摧破金刚法释》，轨范师扎底瓦那旃陀罗所著《忿怒尊胜续一万二千颂中所集释论》等。

《一切法行秘诀现证威光释》，沙弥琼扎（鹏称）译（对此论著有争议）。

轨范师则达日所著《不动金刚修习法》、循奴拔（童焰）译。

《白色不动金刚修习法六颂》及《白色不动金刚韵文修习法》，此二著由达那尸罗自译。

阿底峡尊者所著四部不动金刚类著作：《不动金刚曼荼罗仪轨》，仁钦桑布（宝贤）译，广、略两种《不动金刚修习法》，那措译师译，另有《不动金刚护摩仪轨》。

轨范师巴卧多杰（勇金刚）所著《不动金刚修法仪轨》，轨范师则达日所著《不动金刚修习法》，由年译师译。

阿底峡尊者所著《忿怒王不动金刚赞》，共两种，由那措译师译。

轨范师龙树所著《救度母总修法》，年译师译。

龙树所著《羯地洛迦林度母修习法》，由南巴囊则多杰（普照金刚）译；龙树另著有《救度母赞》。

轨范师旃陀罗阁弥（皎月居士）所著《羯地洛迦林度母赞》16颂和《度母解救八畏修习法》，由那措译师和罗哲扎（慧称）译；彼所著《大吉祥救度母赞》，尼玛坚赞（日幢）译；另有广、略两种《解救八畏赞》，以上六种（实际五种）均由旃陀罗阁弥著。

轨范师龙树所著《度母五尊修习法》，由达玛云丹（法德）译，此论未列入论藏。

释迦室利所著《白度母修习法》，由毗布底自译。

轨范师玛麦杂桑布（燃灯智祥）所著广、略两种《度母修习法》和《度母赞》，由却吉喜饶（法智）译。

轨范师阿旺扎巴（语自在称）之门徒所著《白度母修习法》，由巴日译师译。

阿旺扎巴（语自在称）所著《救度母赞》，亦由巴日译师译。

一切智友所著《度母解救八畏修习法》，由比丘曲加帕巴（法王圣）译，彼所著《度母修习法摄略》，由强巴伯（慈吉祥）译，此著未列入论藏。

阿底峡尊者所著《度母修习法》，格维罗哲（善慧）译。

吉祥燃灯智所著《度母修习法》，却吉喜饶（法智）译。

《捉缚盗贼法》，香·珠巴伯（成祥）译。

《天女誓言度母赞》，轨范师阿果喀跋耶巴杂所著《圣救度母赞》，班智达本察松巴所著《度母赞》，轨范师无垢天所著《狮子吼喀萨巴奈观音法》《天女度母法》《般若波罗蜜多》《妙吉祥王修法》《大威德修法》《财源母修法》《古日古列佛母修法》《住守损害明王修法》《颦眉度母修法》《光明母修法》等，共为13（原文为11）种。

轨范师布杂巴杂所著《六字真言修法》，由释迦罗哲（释迦慧）译。

轨范师益西喜宁（智友）所著《般若波罗蜜多一百五十法理释》，奈班热其达比丘所著《缘起详轨》，轨范师龙树所著《善业如意解说》，由桂译师译。

轨范师则达日所著《般若波罗蜜多修习法》，达玛扎（盛称）译。

龙树所著《龙自在王修习法》，仁钦桑布（宝贤）译。

轨范师无著所著《弥勒修习法》，仲敦巴译。

轨范师扎跋格底所著《忿怒威猛金刚修习法》，达那尸罗自译。

依殊胜舞者观察阿阇黎须让嘎哇玛所著《毗沙门修习法》，帕巴喜饶（圣智）著。

轨范师巴卧多杰（勇金刚）所著《毗沙门修习法》，尼玛坚赞（日幢）译。

轨范师那波巴（黑尊者）所著《毗沙门天王慈悲乳汁赞》，桑嘎译。

《毗沙门赞》、轨范师桑杰益西（佛智）所著三种《水施王修法》，却吉喜饶（法智）和达玛云丹（法德）译。

轨范师格比多杰（俏金刚）所著《赡跋拉财神修习法》，达那尸罗自译。

轨范师阿跋耶所著《赡跋拉修习法》，由崔臣迥尼贝哇（戒生密）和曲结伯（法王祥）译。

轨范师旃陀罗阁弥（皎月居士）所著《赡跋拉财神赞》，巴察译师译。

帕巴玛底所著《赡跋拉修习法》，年译师译。

班智达杂那巴杂所著《赡跋拉赞》，人主尼玛南巴伦巴（日威光王）所著《赡跋拉赞》，扎巴坚赞（称幢）译。

《赡跋拉教授秘诀赞》，达·绛曲森华著。

轨范师诺金（财施）所著《赡跋拉财神所嘱修法旋转宝瓶》，强贝伯（慈吉祥）译。

《殊胜赞》《九颂赞》《慈悲乳汁赞》，这些由强贝伯（慈吉祥）译。上面强贝伯所译《赡跋拉财神所嘱修法旋转宝瓶》《殊胜赞》《九颂赞》《慈悲乳汁赞》四种未列入论藏。

《药叉无能胜修习法》，杂玛日自译。

轨范师囊则牛苟（普照苗）著《具善大黑天修习法》，婆罗门普布（金刚橛师）所著《白色妙音天女修习法》和《妙音天女赞·成就语光》二著，由达玛云丹（法德）译。

《红色妙音天女赞》，轨范师伯增（吉祥持）著，玛多曲旺（法自在）译。

《随行圣救度母之药叉母修法》，却吉罗哲（法慧）译。

咱雅赛那尊者所著《水食子供施法》及其释论《水食子供施法释》，轨范师释迦喜宁（释迦友）著，仁钦桑布（宝贤）译。

阿底峡尊者所著《无垢水食子供施法》，那措译师译。

以上，事部续典释论共计349种。

（二）行部续典释论

轨范师桑杰桑哇（佛密）所著《毗卢遮那现证菩提续摄义》7卷200颂，伯则（祥积）译。

轨范师格达惹所著《三誓言尊庄严百字仪轨》，洛丹喜饶（慧智）译。

金刚手法类的《金刚手修习法坛场仪轨》《供施食子仪轨》《护摩仪轨》《镇伏魔障法》《缠束幻轮法》《和息大地伏藏法》《缘水修法》《缘风修法》《缘虚空修法》《造小泥塔像法》《开示二相论》《回遮仪轨》《三昧耶决定论》《毗沙门福乐品》《猛厉降伏仪轨》《能乐修法仪轨》《诸法宝藏》《诸法宝藏羯摩集》《诸法宝藏圆光问卜法》《诸法宝藏降雨法》等，这些均由轨范师卓桑宁布(行贤藏)著，由班智达德杂提婆和桑嘎译师译。其中一部分未列入论藏。

轨范师噶热多杰（极喜金刚）所著《毗沙门秘密修习法》，轨范师则达日所著《无量寿佛修法仪轨》，由杰·噶哇伯（喜祥）译。

以上，行部续典释论共22种。尚缺《金刚手灌顶续上部释》《阎摩敌显现细微备忘录》《不动金刚随念仪轨》等，需寻觅。

(三) 瑜伽部续典释论

《瑜伽续摄义广释显现真实性一万八千颂》，上部由仁钦桑布（宝贤）译出，下部由桑嘎译师帕巴喜饶（圣智）译出。

《金刚界曼陀罗金刚现生仪轨》，仁钦桑布（宝贤）译。

《吉祥最胜第一品类广释》，仁钦桑布（宝贤）译出二万四千颂，其补遗部分由天喇嘛希瓦沃（寂光）译。

《吉祥最胜智慧品类摄义释》，仁钦桑布（宝贤）译。

《吉祥最胜般若波罗蜜多曼荼罗仪轨》《净治恶趣后续及其释义明灯》，却吉宗哲（法精进）译。《净治恶趣曼陀罗仪轨》，沙弥琼扎（鹏称）译。对此论有争议。

《净治恶趣曼荼罗仪轨》，仁钦桑布(宝贤)译。此轨系顶髻九法之一。

《三界尊胜曼荼罗仪轨》，仁钦桑布（宝贤）译。

《佛像开眼仪轨》。

以上十论典均由轨范师衮噶宁布（庆喜藏）著。

轨范师衮噶宁布（庆喜藏）所著《普明曼荼罗仪轨》和《普明开光仪轨》，由仁钦桑布（宝贤）译。另有《金刚萨埵生起广论》和《金刚萨埵生起略论》两种。以上四论典均未录入论藏，《金刚萨埵生起广论》尚未寻到。

《净治恶趣续光明庄严释》，旺秋坚赞（自在幢）译。

轨范师扎杂巴里达所著《开眼仪轨》等未列入论藏。

轨范师释迦喜宁（释迦友）所著《摄真实性持藏庄严广释》30卷，仁钦桑布（宝贤）译。

《金刚生起论摄义》，轨范师牟尼那扎跋扎著，却吉喜饶（法智）译。

轨范师多杰果恰（金刚铠）所著《净治恶趣续美饰释》《大曼荼罗修习法》，由弥底大师独自翻译。

《护摩仪轨》《荼毗仪轨》，轨范师益西多杰（智金刚）所著《悲心生起诵修法》，仁钦桑布（宝贤）译。

轨范师多杰甲居（金刚铠）所著《金刚萨埵百字明仪轨》，轨范师希瓦宁布（寂藏）所著《随顺瑜伽续修塔仪轨》，轨范师桑杰桑哇（佛密）所著《入密续义轮》，坚伯果恰（妙吉祥铠）译。其释论《入密义论释》，由大轨范师巴杂著。

轨范师扇底波所著《一切秘密续合解密灯》，轨范师热觉郡（满护）所著《举行弹线仪轨》（ཤུད་ཐིག་གི་ཆོ་ག），轨范师须底扎哇所著《画线次第》，轨范师夏达嘎惹所著《曼荼罗弹线仪轨》及其自释《食子三分中等供施法》，以上诸著均由仁钦桑布（宝贤）译。

轨范师达玛格底所著《弹线仪轨》，轨范师牟尼底达果喀所著《胜三世间释》和《金刚界曼荼罗安立论》，仁钦桑布（宝贤）译。

《净治恶趣曼荼罗修法释》《具祥广大坛轨》，轨范师格桑噶哇（善缘喜）所著《净治恶趣方便》，由雍仲沃（坚固光）译。

《净治恶趣仪轨所作摄要》，轨范师然达格底所著《般若波罗蜜多曼

荼罗仪轨》，泥婆罗人摩诃巴那自译。

然达格底所著《一切修法羯摩明论》，轨范师却丹热觉央（具法满音）所著《摄行明灯宝鬘》，仁钦桑布（宝贤）译。

《金刚法瑜伽一尊修习法》，系洛穹译师随顺轨范师庆喜藏大师而作，非为梵本，亦无标题，故有误。

《金刚界曼荼罗摄义》，古摩拉嘎罗夏自译。

轨范师底拉玛底所著《各种庄严圣妙次第开显安立论》，鲁伊坚赞（龙幢）译。

《金刚界曼荼罗广大仪轨》，轨范师柔吉金巴（种施）著，其《所作摄要》由扎巴坚赞（称幢）译。

《九髻现观法》，尼玛坚赞（日幢）译。

轨范师益西多杰(智金刚)所著《入修习行论》，拉尊巴（天僧）译。

轨范师衮噶宁布(庆喜藏)所著《幻化网广说》，仁钦桑布（宝贤）译。

轨范师热希喜宁（极寂友）所著《幻化网释难》，仁钦桑布（宝贤）译。

瑜伽续中有关《文殊真实名经》的释论有：轨范师坚伯扎巴（妙祥称）所著《文殊真实名经广释》，仁钦桑布（宝贤）译；轨范师格比多杰（俏金刚）所著《文殊真实名经释咒义遍观》，弥底自译，喜饶则（智积）校正；益西扎巴（智称）所著《文殊真实名经略释》，轨范师达维旺布扎巴（月王称）所著《文殊真实名经释》，帕巴喜饶（圣智）译；轨范师智麦喜宁（无垢友）所著《文殊真实名经释名号显义明灯》，聂杂那译；弥底所著《文殊真实名经释》，由他自己翻译；轨范师尼麦多杰（无二金刚）所著《文殊真实名经释近解》，索南坚赞（福幢）译。

轨范师坚伯喜宁（妙祥友）所著无垢虚空简论类论著有：《文殊真实名经释》，仁钦桑布（宝贤）译；《曼荼罗仪轨》《无垢虚空菩萨金刚苏息仪轨》《毗卢遮那苏息仪轨》《不动金刚苏息仪轨》《宝生如来苏息仪轨》《无量光佛苏息仪轨》《不空成就佛苏息曼荼罗》《真实名经瑜伽行者普用沐浴仪轨》《食物瑜伽法》《施部多食子法》《献曼札仪轨》《绕转寺塔法》《积集七支资粮法》《无常观修法》《厌离轮回法》《心识遮止三毒要诀》《皈依仪轨》《发心仪轨》《修菩提心秘要》《修四无量要诀》《三世佛观视法》《修六种随念秘诀》《缘起十二支观修秘诀》《上根真实性修法》《制作小泥像仪轨》《护摩仪轨摄略》《等引次第秘要》《独勇金刚修法》《诠念名号仪轨经义合编》《开光仪轨》《诅咒轮修法》《七颂仪轨》《荼毗仪轨》《净治恶趣六道众生仪轨》，计为37种，均由妙祥友著，译师却吉喜饶（法智）译。

具密类论著有：《具足秘密修习法》《曼荼罗仪轨功德生源》《文殊真实名经念诵修要》《修法小品》《护摩仪轨》，这些均由巴丹绛曲却（具祥菩提胜）著，弥底译；《具足秘密修习法释及开眼仪轨》，共两种，弥底著，连同《弹线本颂》，均由弥底自译，另有其他译本。

轨范师阿哇布底巴所著《文殊真实名经释》《真实名经修法》《曼荼罗仪轨智明论》《智慧萨埵修法摄要》《护摩仪轨》，共5种，轨范师涅岸麦比伯（无忧祥）所著《大威德净净瓶修法仪轨》《护摩法》《修塔仪轨摄要》《威仪仪轨》；轨范师尼麦多杰（无二金刚）所著《妙吉祥初佛修习法》，共计14种，由噶·却吉桑布（法贤）译。

轨范师涅岸麦比伯（无忧祥）所著《妙吉祥修习法》，由阿夏（吐谷浑）的加嘎则译。

轨范师尼麦贝巴（无二隐）所著《智慧萨埵成就法》，轨范师尼多麦多杰（无二金刚）所著《文殊真实名经释心要现证》《智慧萨埵现观论》《智慧萨埵无垢仪轨》《住自性十密行》《观察梦相法》《消除静虑毒明灯》《入文殊智慧萨埵心意法》《静虑轮修法》《修明点法》《一明点修法》《妙吉祥智慧萨埵心要成就法》，这些均由弥底尊者独自译出。

《妙吉祥曼荼罗无垢虚空广论》，坚伯扎巴（妙祥称）著，仁钦桑布（宝贤）译。

轨范师扎跋嘎惹所著《文殊真实名经修法》，尼玛坚赞（日幢）译。

轨范师循奴扎巴（童称）所著《文殊真实名经秘诀释》，由喜饶喇嘛（智慧师）译。

轨范师弥肴宁布(不动藏)所著《文殊真实名经修习法》，玛多译师译。

《文殊真实名经经释》，轨范师桑杰桑哇（佛密）著。此著作未列入丹珠尔论藏。

此外，有关《文殊真实名经》的大瑜伽释论，即具神通上师所著《文殊真实名经释除无明黑暗》《曼荼罗仪轨次第明论》《秘密灌顶》《第三灌顶》《第四灌顶》《四度母次第论》《沐浴仪轨》《绕转寺塔佛像仪轨》《护摩会供轮》《荼毗仪轨》；麦智哇所著《开光仪轨》《教诫定摄论》《功德圆满修法》《智慧明灯论》；年扎格哇（誉称善）所著《祈愿文》《法行次第》；里罗巴杂所著《梵塔仪轨》《施食仪轨》《施水仪轨》；普陀菩提所著《部种区别论》。这21种《文殊真实名经》释论，以往未列入论藏，是否纯正，有待考证。另有《一切陀罗尼修法二次第》《一切陀罗尼坛场仪轨普明论》等。

（四）大瑜伽部续典释论

1. 方便续释论

（1）关于密集法类

《密集金刚续释》，轨范师龙树著，曼扎迦罗夏译。

《密集修法摄要》《密集经合释》（འདུས་པ།）、《密集曼荼罗仪轨二十颂》，此三著作由仁钦桑布（宝贤）译。

《密集十八品释》，循奴本巴（童瓶）自译。

《五次第论》，仁钦桑布（宝贤）译。

《菩提心释颂》，巴察译师译。

《菩提心释散文本》，多德拔（经部焰）译。以上八部著作均由圣龙树著。

轨范师圣天所著《摄行灯论》，仁钦桑布（宝贤）著。其释论轨范师释迦友所著《摄行灯论释》，轨范师龙菩提所著《曼荼罗仪轨》，由巴察译师译。

轨范师圣天所著《净治心障法》，那措译师译；《自我加持次第》《现证菩提次第》《雅、惹、拉、哇等四法解说》和《密集荼毗仪轨》，由仁钦桑布（宝贤）译。

轨范师扎坚增伯喜宁（罗睺罗祥友）所著《曼荼罗仪轨双运明论》，萨洛译师译。

轨范师鲁洛（龙慧）所著《生起次第建立次第论》，仁钦桑布（宝贤）译；《业边分辨论》，曲结伯（法王祥）译。

轨范师扎央居鸠巴（十一音师）所著《大金刚持道次第》，仁钦桑布（宝贤）译。

轨范师鲁伊绛曲（龙菩提）所著《五次第释摩尼珠鬘》，那措译师译。

轨范师鲁洛（龙慧）所著《五次第内容摄要》，巴察译师译。

那波丹凑多杰（黑誓言金刚）所著《五次第释难》，那措译师译。

轨范师鲁伊绛曲（龙菩提）所著《五次第释难明义论》，是部值得怀疑的著作。

轨范师跋甲格底（藏语谓噶丹扎巴，意为"有缘称"）所著《五次第难义释》，释迦宗哲（释迦精进）译。

轨范师阿跋耶嘎惹所著《五次第释月光》，毗布底旆陀罗自译。

轨范师宗哲桑布（精进贤）所著《五次第释难明义论》，喜饶宗哲（智精进）译。

轨范师达瓦扎巴（月称）所著《密集释明灯》，仁钦桑布（宝贤）译；《金刚萨埵修法》，循奴拔（童焰）和巴日译师译。

轨范师清辨所著《密集释明灯难义解说》，释迦宗哲（释迦精进）译。

轨范师格必多杰（俏金刚）所著《密集序分解说》《大乐修习法》，

轨范师那波（黑尊者）所著《密集曼荼罗》和《密集开光仪轨》，由桂译师译。

夏达嘎惹哇玛所著《七庄严解说》，仁钦桑布（宝贤）译。

那波巴（黑尊者）的《金刚萨埵供养仪轨》，桂译师译；其《密集施食仪轨》《密集修法摄要释》；轨范师扇底波所著《密集宝鬘论》，由噶玛巴杂译。

轨范师夏达嘎惹所著《密意记别金刚念诵法释》和《入续义论》，由仁钦桑布（宝贤）译。

轨范师跋甲格底（有缘称）所著《密集释明灯疏释密意极明论》1 006颂，古摩罗自译。

轨范师古摩罗所著《明灯论略解心鉴》，释迦罗哲（释迦慧）译。

轨范师月称所著《密集现观庄严论释》和轨范师圣天所著《明灯论释说》（此二论有疑），萨霍尔学者罕达提婆所著《密集施食仪轨》，由桂译师译。《密集施食仪轨》未列入论藏。

《密集金刚续释》，弥底尊者著并自译。

《智足妙吉祥言教》，由拉·益西坚赞（智幢）译；《妙吉祥言教略义》和《修习法普妙论》二著，由仁钦桑布（宝贤）译；《普贤母修习法》，弥底尊者自译；《自入修法》，桂译师译；《解脱明点论》，拉·益西坚赞（智幢）译。另有《呐噜迦修习法》，共7种著作，均由轨范师桑杰益西（佛智）著。

《妙吉祥言教》之释论轨范师曼贝夏（医足）所著《妙花庄严论》，由拉·益西坚赞（智幢）译；《修习法普妙论释》，轨范师伯哲多杰（祥果多杰）和塔嘎那各著一种，共两种，由仁钦桑布（宝贤）译；《普贤母修习法》的释论，即轨范师衮都桑布（普贤）所著《心要穗论》，由洛丹喜饶（具慧智）译；《解脱明点论》的释论，即曼贝夏（医足）所著《解脱明点论释》和《修习法悉地生源宝藏》，由拉·益西坚赞（智幢）译。

轨范师囊则多杰（普照金刚）所著《加行六支显现次第》，由雍仲沃（固光）译；其《呗噜迦修习法释》，轨范师玛麦杂桑布（燃灯贤）所著《曼荼罗仪轨》450颂，其释论轨范师无垢祥所著《曼荼罗仪轨释》，由仁钦桑布（宝贤）译。

轨范师医足之子加维金（佛施）所著《密集难义释》，轨范师智麦贝巴（无垢隐）所著《密集经十七品释》，其弟子轨范师达沃（月光）所著《密集第十八品释》和伯坚巴（祥严）所著《密集第十品释》共3种释本，均由达玛扎（盛称）译。

轨范师热杜希维益西（极寂智）所著《密集经释利益弟子论》，轨范师达维沃色（月光）所著《开光仪轨》，由索南加哇（福胜）译。

轨范师囊杰达瓦（作明月）所著《阏伽仪轨摄要》和《开光仪轨现智论》，伯定埃增多杰（祥定金刚）所著《临终仪轨》《度亡安置佛土仪轨》，共4（原文3）种，由喜饶扎（智称）译。

轨范师扇底波所著《密集经合解花束论》，桂译师译。

轨范师毗夏牟扎所著《密集第十八品释》，轨范师孜鲁巴所著《密集释宝树论》，由拉·益西坚赞（智幢）译。

《密集经释》，轨范师塔嘎那著，仁钦桑布（宝贤）译。

轨范师多杰协巴（金刚笑）所著《密集十七品释》，毗卢遮那译；其《密集后续等释》，轨范师衮噶宁布（庆喜藏）所著《密集释难》，仁钦桑布（宝贤）译，而其《密集难义广释》，传由察仁上师自译。

《四天女所问续释》，轨范师益西宁布（智藏）著，弥底译。

《普贤护摩仪轨》，玛麦杂益西（燃灯智）所著《密集修习法》，仁钦桑布（宝贤）译。其释论《密集修习法解说》，衮都桑布（普贤）著，苏嘎达自译。

轨范师索年巴（化缘师）所著《密集曼荼罗仪轨》和《密集修习法》，迦湿弥罗的仁钦多杰（宝金刚）所著《不动金刚修习法》等，由仁

钦桑布（宝贤）译出。

轨范师阿旺扎巴（语自在称）所著《密集坛轨摄略》，却吉旺秋（法自在）译。

轨范师加维金（佛施）所著《吉祥喜金刚修习法》，苏那耶室利所著《妙金刚修习法》，循奴拔（童焰）译；《密集不动金刚修法》，弥底自译；《吉祥喜金刚灌顶品》，巴日译师译。

轨范师阿旺扎巴（语自在称）所著《具足七支真实性大宝光明论本释》，桂译师译。

轨范师圣天所著《五毒密藏胜道不可思议论》，因陀罗菩提所著《金刚萨埵修法》《吉祥大胜乐金刚萨埵修习法》，轨范师图卧惹杂哈底所著《金刚萨埵随念仪轨》，轨范师热鸠多杰（极畏金刚）所著《护摩仪轨》，由仁钦桑布（宝贤）译。

轨范师然达格底所著《一切教宝修法》《金刚萨埵密义》《遍照佛密义》《呩噜迦密义》《莲花舞王密义》《宝日密义》《胜马游戏密义安立论》等，传由轨范师古古惹杂著，拉仁波切（天宝师）译。

弥底所著《四天女所问续释》，由作者自译。

《密集十八品释清净能明论》，轨范师曼贝夏（医足）著，拉·益西坚赞（智幢）译。

《加行六支释》，轨范师月称著，仁钦桑布（宝贤）译。

《佛智传规加行六支释》，弥底著；《佛智传规加行六支论》，轨范师弥尼多杰（无住金刚）所著《密集三十二尊赞》，仁钦桑布（宝贤）译。

《密集金刚赞》，玛麦杂益西（燃灯智）著，仁钦桑布（宝贤）译。

对轨范师噶维多杰（喜金刚）所著《灌顶所作摄略》，麦智巴著《第四灌顶安立论》，由楚译师译。

另有《传授第四灌顶略轨》，共计114种。其中，最后的两种著作未列入论藏。尚有轨范师桑杰益西（佛智）所著《四支修习法》及其释论

《四支修习法具住论》和《四支结合普贤修习法》，共3种，系鄂译师所译，但尚未找到译本。

(2) 关于阎摩敌法类

轨范师伯增（祥持）所著论著有：《黑敌阎曼德迦续释·俱生光明》《黑敌阎曼德迦修习法》《黑敌阎曼德迦曼荼罗仪轨》，此三著作由那措译师译；《黑色阎摩敌修习法句明成就论》《红色阎摩敌修习法》和《红色阎摩敌曼荼罗仪轨》3（原文为2）种，由曲结伯（法王祥）译；《红色阎摩敌禅定仪轨》，达那尸罗自译；《黑红阎摩敌供养仪轨》《红色阎摩敌修习法》《红色阎摩敌曼札仪轨》《供养仪轨》等，由尼玛坚赞（日幢）译；《供献食子仪轨》，曲结伯（法王祥）译；《妙金刚供养仪轨》，毗布底自译；《自我加持秘诀》，洛卧译师译。以上均为伯增（祥持）所著。

轨范师扇底波所著《黑敌阎曼德迦续释宝灯论》，却吉喜饶（法智）译。

轨范师里罗巴杂所著《曼荼罗仪轨阎摩敌生现论》，觉珠·喜饶喇嘛（智慧师）译。

里罗巴杂所著《佛塔仪轨广论》和《佛塔仪轨摄论》；玛麦杂（燃灯师）所著《护轮修法》；提婆阿嘎惹旃陀罗所著《四次第分别开示秘要》；鲁伊绛曲（龙菩提）所著《荼毗仪轨》《幻轮仪轨》；阿莫嘎巴杂所著《十偈颂》《息业护摩法》《增业护摩法》和《诛业护摩法》；里罗巴杂所著《隐秘行摄论》《羯磨次第秘要》和《增盛秘诀》。这些多由喜饶喇嘛（智慧师）译出，但未列入论藏。

顿悦夏（不空足）所著《妙金刚曼荼罗仪轨》《吉祥金刚智大威德忿怒王修法绘轮仪轨》《不空足传规妙吉祥秘密续曼荼罗仪轨》和《尊胜忿怒王护摩仪轨定示悉地论》；轨范师室利毗如巴所著《红色阎摩敌修习法》，由达那尸罗独自翻译。

轨范师罗哲桑布（慧贤）所著《五本尊修习法》《自我加持法》，由

曲结伯（法王祥）译。

《幻轮仪轨》《幻轮真实性明示》，达那尸罗著，并由他自己译出。

《毗卢遮那佛护持法》，毗日哇巴所著《红色阎摩敌修习法》；毗如哇巴所著《施食仪轨》；毗日哇巴所著《光明显现次第》；轨范师巴卧加布（勇王，为毗日哇巴大师之名号）所著《红色阎摩敌修习法》，以上5著作由曲结伯（法王祥）译。

毗日哇巴所著《红色阎摩敌幻轮鬘》，由达那尸罗独自译出。

罗桑宁布(善慧藏)所著《红色阎摩敌修习法》，尼玛坚赞（日幢）译。

轨范师牟觉多杰（不动金刚）所著《能怖金刚难义释》，却吉喜饶（法智）译。

《大威德金刚总说》，轨范师循奴多杰（童金刚）所著《大威德金刚难义释》，巴日译师译。

阿莫嘎巴杂所著《大威德金刚修习法》和《大威德金刚曼荼罗仪轨》；室利跋扎所著《护摩法》；扇底波所著《会供轮修法》；轨范师坚伯央（妙祥音）所著《二臂大威德金刚修习法》、《茨丛跋惹仪轨》（ཚོགས་འཁོར་བའི་ཆོག་ག），共6种，均由热·多杰扎（金刚称）译出。

轨范师室利跋扎所著《大威德金刚修习法》和《大威德金刚修习法摄要》二书，轨范师希维益西（寂智）所著《能怖金刚念修仪轨》《阎摩敌修法仪轨》《转轮诛业合一修法》，轨范师坚贝益西（妙祥智）所著《大威德修习法》，由顿悦多杰（不空金刚）独自译出。

轨范师那波夏（黑尊者）所著《黑色阎摩敌续广释现见正道明灯》《修塔仪轨》《荼毗仪轨》《会供轮仪轨》《供养仪轨次第》《阎摩敌修习法》等，共6种，均黑尊者著，扎杂室利杂那独自译出。

《大威德金刚修习法》，轨范师罗里达巴杂著，觉珠·喜饶喇嘛（智慧师）译。

《大威德诛业护摩仪轨》，阿莫嘎巴杂著，《黑色阎摩敌护轮仪轨》，化缘师迦摩罗热其达所著《黑色阎摩敌修习法》，那措译师译。

轨范师宁杰扎巴（日称）所著《黑色阎摩敌修习法》，桂译师译。

轨范师阁喀巴杂所著《黑色阎摩敌修习法》，恰译师译。

室利班智达所著《黑色阎摩敌临命终时修习法》；伯玛麦杂（吉祥燃灯）所著《黑色阎摩敌修习法》《阎摩敌遍照修法》《阎摩敌宝生修法》《不动金刚心要贪欲阎摩敌修法》《锐利金刚阎摩敌修法》《金刚萨埵修法》《持锤阎摩敌修法》《持杖阎摩敌修法》《持剑阎摩敌修法》《持莲阎摩敌修法》《金刚空行瑜伽母修法》《金刚广乐妙音母修法》《羯摩金刚阁日玛修法》《妙吉祥黑色阎摩敌修法》。以上14部著作，均为玛麦杂（燃灯）所著，连同室利班智达的《黑色阎摩敌临命终时修习法》，共15种，均由扎杂室利杂那独自译出。

那波巴（黑尊者）所著《佛塔仪轨》，尼玛坚赞（日幢）译；《十大忿怒明王食子仪轨及供施法》《六面阎摩敌修习法》，喜饶喇嘛（智慧师）译。

轨范师鲁伊绛曲（龙菩提）所著《黑敌阎摩敌修法成就轮》《妙吉祥品变秘密圣物殊胜所依仪轨》《红色阎摩敌圆满次第极无戏论真实性秘诀》，由毗日哇巴著，洛卧译师译。

轨范师牟觉多杰（不动金刚）所著《黑敌阎曼德迦修法轮义广说》，却吉喜饶（法智）译。

阿底峡尊者所著《黑色阎摩敌修习法》，那措译师译。

轨范师循奴达瓦（童月）所著《黑敌阎曼德迦续释宝鬘》，《阎摩敌修习法》，轨范师牟觉多杰（不动金刚）著，《黑色阎摩敌曼札仪轨》，班智达顿悦多杰（不空金刚）所著《大威德赞》，由喜饶喇嘛（智慧师）译。

《大威德名号赞》，轨范师列吉加布（事业王）著，《大威德赞》3种，轨范师扇底波所著《黑敌阎曼德迦修习法如睡莲盛开论》，此论未列入论藏。

以上阎摩敌法类论著共104种。

(3) 关于金刚手法类

大瑜伽金刚手法类中的大轮类论著有：《大轮密续释甘露苗》《修法广论大轮》《大轮中品修法甘露滴》《大轮修法摄论》，其中后3种为出世间修习法；《四龙族修习法》《药叉修习法》《回遮魔障修习法》，为3种世间修习法。静猛两种《护摩法》《甘露乳供养法》《梦兆六次第》《陀罗尼食子仪轨》《甘露护杀法》《忿怒王诛杀事业》《镇伏四龙族仪轨》《曼荼罗仪轨》《麻风病症》《金刚手赞》。以上18种，均由却吉桑布（法贤）译。

《缘起护持法》《缘起护持轮》《金刚手随喜赞》，由协乌巴杂提婆译。

以上21种著作，均由协乌译师、噶·却吉桑布（法贤）和后来的康巴·云丹迥尼（德源）校正，出现三种不同的译本，故所谓"非藏人所译"之说不实。此类著述，尚有随顺密教经续的《威猛修习法》《秘密意之一概修法》等，由哇罗旃陀罗和达磨楚臣（法戒）译出，往昔未列入论藏。

轨范师跋哇巴所著《金刚火舌续释·真实性光明》《曼荼罗仪轨》《金刚手所著修习法》《会供轮法》《护摩法》《曼札供修法》《供施食子法》《羯摩集和合法》《羯摩集次第分别论》等，均由循奴楚臣（童戒）译。

此类著作尚缺具杖金刚法类论著，需找寻。

毗摩罗室利所著《世间怙主五十颂释集要》和《世间怙主随许加持仪轨》，至尊玛赫巴所著《世间怙主修习法》，轨范师婆罗门毗占嘎惹所著《世间怙主修法》，此四著由扎巴坚赞（称幢）译，其中一种未列入论藏。

轨范师阿孜达牟扎古巴达所著《一辫母二十五尊修法》《一辫母十七尊修法》；巴杂格底所著《一辫母俱生修法》；若贝多杰（游戏金刚）所著《佛母修习法》《回向文摩尼明灯》；普陀室利所著《佛母赞》《圆

满次第金刚隐秘密道》；阿孜达牟扎所著《药叉两昆仲修法》。共8种，由强贝伯（慈吉祥）译，其中4种未列入论藏。

轨范师温萨曼达室利所著《怙主现生曼荼罗仪轨悉地宝源》和《护摩仪轨智慧火燃》，共2种，由热·曲饶（法深）译。另有《大黑天密续释》，由轨范师马鸣著。

2. 智慧续释论

（1）关于喜金刚法类

有关诠释《喜金刚续》的论著有：《喜金刚续释》，多杰宁布（金刚藏）著，卓译师译；措吉多杰（海生金刚）所著《喜金刚续释·具莲花》，库·欧珠（成就师）译；牟图达瓦（难胜月）所著《喜金刚续释·邬波罗花》，释迦益西（释迦智）译；扇底波所著《喜金刚续释·珍珠鬘》，桂译师译；那若巴所著《喜金刚续广释》，恰·却吉桑布（法贤）译；轨范师占嘎达夏所著《喜金刚续释·极无垢和合论》，雄·洛丹（安慧）译；轨范师白玛牛古（莲苗）所著《喜金刚续释难》，轨范师达玛格底（法称）所著《喜金刚续难义开眼释》，轨范师跋哇跋扎所著《喜金刚续释论》，索南坚赞（福幢）译，其《喜金刚续释难·瑜伽宝鬘》，那措译师译；轨范师白玛牛古（莲苗）所著《喜金刚续疏释》（上部略不全），由茨·尤格坚赞（宝幢）译；轨范师那波巴（黑尊者）所著《喜金刚续释·正念生源》，桂译师译。另有《喜金刚续二品释》，共计12种。

关于《金刚帐》释论，有因陀罗菩提所著《金刚帐释难·口传教授》，释迦宗哲（释迦精进)译；拉柔吉罗哲（天种慧）大师所著《金刚帐难义释·增盛真实性》，桂译师译；那波巴切哇（大黑尊师）所著《金刚帐合解》，释迦益西（释迦智）译，其《金刚帐第一品合解》，亦由释迦益西（释迦智）译。以上《金刚帐》释论共4种。

关于《桑布扎》的释论有：轨范师因陀罗菩提所著《正见忆念光明论》，吉觉译师译；《极明显和合解》，轨范师嘎雅塔者保著，兰·却吉罗

哲（法慧）译；轨范师晋美迥尼贝巴（无畏生隐）所著《秘要穗论》8 000颂，由桑杰扎（佛称）和却吉桑布（法贤）译，邦·洛丹（安慧）校正；另有轨范师巴卧多杰（勇金刚）所著《桑布扎广释宝鬘》，共4种。

其他喜金刚法门论典有：

多杰宁布（金刚藏）所著《喜金刚修习法真实性明论》，达瓦贡布（月怙）译，但此论可疑。

轨范师措吉多杰（海生金刚）所著《喜金刚修习法》，释迦益西（释迦智）译。其释论轨范师杂兰达日巴所著《喜金刚修习法释清净金刚灯》，尼玛坚赞（日幢）译。

轨范师措吉多杰（海生金刚）所著《会供轮第五三昧耶》，却吉扎巴（法称）译。

轨范师牟图达瓦（难胜月）所著《曼荼罗美妙全摄仪轨》《六支修法》《无我母十五天女修习法》和《向一切部多供施食子仪轨》，此4著均由释迦益西（释迦智）译。

轨范师仲毗呐噜迦所著《会供轮仪轨》，由马尔巴·却吉罗哲（法慧）译；仲毗呐噜迦所著《十五天女修习法甘露光》，由释迦益西（释迦智）译。

那波巴（黑尊者）所著《独勇喜金刚修习法》，桂译师译。

达惹室利之《二臂喜金刚修习法》，却吉旺秋（法自在）译。

另有《开眼仪轨》《造小泥塔佛像仪轨》（或译《造作砖佛仪轨》）、达磨巴迦的《供施食子略轨》、益西宁布（智藏）所著《茶毗仪轨》等。上面仲毗呐噜迦之《会供轮仪轨》，曾记为藏人学者贾敦所著，这是错误的。

那波巴（黑尊者）之《护摩法》，桂译师译。

兰吉格巴（俱生俏）之《古汝古列修习法》，达那尸罗译。

轨范师寂护所著《圆球钩召法》《神足钩召法》《消除蛇毒法》《增长智慧法》和《镇压制服法》，总称为"古汝古列五秘诀"，由达那尸罗独自译出。

轨范师阿罗罗班杂所著《二臂喜金刚修习法》，轨范师罗睺罗所著《独勇喜金刚修法》，由释迦益西（释迦智）译。

轨范师南觉巴（瑜伽师）所著《尸林论说》，由桂译师译。

轨范师因陀罗菩提和措吉（海生）所著广、略两种《根本现观论》、两种《八大尸林解说》《喜金刚现证次第》《真实性区分论》，轨范师白玛（莲花）和仲玛坚吉德（具灯军）所著《金刚龙释论》(རྡོ་རྗེ་གླུ་བའི་གྲེལ་པ，这里的"金刚龙"疑为"金刚歌"之误写），这些均由释迦益西（释迦智）译。

《定持语句法》，益西坚赞（智幢）译。

《密意语释》，轨范师龙树著，喜饶扎（智称）译。

轨范师那波巴（黑尊者）所著《曼荼罗仪轨注解》，桂译师译；《无我母修法》和《喜金刚修法真实性明论》二著，由那措译师译；毗日哇巴论著中之"八大尸林品"，由喜饶伯喜饶（智祥智）译。

那波巴穹哇（小黑尊师）所著《荼毗仪轨》《护摩仪轨》《开光仪轨》《会供轮仪轨》等，由桂译师译。

阿底峡尊者所著《喜金刚一切部多施食仪轨》，轨范师扇底波所著《俱生喜论》，由定埃增桑布（定贤）译；其两种《供施食子仪轨》和那波巴（黑尊者）之《度亡仪轨》，由尼玛坚赞（日幢）译。

轨范师扇底波所著《俱生瑜伽次第》，古摩惹迦拉夏译。其释论轨范师塔嘎那所著《俱生瑜伽次第释心要极明论》，曼扎嘎拉夏自译。

轨范师牟图达瓦（难胜月）所著《金刚帐五空行修习法》，索南坚赞（福幢）译。

《金刚帐修习法曼荼罗所摄随顺修法》，轨范师拉都秀（天禁行）著，却吉罗哲（法慧）译。

轨范师槐麦多杰（无喻金刚）所著《金刚帐极明修法》，仁钦桑布（宝贤）译。

轨范师则达日所著《金刚帐十大忿怒明王仪轨》和仲毗巴之《金刚帐十大忿怒明王仪轨化缘女释》二著,由尼玛坚赞(日幢)译。

轨范师扇底波所著《修法断惑论》,比丘沃松循奴(饮光童)之《四灌顶分解》,仁钦桑布(宝贤)译。

轨范师毗那巴所著《喜金刚秘密灌顶解说》和《大灌顶第三次第》,轨范师巴卧多杰(勇金刚)所著《喜金刚曼荼罗仪轨宝焰》,释迦益西(释迦智)译。

轨范师那波巴(黑尊者)所著《艾旺摩耶解说明灯次第》,轨范师仲毗巴所著《真实性十颂》,由格维罗哲(善慧)译。

轨范师噶玛波罗所著《喜金刚修习法四真实次第》,兰·达玛罗哲(盛慧)译;《喜金刚实修次第》,索南坚赞(福幢)译;《现观次第六十四棒性相》,释迦益西(释迦智)译。

轨范师官却迥尼(宝生源)所著《无我母修法》,轨范师尼麦多杰(无二金刚)所著《无我母修法》,由茨·益西迥尼(智生源)译。

轨范师则达日所著《喜金刚灌顶抉择法》,吉觉译师译。

轨范师彦拉麦比多杰(无支金刚)所著《一面呬噜迦修习法》,由玛·却吉拔哇(法燃)译。

轨范师尼麦多杰(无二金刚)所著《吉祥饮血金刚修习法》,那若巴所著《荼毗仪轨》,索南坚赞(福幢)译。那若巴所著与那波巴所著《荼毗仪轨》无区别。

那若巴之《喜金刚食子仪轨》《喜金刚手帜功德》,轨范师格比多杰(俏金刚)所著《圆满次第秘诀》《喜金刚现观次第明义》《那若巴尊者语教喜金刚主尊三萨埵修法》,吉祥定埃增多杰(禅定金刚)所著《无我母秘密教授》,索南坚赞(福幢)译。

轨范师措吉(海生)所著《喜金刚如灯火顶教诫》,轨范师多杰智布巴(金刚铃)所著《喜金刚独勇修习法》,轨范师嘎跋日巴所著《喜金刚一念修法》，此3著作由释迦益西（释迦智）译。

吉祥定埃增多杰（禅定金刚）所著《呬噜迦自我加持窍诀》，比丘喜饶益西（智俱慧）和索南坚赞（福幢）译；《二臂喜金刚修习法》释迦益西（释迦智）译；《喜金刚摄略所作造小泥塔佛像次第》，轨范师仁钦达瓦（宝月）所著《喜金刚净瓶修法》，由库·欧珠（悉地师）译；《供施食子略轨》，轨范师绛曲宁布（菩提藏）所著《喜金刚护摩仪轨摄略》，由比丘喜饶加（智护）译；《喜金刚食子仪轨》《独勇十六臂呬噜迦修习法》，轨范师措吉多杰（海生金刚）所著《喜金刚曼札仪轨》和《喜金刚护摩仪轨》，以及彼师所著《喜金刚尼林玛曼荼罗仪轨》（未列入论藏），由释迦宗哲（释迦精进）译。

轨范师绛曲宁布（菩提藏）所著《喜金刚修习法》，由天赞普牟尼惹杂译；《二臂喜金刚修习法》，轨范师罗哲钦布（大慧）所著《金刚帐中所说荼毗仪轨》，巴日译师译。

轨范师措吉多杰（海生金刚）所著《喜金刚二十颂》，释迦益西（释迦智）译。

迦湿弥罗的仁钦多杰（宝金刚）所著《喜金刚赞》，绛曲喜饶（菩提智）译。

另有化缘轨范师帕巴拉（圣天）所著《无我十五天女赞》，轨范师仲毗呬噜迦所著《喜金刚吉祥颂》，共计喜金刚法类论著120种。

（2）关于胜乐法类

有关诠释《胜乐根本续》的论著有：恰那多杰（金刚手）所著《胜乐根本续上部释》，定埃增桑布（定贤）译；轨范师楞迦加哇桑布（胜贤）所著《胜乐根本续释难》，轨范师噶丹扎巴（具缘称）所著《胜乐根本续释难·勇士悦意》，仁钦桑布（宝贤）译；轨范师噶甲达瓦（星王月）所著《胜乐根本续释难·大宝资粮》，云丹伯（德祥）译；轨范师拉贝（天隐）所著《胜乐一切修法窍诀广释》，轨范师达塔嘎达热其达所著

《胜乐根本续二种合解》，却吉罗哲（法慧）译；轨范师拉瓦巴（褐衣师）所著《胜乐根本续释修法序分》，桂译师译；轨范师苏玛底格底所著《胜乐律仪生起续简介》，扎觉喜饶（名称满智）译；轨范师跋哇跋扎所著《胜乐轮难义释》和轨范师巴卧多杰（勇金刚）所著《胜乐轮释·一切功德处》二著，由巴日译师仁钦扎（宝称）译；轨范师多杰（金刚师）所著《胜乐根本续释》，桑嘎·帕巴喜饶（圣智）译。以上《胜乐根本续》释论共11种。

《金刚空行释》，轨范师跋哇跋扎著，桂译师译。

《金刚空行释真实性坚固论》，轨范师诺桑（财贤）著，吉觉译师译。

《瑜伽母德行解说》，轨范师达塔嘎达热其达著，巴日译师译。

《空行海论释》，轨范师白玛巴杂著，其《空行海论释舟楫》，计8 000颂，却吉云丹（法德）译。

《胜乐生源具莲释》，轨范师然达热其达著，雄·洛丹（安慧）译。

《呬噜迦现生难义释》，轨范师达瓦循奴（月童）著，却吉罗哲（法慧）译。

轨范师扇底波所著《量等虚空续广释》，喜饶益西（智具慧）译。

恰那多杰（金刚手）所著《胜乐修习法真实心要》，达瓦贡布（月怙）和聂弥·益西却（智法）合译。

恰久贝巴（遍入德）所著《亥母十三尊修习法》，轨范师鲁额巴所著《胜乐修习法》，仁钦桑布（宝贤）译。其释论《胜乐修习法释难》及轨范师扎杂热其达所著《外供仪轨》《供施食子仪轨》《手供修法》等四法，由鄂译师译。

扎杂热其达所著《造小泥塔佛像仪轨》，或译《造作砖佛仪轨》，巴日译师译。

轨范师白玛央（莲花音）所著《护摩总摄颂》和阿底峡尊者所著《鲁额巴传规修习法释》，由那措译师译。上述《造小泥塔佛像仪轨》和

《护摩总摄颂》未列入论藏。

《鲁额巴释·胜乐生源》、其释论《胜乐生源差别明论》《胜乐生源曼荼罗仪轨》《甘露丸修法》两种和《阿毗达那中所出护轮修法》，共计6种，均由得银协巴多杰（如来金刚）著，毗布底旃陀罗译。其中，后3种未列入论藏。

轨范师那波巴（黑尊者）所著六法中，《胜乐曼荼罗仪轨》《胜乐修习法》《胜乐护摩法》，此三种由柔巴循奴（明童）译；《胜乐春点修法》，桂译师译；《秘密真实性》，桂译师和玛多译师合译；《胜乐欧拉巴底修法》，释迦益西（释迦智）译。

轨范师多杰智布巴（金刚铃师）所著铃尊者三法，《铃尊者所传灌顶作业略法》，却吉喜饶（法智）译；《铃尊者传规修习法》，罗哲扎（慧称）译；《铃尊者所传五次第》，那措译师和洛丹喜饶（慧智）合译。又，多杰智布巴所著另三种，《胜乐五尊修习法如意珠》，却吉旺秋（法自在）译；《胜乐俱生修习法》，恰·却吉桑布（法贤）译；《胜乐二臂俱生修习法》，曲结伯（法王祥）译。

伯宁莫则（吉祥日作）所著《胜乐总摄轮修习法》，格维罗哲（善慧）译。

轨范师拉瓦巴（褐衣师）所著《胜乐十三尊修法》及其《曼荼罗仪轨大宝明灯》，此二著由却吉旺秋（法自在）译。

晋美迥尼贝巴（无畏生隐）所著《胜乐修习法·断除疑惑》，尼玛坚赞（日幢）译。彼师所著《自我加持要诀》，曲结伯（法王祥）译。

麦智巴所著《胜乐十三尊修习法·大宝明灯》，巴热·托巴噶（闻喜）、巴日译师和强贝伯（慈吉祥）译，亦有麻宛·却拔（法燃）之译本。

轨范师尼麦多杰（无二金刚）所著《胜乐七字修法》，玛多译师译。

轨范师加哇桑布（胜贤）所著《胜乐总摄轮修法》，巴日译师译。

轨范师巴卧多杰（勇金刚）所著《胜乐曼荼罗仪轨悦意鬘》，轨范师

玛迦那室利所著《独勇胜乐轮修法》，喜饶扎（智称）译。

轨范师那若巴所著《独勇呐噜迦修习法》，婆罗门章嘎惹所著《呐噜迦修习法摄略》，循奴本巴（童瓶）自译。

轨范师尼麦多杰（无二金刚）所著《胜乐总摄轮秘诀》，茨译师译。

轨范师嘎跛日巴所著《独勇胜乐修法》，轨范师宁莫迥尼达瓦（昼生月）所著《呐噜迦现生曼荼罗仪轨》，多杰智布巴（金刚铃师）所著《身曼荼罗秘诀》和《胜乐总摄轮五次第释》，却吉旺秋（法自在）译。

《吉祥金刚空行续所集修习法·菩提心遍观鬘》，轨范师迦拉嘎巴著，桂译师译。

《空行海修法》及《空行海修法四十八偈颂》，此二著由达玛云丹（盛德）译；《曼荼罗仪轨》《供施食子仪轨》《献曼札仪轨》和《护摩仪轨》，此四著由益西多杰（智金刚）译。以上六种著作均由咱雅赛那著。

轨范师仲毗呐噜迦所著《独勇呐噜迦修习法》，那措译师译。

吉祥却吉扎巴（法称）所著《金刚空行常赞文》，曲结伯（法王祥）译。

迦湿弥罗的仁钦多杰（宝金刚）所著《胜乐总摄轮赞》，却吉旺秋（法自在）译。

轨范师杂兰达日巴所著《胜乐总摄轮赞成就一切义顶髻宝》，加·宗哲僧格（精进狮子）和尼玛多杰（日金刚）译。

因陀罗菩提王所著《胜乐轮赞》《胜乐一百八名赞》，班智达须惹嘎拉夏所著《胜乐总摄轮赞》，索南桑布（福贤）译。

迦湿弥罗的仁钦多杰（宝金刚）所著《胜乐总摄轮曼荼罗诸尊赞》，轨范师达日嘎巴所著《胜乐总摄轮略赞》，轨范师多杰智布巴（金刚铃师）所著《胜乐曼荼罗诸尊赞大宝幻施》，却吉旺秋（法自在）译。

轨范师麦智巴所著《胜乐轮赞》，轨范师布日巴所著《胜乐常忏广轨》，仁钦桑布（宝贤）译。

传由轨范师夏哇日等人所著之《二面胜乐略修法》，麻宛译师译。

毗日哇巴所著《断首母广轨》，麻宛译师译。

拉摩伯吉罗哲（祥慧天女）所著《断首母略轨》，阿哇布底巴所著《成义母略修法》，东尼定埃增（空性定）所著《二面母广修法》和《成义母广修法》二著，桑杰金（佛施）所著《护摩仪轨》，以上5种著作由鄂译师译。

《二面母广修法详释真实性解说》，轨范师宗哲伯喜宁（精进祥友）著，尼玛坚赞（日幢）译。

轨范师格维迥尼贝巴(善生隐)所著《亥母现观穗论》，达那尸罗译。

轨范师尼麦多杰（无二金刚）所著《亥母修习法》和轨范师夏哇日巴所著《瑜伽母供养仪轨摄略》，此二著由茨·旺额（自在定）译。

阿底峡尊者所著《胜乐十三尊修习法》，仁钦桑布（宝贤）译。

轨范师达日嘎巴所著《瑜伽母释随顺瑜伽初十日供养法》，轨范师鲁金巴（龙施）所著《瑜伽心要摄论》，轨范师达日嘎巴所著《瑜伽母秘诀》，以上由达那尸罗译。

轨范师夏哇日巴所著《瑜伽母加持仪轨摄要》《摄受弟子仪轨》和《会供轮仪轨》，轨范师尼麦多杰（无二金刚）所著《瑜伽母修习法成就一切义》，这些由尼玛坚赞（日幢）译。

《金刚瑜伽母入胜乐轮了义曼荼罗》，吉祥尼麦多杰（无二金刚）著，扎杂室利杂那译，此著未列入论藏；《初业有情修法摄要》，喜饶扎（智称）译。

因陀罗菩提所著《成就金刚瑜伽母修习法》，喜饶扎（智称）译；其《瑜伽母明咒真实性》和轨范师跋那然陀罗如则所著《利他摄受弟子仪轨》二著，由益西德（智军）译。

吉祥邬玛哇底达达所著《亥母现生修法》和《曼荼罗仪轨》二著，由热·却饶（法深）译。

轨范师嘎玛拉室利所著《金刚亥母修习法》，由旺洛译师译。

轨范师果嘎达达所著《亥母智明母修习法》和《亥母智明母赞》二著，由珠巴伯桑布（成就祥贤）译。

轨范师多杰智布巴（金刚铃师）所著《亥母修习法》和《乌仗那所出亥母修习法》二著由却吉旺秋（法自在）译。

轨范师喜饶桑布（智贤）所著《金刚亥母修习法》，却吉旺秋（法自在）译。

轨范师达日嘎巴所著《骷髅金刚瑜伽母修习》，其释论古摩惹菩提所著《骷髅金刚瑜伽母修法利他释》，轨范师伯增（祥持）所著《亥母修习法》，由强贝伯（慈吉祥）译。伯增（祥持）之《古日玛巴达修法》和《红色空行母修法》两种，共3种著作，由恰·却吉桑布（法贤）译。

轨范师尼麦多杰（无二金刚）所著《金刚瑜伽母持明游戏女修习法》及其《摄受弟子仪轨》2著，由索南孜摩（福顶）译。

以上，从伯增（祥持）的《亥母修习法》至尼麦多杰的《摄受弟子仪轨》，共6种著作，往昔未列入论藏。

《金刚亥母略赞》，洛加译师译。

玛麦杂益西（燃灯智）所著《白色空行母赞》，仁钦桑布（宝贤）译；彼师所著《金刚瑜伽母赞》，库·奈佐（鹦鹉师）译。

迦湿弥罗的仁钦多杰（宝金刚）所著《胜乐吉祥启请文》（བདེ་མཆོག་དཔལ་གསོལ་འདེབས），崔臣扎西（戒祥）译；《胜乐轮生起修法》，班智达根底室利和雄·洛丹（安慧）合译。

另有轨范师阿耶提婆所著《金刚空行摄义释》，轨范师杂兰达惹所著《胜乐总摄轮心要成就真实性论》，轨范师彦拉麦必多杰（无支金刚）所著《俱生真实性明论》，轨范师格维贡布（善怙）所著《瑜伽猛厉母修法》，轨范师古萨里巴所著《胜乐心要真实性略论》，晋美扎巴（无畏称）所著《俱生光明论》，多杰智布巴（金刚铃师）所著《亥母五尊修法》和《白色亥母修法》，扎杂热其达所著《损美金刚修法》，那若巴所著《金刚亥母修法》及其《羯摩集药叉母品》，阿底峡尊者所著《至尊宝饰庄严母修习法》和《亥母修习法中品》，轨范师宁则多杰（日作金刚）所著《胜乐护摩仪轨》，迦那迦室利所著《六勇男修法》和《六勇女修法》，扎杂热其达所著《胜乐总摄轮赎死法》，婆罗门那波巴（黑尊者）所著《七字修习法》，这些均未列入论藏。

以上，胜乐法类论著共计141种。

(3) 关于其他法类

部分人所许随顺喜金刚续法类论典有：《大手印明点释》，轨范师萨必多杰（深金刚）著；轨范师喜饶桑哇（智密）所著《大手印明点广释喜悦目》，仁钦坚赞（宝幢）译；班智达循奴达瓦（童月）所著《净莹无垢续释难》；轨范师摩诃苏嘎达巴杂所著《真实性明灯续释难宝鬘》，绛曲迥尼（菩提生源）译；轨范师毗摩罗嘎跋所著《吉祥大乐释》；轨范师多杰桑哇（金刚密）所著《自性喜悦灯难义释》，伯喜饶桑哇（吉祥智密）译。

佛陀等住合修法类论著有：轨范师加金当布（帝释树）所著《佛陀等住修释》，拉仁波切（天宝）译；轨范师古古惹杂所著《佛陀等住合修曼荼罗仪轨》，占巴南喀（念虚空）译；轨范师仁波切多杰（宝金刚）所著《佛陀等住合修曼荼罗仪轨生乐论》，年·索南（福德）译；轨范师吽则多杰（作吽金刚）所著《佛陀等住合修曼陀罗修习次第》，拉仁波切（天宝）译；轨范师因陀罗跋扎所著《佛陀等住合修资粮仪轨》，占巴南喀（念虚空）和拉仁波切（天宝）合译；《佛陀等住合修释》；轨范师惹嘎多杰（极喜金刚）所著《等住合修庄严论》；轨范师因陀罗菩提所著《等住合修难义释》和轨范师热希喜宁（极寂友）所著《等住合修释难》二著，由仁钦桑布（宝贤）译；轨范师衮噶宁布（庆喜藏）所著《等住合修释智慧能明论》，弥底尊者译。此类著作共9种。

四座法类论著有：轨范师跋哇跋扎所著《四座续释正念缘由》，桂译

师译；轨范师帕巴拉（圣天）所著《四座曼荼罗仪轨心要略集》，轨范师跋哇跋扎所著《四座修习法》和轨范师则达日所著《四座四真实性和三真实性》，桂译师译；帕巴拉（圣天）所著《智慧自在母修习法并供施食子仪轨》，弥底尊者译；帕巴拉（圣天）之《一木难义释》和《四座修习法》，仁钦桑布（宝贤）译；轨范师龙树所著《腋穴全修法》；《智慧空行母修习法》，轨范师阿跋耶著，因明师仁钦加哇（宝胜）译；另有南杰旺布（尊胜王）所著《吉祥瑜伽虚空修法》。其最后二著作即《智慧空行母修习法》和《吉祥瑜伽虚空修法》往昔未列入论藏。以上此类著作共计10种。

摩诃摩耶法类论著有：轨范师扇底波所著《摩诃摩耶耶续具功德释》和那波多杰（黑金刚）所著《摩诃摩耶续正念释》，此二著由桂译师译；吉祥庄严师（古古日巴上师之尊号）所著《摩诃摩耶续释难》，牟图达瓦（难胜月）所著《摩诃摩耶续释难具幻论》，轨范师古古日巴所著六法本中之《曼荼罗仪轨修法偈颂》《随顺大幻化呬噜迦修习法》、广略两种《金刚萨埵修习法》和《供施食子仪轨》，共5种，由桂译师译，而其《大幻化曼荼罗仪轨次第明论》，由循奴楚臣（童戒）译；轨范师古古日巴所著《解脱愚痴品》，桂译师译；轨范师扇底波所著《大幻化修习法》，轨范师杜维金（调伏施）所著《曼荼罗仪轨》，轨范师伯坚巴（吉祥庄严师）所著《随顺大幻化续呬噜迦修习法》，印度亲教师古麦多杰(无身金刚）所著《大幻化修习法》《金刚空行母在乌仗那所说大幻化修习法》，由释迦宗哲（释迦精进）译；另有吉祥庄严师（伯坚巴）所著《曼荼罗仪轨并护摩等法》和轨范师罗桑宁布（善慧藏）所著《真实性秘诀本颂释》，此类论著共20种。

颅顶佛法类论著有：萨惹哈大师所著五法，即《颅顶佛续释难具智论》《颅顶佛二十五尊修法》《曼荼罗仪轨次第明论》《供施一切部多食子仪轨》和《颅顶佛修习法摄要》，由吉觉译师达维沃色（月光）译；

轨范师晋美迥尼贝巴（无畏生隐）所著《顶顶佛续广释》，对弥晋巴(不畏师）的旧译1 600颂，由邦·洛丹（安慧）校正；另有轨范师白玛巴杂所著《顶顶佛续释难·真实性之月》（此著未列入论藏），此类论著共7种。

金刚甘露续释论有：《金刚甘露续释》，轨范师跋贵著；《金刚甘露续释·滴降甘露》，云丹拔（德燃）和喜饶则（智积）合译。此类论著即此2种。

度母法类论著有轨范师尼玛贝巴（日隐）所著度母大瑜伽法类论著，即《度母总别修法并各种羯摩曼荼罗仪轨》26品，罗哲扎（慧称）译；《度母修习法秘诀次第》，据迦湿弥罗原本于萨迦寺译出；《二十一尊敬礼度母修习法》，强贝伯（慈吉祥）译；《二十一尊敬礼度母赞清净顶宝》，《度母赞》，丹麻·崔臣僧格（戒狮子）译。此类论著计5种。

轨范师达塔嘎达热其达所著《持花鬘五天女总别修习法·修空性法》《破斥恶见论》《制缚盗贼法》《生起明智法》《赎死法及其羯摩集》，由觉珠译师聂岸麦必伯（无忧祥）译。另有《金刚帐所说金刚度母修习法》。

乌仗那度母六法类有：《圣住自在母修习法品》《乌仗那度母现观次第》《乌仗那次第》《密中极密曼荼罗仪轨》，萨惹赫达跋扎著；另有《护摩总纲》《供施食子仪轨》，共6种，皆由班智达桑嘎玛室利和妙吉祥格比多杰（俏金刚）合译，往昔均未列入论藏。

《乌仗那次第传出之度母修法》，那措译师喜饶坚赞（智幢）译。

轨范师哇跋扎所著四法有：《度母如意珠修法》《入度母曼荼罗仪轨》《度母沐浴仪轨》《度母长净仪轨》，此四著作均由珠巴贝桑布(成就祥贤）译。

《最胜一辫度母修法并曼荼罗仪轨等十八真实性论》，传由达那尸罗自译，但需考证；轨范师达必多杰（察金刚）所著《一辫度母修法》、《施食仪轨》《增长度母智慧法》，此3著由达那尸罗译；《红色一辫度母修法》，却丹（具胜）译；《红色一辫度母加持仪轨》，那波巴(黑尊者)

著,循奴喜饶(童智)译;《乌仗那所出古如古里天女修法》,绒松·却吉桑布(法贤)译;《速作母修法十三主宰》;诗人宁杰钦布(大悲)所著《度母曼札仪轨》,轨范师索念巴(化缘师)所著《度母修胜法》和轨范师迦摩罗室利所著《度母修法》,旺洛译师译;另有轨范师仲毗呕噜迦所著《圣母古如古里赞》。

以上34种著述,有些虽非为大瑜伽部论著,但均为开示度母成就著作,故统列入度母法类。

3. 方便智慧无二续释论

《时轮摄续无垢光大疏》,惹译师等译,计有10余种。其通俗本《时轮摄续无垢光大疏具莲易解注》,索摩那塔自译。

加布白玛嘎波(白莲王)所著《时轮胜义念修法要》,达瓦贡布(月怙)自译。

《时轮灌顶概论释》,丁科夏(时轮足)著,卓·喜饶扎(智称)译。

《时轮灌顶略说释》,那若巴著,扎巴坚赞(称幢)译。

由笔者所译《时轮灌顶概说释难》,共360颂。

《时轮灌顶品释金刚句分解》,轨范师达日嘎巴著,卓译师译。

丁科夏(时轮足)所著《时轮修法四支》和婆罗门索念巴(化缘师)所著《时轮精要庄严》二著,由吉觉译师译。

班智达萨都布扎所著《时轮金刚广修法》和《时轮曼荼罗仪轨》,以及若比多杰(游戏金刚)所著《时轮俱生修法》三著,由惹·却饶(法深)译。

《时轮修法仪轨次第区分论》和轨范师丁科夏(时轮足)所著《具吉祥行星曼荼罗修法十一支》二著,由卓译师译。

丁科夏(时轮足)所著《时轮曼荼罗仪轨悦意鬘》,拉钦·云丹拔(德燃)译。

丁科夏(时轮足)所著《时轮日月修法》和《时轮慧眼成就法》,由毗布底旃陀罗译。

轨范师阿哇布底巴（中脉师）所著《时轮六支加行释·开启隐目》，达瓦扎巴（月称）译。此论与前面之《时轮日月修法》和《时轮慧眼成就法》，这三著作与《时轮经》多有不合，故是可疑之作。

丁科夏（时轮足）所著《时轮秘密窍诀》，吉觉译师译。

坚伯（妙吉祥）所著《三瑜伽心要明论》，丁科夏（时轮足）所著《加行六支秘诀》，轨范师阿跋耶所著《时轮总纲》，库嘎·科洛扎（轮称）译。彼师（即阿跋耶）所著《星算学入时轮论》，由却吉扎巴（法称）和曲结伯（法王祥）合译。

毗布底旃陀罗所著《时轮内穗论》，由作者自译；《六十四瑜伽母食子仪轨》，扎巴坚赞（称幢）译；《时轮曼札仪轨》，尼玛坚赞（日幢）译；《时轮无垢光大疏摄要最初解说心要明论》，邦·洛丹（安慧）译；《时轮俱生成就法并供施食子仪轨》，强贝伯（慈吉祥）译。其中最后3种未列入论藏。

吉祥恰那多杰（金刚手）所著《加行六支秘诀》，定埃增桑布（定贤）译。

轨范师槐麦措（无喻海）所著《六支加行》，弥年桑布（无比贤）译。其释论《六支加行释》，尼玛伯益西（日祥智）著，毗布底旃陀罗译。

丁科夏（时轮足）之《加行六支秘诀》和夏哇日之《六支加行秘诀》二著，由毗布底旃陀罗译。

《依时轮解说真实名经密意》，弥旺布扎巴（人主称）著，巴·多杰加布（金刚王）译；其《功德释·密义心要摄论》，丁夏巴（时轮足）著，多杰加布（金刚王）译。此二著可疑。

轨范师槐麦措（无喻海）所著《真实名经释甘露滴明灯》，达玛格底（法称）和多杰坚赞（金刚幢）合译。

轨范师尼玛伯（日祥）所著《真实名经释甘露滴》，曲结伯（法王

祥）译。

大班智达释迦室利所著《时轮日月食算法秘诀五曜分别计算法》，萨曼达室利所著《护摩仪轨》，班智达萨杜格底所著《时轮常赞文》，丹麻·崔臣僧格（戒狮子）译。

另有《时轮根本堕罪说》，共计时轮类论著43种。此外，尚有《依时轮正字解说》，阁弥大师著，鄂译师译；《自之所许正见略说》，因明师仁钦加哇（宝胜）译。此二译本未能寻得。

亦云根邦·却吉扎巴贝桑布（法称祥贤）曾觅得梵本，有其译本。

二、总法类论著

（一）各种修法类

《成就法百种》，仁钦桑布（宝贤）和巴日译师合译。

《修法海论》，汇集251种修法，由扎巴坚赞（称幢）译。

多杰丹巴岸西坚（金刚座神通师）所著《金刚萨埵修法》，尼玛坚赞（日幢）译。

《十大忿怒明王供食仪轨》《大宝求雨修法》，喜饶桑哇（智密）自译。

《呬噜迦修法》，图卧惹杂哈底著；轨范师吽则多杰（作吽金刚）所著《呬噜迦修法》，拉仁波切（天宝）译。

吽则多杰（作吽金刚）所著《呬噜迦修法》和《四支教义明论》二著，由麻·仁钦却（宝胜）译。

轨范师索念巴（化缘师）所著《大黑天修法》，喜饶扎（智称）译。

《吉祥天女修法》，迦雅室利自译。

喇嘛赛林巴（金洲师）所著《不动金刚修法》，阿底峡尊者译。

轨范师迦摩罗室利所著《妙吉祥忿怒王修法》和《般若波罗蜜多修法》二著，旺洛译师译。

轨范师达日迦巴所著《般若波罗蜜多心经修法》，轨范师夏哇日巴所著《大黑天修法》，轨范师仁钦多杰（宝金刚）所著《呬噜迦修法》，仁钦桑布（宝贤）译。

吉祥喜饶桑哇（智密）所著《大宝精滴修法》，大班智达释迦室利所著《度母修法》，轨范师尼麦多杰（无二多杰）所著《金刚萨埵五自性论》，轨范师达塔嘎达热其达所著《金刚萨埵修法解说》，巴日译师译。

《吉祥智慧空行修法》，轨范师隆觉多杰（受用金刚）著，仁钦坚赞（宝幢）译；《金刚萨埵修法》，格维罗哲（善慧）译。

轨范师班杂吽迦惹所著《大饮血修法》，努·南喀宁布（虚空藏）译。

轨范师龙树所著《大黑天修法》和《鸦面母内修法》，此二著作由遮弥铍波译。

另有《若玛支修法》，牟潘贝比喜宁（难胜隐友）著；《大悲观音修法百种所译一百零五法》，此未列入论藏；《巴日修法百种之九十五法》。

以上共计各种修法464种。

（二）各种曼荼罗仪轨

轨范师晋美迥尼贝哇（无畏生隐）所著《现观次第圆满瑜伽鬘》《曼荼罗仪轨金刚鬘》和《护摩法光穗》，此三著作由曲结伯（法王祥）等人译；《灌顶品》，由喜饶伯（智祥）译。

轨范师桑杰桑哇（佛密）所著《曼荼罗仪轨摄论》，伯则（祥积）等人译。

轨范师白玛（莲花）所著《无量宫显明现观除暗明灯》（此著待察），轨范师桑杰益西夏（佛智足）所著《舞法论说》，轨范师坚伯扎（妙祥称）所著《一切秘密总仪轨心要庄严论》，由却吉喜饶（法智）和尼玛多杰（日金刚）合译；《灌顶意义摄论》，茨译师译。

麦智巴之《灌顶决定示论》，其释论《灌顶决定示论释难》，轨范师噶哇姜（喜护）著，此二著作由那措译师译。

《刹土自在母供养次第》和《灌顶次第仪轨》，此二著作由喜饶坚赞（智幢）译。

轨范师婆罗门种姓的辛都噶维班智达（极喜班智达）所著《刹土自在母赞》，由那措大师译。

轨范师古古惹杂所著《随入一切曼荼罗五仪轨》，仁钦却（宝胜）译。

轨范师巴卧多杰（勇金刚）所著《曼荼罗仪轨喜悦藏论》，轨范师喜饶桑哇（智密）所著《曼荼罗仪轨大宝光明论》，甘·却吉益西（法智）和求参·旺秋嘉措（自在海）合译。

婆罗门却色（胜爱）所著《大黑天灌顶仪轨》，吉姜·乌噶瓦（白头师）译。

帕巴陀罗毗达的《净瓶仪轨次第分说》，轨范师龙树所著《第四灌顶品》，桂译师译。

轨范师因陀罗菩提所著《宝轮灌顶秘要次第》（对此著有争议），轨范师毗达巴达所著《七加行四灌顶品》（སྦྱོར་བ་བདུན་པ་དབང་བཞིའི་རབ་ཏུ་བྱེད་པ），拉·益西坚赞（智幢）译。

(三) 各种道次类

轨范师杂那嘎惹所著《入密本释》两种，那措译师译。

轨范师支毗达迦摩罗所著《三相灯论》，仁钦桑布（宝贤）译。

轨范师寂护所著《真实性成就品》，仁钦桑布（宝贤）和释迦沃（释迦光）合译。

轨范师阿旺扎巴（语自在称）所著《赎死法》，仁钦桑布（宝贤）译。

轨范师白玛巴杂（莲花金刚）所著《秘密成就法》，那措译师译。

轨范师彦拉麦比多杰（无支金刚）所著《方便智慧抉择成就论》，桂译师译。

轨范师因陀罗菩提所著《智慧成就论》，坚罗肯玛所著《无二成就论》，轨范师阿瓦布底巴所著《第十真实性》，那措译师译。其释论《第十真实性广释》，轨范师兰久吉比多杰（俱生金刚）著，茨译师译。

轨范师达日迦巴所著《秘密真实性教诀》，曼殊室利阁喀自译。

格惹格巴所著《真实性成就论》，轨范师尼麦多杰（无二金刚）所著《真实性宝鬘论》，那措译师译。

毗日哇巴所著《长生成就法》，蒂洛巴的《大手印秘诀》；萨拉哈巴所著《自我加持成就法》和轨范师崔臣帕（戒圣）所著《观心论》二著，由却拔（法燃）译。

萨拉哈之《秘诀十二颂》，轨范师德维多杰（乐金刚）所著《实有法理修习本颂》和《实有法理修习释论》，轨范师龙树所著《四法印说》（《秘诀穗论》中说此著作非龙树所著），由却拔（法燃）译。

轨范师玛底孜扎所著《因法显明随行真实性成立论》，桂译师译。

轨范师仲毗巴所著《俱生成就论》，轨范师尼麦多杰（无二金刚）所著《除恶见本释》，益西迥尼（智生）译。

麦智巴所著《中观六论》，那措译师译。

《俱生成就论》，茨译师译。

轨范师尼麦多杰（无二金刚）所著《决定示梦说》《定示幻化说》《无住明示论》《十真实性说》《双运明论》等，那措译师译。

麦智巴之《喜爱信顺五论》《无分别五论》，尼麦多杰（无二金刚）的《大乐明论》等，却拔（法燃）译。

阿哇布底巴所著《真实性极显论》《五如来手印论说》，却拔（法燃）译。

轨范师兰久吉比多杰(俱生金刚)之《安住摄论》，却拔（法燃）译。

尼麦多杰(无二金刚)之《大乘二十颂》，释迦宗哲（释迦精进）译。

《不作意论》，年穹上师译。

《大乘真实性二十颂》，释迦沃（释迦光）译。

轨范师提婆旃陀罗之《智慧明论》，达玛格底（法称）译。

轨范师杂弥桑杰扎巴（佛称）所著《加行鬘》（ སྦྱོར་བའི་ཕྲེང་བ་），喜饶伯（智祥）译。

轨范师巴杂巴奈之《金刚句解》（ཚིག་ལྷི་ཉིད），益西迥尼（智生）译。

毗日哇巴之《金刚语句》（ཚིག་ལྷི་ཉིད་ཀར），多则巴之《不可思议论》，桂译师译。

噶桑多杰（善缘金刚）之《大乘道次第》，释迦益西（释迦智）译。

伯摩（吉祥母）之《俱生成就论释》，益西扎（智称）译。

巴杂巴奈之《修行第六次第》（སྒྲུབ་རིམ་དྲུག་པ），萨拉哈所著《道情歌集之歌本释》《无尽宝藏歌本释》《道情行歌》，轨范尼麦多杰（无二金刚）所著《道情歌集释难》等，由毗卢遮那巴杂译。

萨拉哈所著《身藏长生金刚歌》《语藏妙音金刚歌》《意藏无生金刚歌》《身语意不作意大手印》，阿底峡尊者所著《金刚座之歌本释》，由那措译师译。

轨范师龙树所著《净治实有法轮》，轨范师尼麦多杰（无二金刚）所著《未悟能悟品》，轨范师室利阿南达所著《一切心要集》，轨范师阿耶提婆所著《不分别论》，此四著作由麻·却拔（法燃）译。

《自心调适二十五颂》和牟扎佐格所著《演说解悟三十颂》《解脱缠缚广说》《解脱缠缚略说》，此四著作由强贝伯（慈吉祥）译。

尼麦多杰（无二金刚）所著《无尽宝库盈满广论》，喜饶伯扎巴（智祥称）译。

《厌离轮回歌》，宗哲僧格（精进狮子）和那措译师合译。

《修行歌本注》，却吉喜饶（法智）译。

《观法界歌》，那措译师译。

《诸大成就者所作歌汇集》，轨范师图巴金（能仁施）所著《诸大成就者所作歌汇集释》，扎巴坚赞（称幢）译。

轨范师迦摩罗尸所著"九部灯论"，即《秘诀身灯》《秘诀语灯》《清净见灯》《秘诀修灯》《四平等性灯》《究竟果灯》《菩提行灯》，旺洛译师译；《瑜伽道灯》《秘密意灯》，小洛宗译师译。彼师所著《曼荼罗仪轨》《真实性大手印无字秘诀》，亦小洛宗译师译。

轨范师绛曲桑布（菩提贤）所著《初业有情所作摄略》，却吉喜饶（法智）译。

轨范师那波巴（黑尊者）所著《五偈颂》，蒂洛巴所著《道歌集》，轨范师毗日哇巴所著《八十四句颂》等，由毗卢遮那巴杂译。

轨范师益西扎巴（智称）所著《入真实性论》，轨范师益西伯（智祥）所著《消除二边论》，轨范师因陀罗菩提所著《吉祥喜悦花鬘》，仁钦坚赞（宝幢）译。

轨范师托宗佐耶所著《密乘法理明论》或译《密咒理趣光》（གསང་སྔགས་ཀྱི་ཚུལ་གྱི་སྣང་བ་），仁钦桑布（宝贤）译。

班智达弥底所著《六真实性建立论》，作者自译。

迦雅塔萨迦雅达惹所著《生智秘诀》，释迦益西（释迦智）译。

轨范师巴杂巴奈所著《上师传承次第》（བླ་མ་བརྒྱུད་པའི་རིམ་པ་，或译《上师相承次第》），由卓弥觉色译。

布扎拉迦之《至尊所说集》，达摩云丹（法德）译。

轨范师蒂洛巴所著《第四真实性明灯》，然达室利自译。

阿跋耶所著《秘要穗成就论》（མན་ངག་སྙེ་མ་གྲུབ་པ་），伯桑布（祥贤）译。

室利拘巴达所著《吉祥宝穗论广释》，由作者自译。

迦湿弥罗班智达隆觉多杰（受用金刚）所著《吉祥大密莲花论广释》，由作者自译。

轨范师桑杰桑哇（佛密）所著《入续义释说》，轨范师毗达巴达所著《能成就自我义瑜伽所作次第》，拉·益西坚赞（智幢）译。

《真实性颂秘诀》，其释论轨范师布杂雅室利跋扎所著《真实性颂秘诀释》和《独勇母修法》，此二著由喜饶坚赞（智幢）译。

轨范师喜饶桑哇（智密）所著《八支次第》，作者自译。

轨范师益西多杰（智金刚）所著《见真实性之道》，鄂·普陀波罗译。

轨范师塔比迥尼贝巴所著《道情歌集释难》，贾译师译；《大手印金刚歌语传密灯》，毗日哇巴之《道歌集》，由室利杂若遮那译。

轨范师阿哇布底巴所著《道歌》，底室利杂那自译；《那摩普陀耶释》，那若巴之两种《金刚歌》《无分别金刚歌》，那波夏（黑尊足）之《金刚歌》，吉祥燃灯智之《金刚歌》，由却吉喜饶（法智）译。

轨范师尼麦多杰（无二金刚）所著《四印秘诀》，那措译师译。

轨范师古古日巴所著《解脱愚痴品》，桂译师译。

轨范师里吉夏（业足）所著《一菩提心秘诀》《初业有情修法摄论》，喜饶扎（智称）译。

吉祥甘巴里云所著《显杨真实性明灯》《观察梦境法》，毗布底旃陀罗译。

轨范师却吉旺布（法王）所著《真实性心要摄论》，仁钦桑布（宝贤）译。

轨范师那波夏(黑尊足)所著《大乘摄义明灯》，却吉喜饶（法智）译。

轨范师巴卧沃萨（勇士光明）所著《八十四大成就者所证心要汇编》，轨范师鸟麦多杰（无浊金刚）所著《三律仪次第》，鄂译师译。

（四）三昧耶及律仪建立类

《师事五十颂》，仁钦桑布（宝贤）译。

《根本堕罪摄论》《粗重堕罪论》《十五堕罪论》，轨范师龙树所著《堕罪论》，仁钦桑（宝贤）和曲结伯（法王祥）合译。

《十四根本堕罪解说》《分支堕罪过患》《支分三昧耶解说》，轨范师阿跛耶所著《金刚乘堕罪穗论》，桑杰扎（佛称）译。

轨范师罗根玛所著《十四根本堕罪释》，轨范师坚伯扎巴（妙祥称）所著《十四和十五根本堕罪及其支分罪过广释》，宗哲僧格（精进狮子）译。

轨范师加维拉（胜天）所著《根本堕罪释》，那措译师译。

轨范师杂那菩提所著《初业有情三昧耶摄论》，索南加哇（福胜）译。

316

轨范师格比多杰（俏金刚）所著《总三昧耶略论》，阿底峡尊者所著《一切三昧耶总摄》，那措译师译。

轨范师益西桑布（智贤）所著《戒规律仪三昧耶不相违论》，热希喜宁（极寂友）译。

轨范师宁布夏（藏足）所著《金刚乘根本堕罪广释》，轨范师图根玛迦惹所著《三昧耶简释》，那措译师译。

（五）开光、护摩、会供类

吉祥苏摩底格底所著《缘起开光法》，喜饶扎（智称）译。

轨范师阿旺扎巴（语自在称）所著《开光法》，轨范师然达热其达所著《会供轮仪轨如意珠》和呗噜迦巴杂所著《会供轮仪轨次第》，珠巴·伯桑布（祥贤）译。

轨范师阿跋耶之《会供轮仪轨》，轨范师热久多杰（极畏金刚）所著《护摩仪轨》，仁钦桑布（宝贤）译。

轨范师达沃（月光）所著《开光仪轨》，索南加哇（福胜）译。

阿底峡尊者所著《身语意开光法》，宗哲僧格（精进狮子）译。

轨范师迦摩罗摩诃所著《会供轮仪轨》，衮都桑布（普贤）之《护摩仪轨》，轨范师仲毗呗噜迦所著《不共律戒宣说及会供轮仪轨》，班智达桑布金巴（贤施）所著《会供轮仪轨》，轨范师达塔嘎达热其达所著《荼毗仪轨》，却吉罗哲（法慧）译。

《开光仪轨开光王》（或译《善住王善住仪轨》）《颅器供养仪轨》，译者缺名。

《念珠性相说》和《沐浴仪轨》，此二著由喜饶坚赞（智幢）译。

另有轨范师牟久必恰（无畏手）所著《开光法略摄》，或译《善住摄略》。

（六）曼札、食子供轨及颂辞类

甘波罗之《曼札供献仪轨》，系旧译本。

桑杰桑哇（佛密）之《曼札供献仪轨》，则达日所著《供献曼札仪轨》，却吉喜饶（法智）译。

仁钦迥尼贝巴（宝生隐）之《供献曼札仪轨》，达摩扎（法称）译。

鸟麦多杰（无浊金刚）所著《供献曼札仪轨》，鄂译师译。

迦摩罗热其达之《供献曼札仪轨》，喜饶伯益西（智祥慧）译。

迦湿弥罗的释迦室利所著《供献曼札仪轨》，轨范师斯松多杰（三有金刚）所著《初业有情聚积资粮所作次第略摄》，《大食子羯摩次第释》，轨范师牟觉多杰（不动金刚）著，格维罗哲（善慧）译。

《大食子供施仪轨》，拉·益西坚赞（智幢）译。

《能生甘露食子供施仪轨本颂》和《能生甘露食子供施仪轨注释》，共两种，由库·欧珠（成就师）译。

那波巴（黑尊者）之《向一切部多供施食子仪轨》，由尼玛坚赞（日幢）译。

阿底峡尊者所著《大黑天食子供轨》，由仲敦巴（加维迥尼）译。

《铃杵性相解说》，那措·喜饶坚赞（智幢）译。

《度母食子供轨略说》《各种密续所出食子供施仪轨集》，轨范师龙树著，循奴楚臣（童戒）译。

轨范师巴兰阿杂惹耶所著《向一切护法供施食子仪轨》，麻·却拔（法燃）译。

《四大天王食子供轨》，喜宁敦巴（亲友师）译。

《四加行本尊赞》，班智达然达格底著，泥婆罗的摩诃波那译。

《顶髻尊胜母赞》，轨范师旃陀罗阁弥著。

轨范师杂玛日所著《财源母赞》，轨范师龙树所著《大黑天八句赞》，定日·却吉扎巴（法称）译。

《大黑天赞》，婆罗门却色（胜爱）著；《大黑天赞》，轨范师阿哇布底巴著；《吉祥天女赞》，婆罗门却色（胜爱）著；《大黑天赞》，轨范师桑杰扎（佛称）著，萨洛译师译。

此外，尚有瑜伽续中之五部佛及其眷众，以及三十七本尊之吉祥颂辞。

如是，密宗方面的论典共1 747种，连同前面显宗方面的590种论典，合计在藏译本共2 330种（应2 337种——译者）。在《丹珠尔目录》中称有2 350种，但其中阿底峡尊者的小品论著约百种，另作统计，且前后多有重复。除去重复部分，据笔者亲眼所见和可信说法，估计尚有约200种今译本未列入《丹珠尔目录》中。至于数目、次序、部类、经量，乃至译经标题等，均按往昔之四大目录为基础，进行了编写。另需说明的是：益西德（智军）的诸译本，均以厘定后的新语作了校正。前面译经目录中的凡"那措译师译"，均是"那措·崔臣加哇（戒胜）译"的简写；凡"鄂译师译"，均是"鄂·洛丹喜饶（智具慧）译"的简写；凡"巴察译师译"，均是"巴察·尼玛扎（日称）译"的简写；凡"巴日译师译"，均是"巴日·仁钦扎（宝称）译"的简写，均不可误作为其他译师。

附论

一、藏人所著论著目录

藏人结集著述者，主要是成为世间眼目的诸法王和各大译师，他们的著述书目如下：

赤松德赞所著论著有《宗派解说》40颂、《佛语正量》（བཀའ་ཡང་དག་པའི་ཚད་མ་，或译《正量论》《正语量略集》）7卷、《中观钉论》30颂、《如来语教》（དེ་བཞིན་གཤེགས་པའི་སྐད་དབང་）5卷、《圣大日如来、释迦牟尼和八大菩萨赞》《圣妙吉祥赞》《弥勒菩萨大赞》1卷100颂、《弥勒菩萨小赞》50颂、《不动怙主赞》《消除静虑八疑论》《赞普敕令》（ལྷ་བཙན་པོའི་བཀའ་བཅད་པ་）、《佛语正量略摄》1卷、《轨范师毗卢遮那热其达致王显义明灯

书》《大德伯央（祥音）致藏王臣民书选集》。

亲教师伯则（祥积）所著论著有《诸经藏佛语精选宝言》《消除许心有外境念想论》2卷、《三性相略论》、《正见次第解脱》。以上4种中，最后一种待考。

亲教师益西德（智军）所著论著有《正见差别论》1卷半、《正见差别论能忆妙行释四义摄论》2卷、《成立彼世间论》30颂、《四密意及四隐含义备忘录》200颂。

轨范师鲁伊坚赞（龙幢）所著论著有《解深密经广释》40卷、《了义中观》《般若波罗密多摄要明论》《宝鬘庄严论》1卷、《正法抉择关要》等。

《解深密经经义释说》，赞普牟笛赞著。

《解深密经弥勒品备忘录》，轨范师喜饶宁布（智藏）著。

《般若波罗蜜多心经疏释》，轨范师扎夏德赛那著。

《中观庄严论备忘录》，轨范师扎喜（吉祥师）著，共10卷。

《六十正理论集要解说》，轨范师毗卢遮那著。

《律仪二十颂释》，轨范师扎喜（吉祥师）著。

《比丘尼别解脱戒解说》，伯吉伦布（祥山）著。

《总示法要·祥积与龙幢四次辩对录》。

赞普伯东丹之《中观规制解说》60颂、《中观规制解说备忘录》。

拉赞普所著《静虑秘诀》《静虑秘诀备忘录》。

《阿阇黎迦拉雅问答录》1卷，《仁钦达瓦迥尼（宝月生源）问答录》200颂，《琼贡与根敦之关要词》100颂，《贡邬波罗果夏问答录》50颂，《赞普告僧伽心性相状书》（དགེ་འདུན་ལ་བཙན་པོས་སེམས་ཉམས་ཞུས་ཐུགས་བ）。

毗卢遮那热其达所著《无量光名号诠说》。

吞米桑布扎所著"声明八论"，仅得《虚字三十颂》和《音势论》两种，余未获得。

杰其周（སྒྱི་འབྲུག）之《声明八位格本论》和《声明八位格本论释》两种。玛金连（不与取）时期经四位亲教师考察审正。

觉姆绛曲（菩提尼）所著《祈愿文》。

诸多译师、班智达所著广、中、略三种《佛教规制》和《正法门类本论及备忘录》4卷。

未署作者之名的论著如下：

《般若十万颂备忘录》《无尽慧所示经广释》《无疑义经释》卷本、《金刚经大疏》卷本、《备忘略录》卷本、《嘎雅阁日译作名录》卷本、《般若七百颂》《楞伽经备忘录》《十地经备忘录》《佛地品备忘录》《稻秆经备忘录》《般若波罗蜜多心经解说》颂本、《现观庄严论经义合解》卷本、《般若十万颂疏摄义合经义解说》卷本、《六十正理论疏》6卷、《六十正理论偈颂解说日光》卷本、《缘起心要备忘录》卷本、《缘起心要备忘三种》卷本、《摄大乘论》卷本、《庄严经论备忘录》卷本、《庄严经论备忘录旧译》卷本、《成业能念录》卷本、《辨中边论备忘录》卷本、《誓非半择迦备忘录》（པབན་གའི་བརྗེད་བྱང་）卷本、《二十颂备忘录》卷本、《五蕴论释不忘句》卷本、《菩萨地戒律品旧译》卷本、《菩萨地十地品备忘录》卷本、《俱舍论备忘录》卷本、《俱舍论分别世间品备忘录》卷本、《入对法论释》卷本、《律仪二十颂释自省反问备忘录》（སྡོམ་པ་ཉི་ཤུའི་འགྲེལ་པ་རང་དགག་གི་བརྗེད་བྱང་）卷本、《菩提心修法释备忘录》卷本、《入真实性静虑经释》卷本、《理滴论备忘录》卷本、《理滴论品备忘录》颂本、《三宝赞备忘录》颂本、《别解脱戒备忘广录》10卷、《别解脱戒疏释》卷本、《别解脱戒释》卷本、《序分以下别解脱句备忘提念录》卷本、《瓦旺迦经备忘录》（བ་བང་གའི་བརྗེད་བྱང་）卷本、《迦日迦五十颂备忘录》（ཀུ་རི་ཀུ་ལྔ་བཅུ་པའི་བརྗེད་བྱང་）2卷、《沙弥作业五十颂广释》卷本、《金刚雍仲决定庄严论》（རྡོ་རྗེ་གཡུང་དྲུང་ངེས་པར་བཀོད་པའི་རྒྱན་）3卷、《瑜伽行中观见》卷本、《大乘世俗及胜义谛论》卷本、《大乘中观理

论》200颂、《教法精要》卷本、《鉴察上师》（གཟིགས་པ་བཞླ）卷本、《大乘补特伽罗瑜伽行者修持经》卷本、《无缘一理论》半卷、《大乘法义及正文录》（ཐེག་པ་ཆེན་པོའི་ཆོས་དང་དོན་དང་དངུལ་བྱིས་པ）颂本、《大乘顿入论》卷本、《修习静虑方便及对治法解说》颂本、《名言鬘》颂本、《大乘中观教理精要》颂本、《堪布菩提达玛达说法集》颂本、《入瑜伽行三法集要》卷本、《正道开示录》2卷100颂、《宗派论说集》半卷、《无上行经》颂本、《大乘法因果略论》1卷、《心及心所性相略示》半卷、《示说法之性相两种》卷本、《以小劳作获大福报说》（ཚེགས་ཆུང་དུས་བསོད་ནམས་ཆེན་པོ་ཐོབ་པའི་ཏག་པས）卷本、《内外世间略说》卷本、《佛语经部集要本释》颂本、《心识轮回略说》3种颂本、《经集论法品类》（ཆོས་ཀྱི་རྣམ་གྲངས་གསུང་རབ་ལས་བཏུས་བའི་བཅོས་བ་དབུལ་བ）4卷、《集论鬘》颂本、《正法学处经备忘录》200颂、《断除烦恼次第》60颂、《方便智慧行示说》80颂、《四无量广释》颂本、《三十七菩提分法解说》颂本、《二谛摄要备忘录》80颂、《寂止胜观道示说》颂本、《外道见品备忘录》颂本、《法语抉择论》卷本、《正菩提愿文》《生起菩提愿文》《无上祈愿文》《观音赞》两种、《妙吉祥文殊赞》两种、《佛塔赞》两种。这些大多为《旁塘目录》中所说。

此外，《生起胜观方便》《住心总录》（སེམས་གནས་པ་སྒྲུབ་པའི་ཡི་གེ）、《由不净观法门修住心法》《修慈住心法》《由数缘起门住心法》《由分别界门住心法》《依数息门住心法》《修观寂止身方便略说》《入寂止方便》《入静虑摄论》《心之体验略说》，大喇嘛贡巴饶赛所著《大回向文》《法施回向文》等，均为《丹珠尔目录》中所录。

另有天喇嘛益西沃（智光）和颇章·希瓦沃（寂光）合著之《破斥邪密论》，大德绛曲沃（菩提光）所著《宗派分别论》，大主宰仁钦桑布（宝贤）所著《开光总论》（རབ་གནས་ཀྱི་སྐོར）和《破斥邪密广论》，洛杂哇钦波（大译师）所著《现观庄严论释摄义》《现观庄严论释说》《般若八千颂释摄义》《般若波罗蜜多心经释及其摄义》《般若波罗蜜多心经释说》以及《经庄严论》《究竟一乘宝性论》《辩中边论》和《辨法法性论》等四论之摄义和释说各一种，《中观根本智论》《中观根本智论释慧灯》《中观庄严论》《中观光明论》《集学论》《入真实性论》《二谛略论》和《秘诀论》等八论的摄义各一种，另有《二谛释说》《入行论摄义及释说》《中观总摄义》《定量论疏释及其摄义》《定量论广说》《理滴论释及其摄义》《理滴论释说》《释量庄严论及其摄义第一品上部释说》《胜法第一秘诀七偈颂解说》，彼著之《破他品略说》，法胜论师之《观量略论摄义》《成就破遣论摄义》《成就破遣论上部释说》《成就刹那灭坏论摄义》《大婆罗门之成就破遣论摄义》《大婆罗门之成就破遣论上部释说》《成就关系论摄义》《成就关系论上部释说》《致宗、嘎、汝三区僧伽书·甘露明点》《致赤·扎喜旺秋南喀王关于募化迦湿弥罗黄金书》等多部论著。

二、本书经论目录说明

本书所列显密两宗经典以及诠释其密意的论典，即印度、迦湿弥罗、金洲、斯里兰卡洲、乌仗那、萨霍尔、泥婆罗、黎域（于阗）、汉地、藏土之诸大贤哲所著和所译论著目录，依据当塘宫的《丹噶尔目录》、其后的《桑耶钦浦目录》、再其后的《旁塘嘎麦目录》、后来的《那塘寺丹珠尔译经目录》、大译师所译和著述的经论目录和鲁梅等师的显密经论分类和排序目录等为基础，在其上增补后期的译本、各寺院所见法本中尚未列入而符合正量的诸教典，最后编纂成本书的经论目录。其中，需弃而不用的书目甚少，以后若能获得无垢经论典籍，尚需增加补入。

三、后跋回向颂文

兹由理智与悲心，增上意乐善加行，
从彼发心大海中，精进炽燃智慧力，
并由六度波罗蜜，二种资粮之伟力，
于彼自性虚空中，引出三身持水云，
悲心电鬘中发出，梵净雷音齐交加，
八万四千正法雨，普润善缘诸众生。
世间导师具十力，殊胜能仁降凡间，
投胎高贵日亲种，娑婆世界现正觉。
三次绕转圣法轮，次第示寂般涅槃，
出生雪域布顿我，随顺先哲述其德。
愿以其善日光明，无量有情触宝珠，
燃起悲智大烈火，焚尽烦恼分别薪。
我因未通经与论，诸智所传上师教，
漏言误说所难免，祈诸真见师宽恕。
无二语日已沉没，持教士夫离霞光，
黑品恶行鸺鹠鸟，持诸恶见随欲行。
非法恶行具魔力，正业净行衰微时，
如我作著复何用，谨慎隐居岂不善？
喔唷自己宿福薄，法没邪行盛藏域，
敬愚舍智如草芥，生此轻法雪山丛。
貌似贤正实恶劣，唯说美语讲人法，
难得信赖多心计，自立则如僵枯枝。
任其威仪如何变，唯是恶名四处扬，

未知一切欢喜行，故思独处岂不妙？
我说非法违正法，如法若说却成敌，
全不说则贬为愚，喔唷今我该若何？
讲闻持教佛曾言，清净出离依戒规，
闻法中正向学子，智者唯思说三藏。
此生逐名聚徒众，无信无欲讲说法，
不作践行生爱憎，此讲闻为轮回索。
虽言讲辩以持教，需知自他二宗理，
为使对方入正道，理遮恶见乃佛意。
自我赞诩贬他宗，狡辩语粗怀恶心，
饶舌巧言焚他续，如是辩亦地狱因。
虽言利他主说法，经知所化根器界，
随眠资粮前后世，不可自利而调化。
若求利养乐赞誉，无有神通作利他，
此如无翅飞虚空，不能利他自损因。
往昔诸佛未调服，一切佛子亦未调，
贬则生怒赞生傲，对上妒忌同辈争。
对下我慢持粗心，说合法语生爱憎，
我对如是幼稚人，现不能调调自心。
昔积百福成就身，得此难得闲暇依，
渡离苦海此舟楫，勿使无义成就宝。
此生无暇速坏灭，如引屠场之旁生，
刹那各近死亡土，故思死亡成就宝。
今事勿推明日做，可怖阎君在前迎，
垂危断气命终时，除法无他成就宝。
此生为亲不亲事，爱憎受用集眷属，

然不随行彼等去，业果苦难自承受。
梵天帝释转轮王，虽得乐果却不固，
死后依然赴恶趣，故厌轮回成就宝。
是故我将速亡故，以昔所积善业力，
往生兜率谒慈尊，愿得无生智法忍。
自今起至菩提藏，自我爱执及执实，
一切分别均不生，无悔唯作利他行。
亦愿三恶趣苦众，以及一切其他苦，
汇集于我成熟之，我善乐使众生乐。
对我生益与害心，及一缘念或作意，
仅闻我名一切众，愿皆速证胜菩提。
愿以三宝真实力，与诸上师加持力，
并我增上清净力，成就如我所发心。

以上《正法生源佛语宝藏》，由大智者正量士夫语之光明中所生绰普哇·布顿写竣。

愿一切吉祥！